海峡文创观察丛书

袁勇麟 主编

21世纪台湾文化创意产业发展与前景研究

袁勇麟
涂怡弘
／
主编

海峡出版发行集团 | 海峡文艺出版社

图书在版编目(CIP)数据

21世纪台湾文化创意产业发展与前景研究/袁勇麟,涂怡弘主编. —福州:海峡文艺出版社,2019.12(2021.1重印)
(海峡文创观察丛书/袁勇麟主编)
ISBN 978-7-5550-2021-9

Ⅰ.①2… Ⅱ.①袁…②涂… Ⅲ.①文化产业—产业发展—研究—台湾 Ⅳ.①G127.58

中国版本图书馆CIP数据核字(2019)第240114号

21世纪台湾文化创意产业发展与前景研究

袁勇麟　涂怡弘　主编

责任编辑　蓝铃松
出版发行　海峡文艺出版社
经　　销　福建新华发行(集团)有限责任公司
社　　址　福州市东水路76号14层　　邮编　350001
发 行 部　0591—87536797
印　　刷　福州力人彩印有限公司　　邮编　350012
厂　　址　福州市晋安区新店镇健康村西庄580号9栋
开　　本　787毫米×1092毫米　1/16
字　　数　300千字
印　　张　18.75
版　　次　2019年12月第1版
印　　次　2021年1月第2次印刷
书　　号　ISBN 978-7-5550-2021-9
定　　价　80.00元

总序

袁勇麟

文化产业是具有高成长性的朝阳产业，已经被世界许多国家和地区定位为21世纪重点发展的产业。近年来，我国对社会主义文化强国建设做出系统谋划和战略部署，从发展大局上对文化建设做出顶层设计和规划，这也是我们建设文化强国的应有之义。

文化产业既是软实力，又是硬实力；既依附于物质，又作用于精神；既突出社会效益，又形成经济效益；既能挖掘传统，又可关联未来；既覆盖城市，又牵连乡村；既依赖技术，又紧扣内容；既保有传统产业，又孕育新兴业态；既有线上消费，又有线下体验……在日新月异的国际大环境中，文化产业将在推动国民经济持续健康发展、扩大内需、促进国内国际双循环，以及推动乡村振兴等方面，起到举足轻重的作用。

21世纪以来，海峡两岸文化产业的交流与合作取得了突破性的进展，并且深入影视业、演艺业、图书出版业、工艺美术业、文化旅游业、现代休闲农业、会展节庆、文化教育等各个领域。这对海峡两岸同胞相互了解、增进情感、扩大共同利益等方面都起着积极的促进作用。两岸地缘相近、血缘相亲、文缘相承、商缘相连、法缘相循，在文化产业上源自一脉、各具优势。

面对共同的中华优秀传统文化，两岸各自在引入与输出的机制中都良好地保存了自身的文化素养。不断深入地开展海峡两岸文化产业合作，将有力削弱外来文化对中华文化的冲击，在全球经济发展迅速的大背景中扩大中华文化的国际影响力和传播力，将中华文化推广至全世界。正如台湾文创达人陈立恒所指出：“希冀两岸能共同携手，开启华人的文艺复兴时代，传递中华文化中的品味、质量与品格，让中华文化的种子，能在全球开花结果，感动国际。”

回首海峡两岸文化产业合作与交流的进程，中华文化的思想与表达形式创新力不足、文化产业链 IP 开发持续力不足、产业融合与技术突破力不足、合作规模与国际竞争力不足等问题，仍是制约海峡两岸文化产业发展的重要瓶颈。

因此，在新时代的发展态势下，海峡两岸文化产业必须在新的合作框架下，构建统筹、协调、系统和融汇的发展理念，重塑中华文化“新魅力”，探索产业合作“新领域”，挖掘产品内核“新向度”，培育数字文化产业“新业态”，创造出文化产业与科技、网络、媒介融合的“新景观”，实现文化产业走向跨界融合的“新境界”。

（袁勇麟，福建师范大学二级教授、文学院和闽台区域研究中心博士生导师，兼任中国世界华文文学学会副会长，福建省台港澳暨海外华文文学研究会会长，福建省海峡文旅创意产业协会副会长等。）

目　录

绪论

文化代表一个国家或地区艺术与生活经验的特色与积累，而文化结合新的创意，将会带来新的发展潜能与商机，创造就业机会，促进经济成长，维持社会安定。尤其迈入知识经济时代，各国面临全球化浪潮，无特色商品面临缺乏竞争优势的危机，发展文化创意产业的目的即是从各个领域整合智慧与文化魅力，将其作用于产品发展或生活品质与美学中，以因应全球化的挑战，同时平衡产业发展形态。

以创意著称的台湾地区，早在21世纪初便善于将文化做成创意产业。经过十几年的努力，如今台湾自发性的创意能量不断积累迸发，台湾的文化创意产业以其鲜明的在地文化特色、充满创意和人文的元素成为台湾的支柱性产业。台湾当局先后颁布实施了一系列有关促进文化创意产业发展的政策法规，有效促进了文化创意产业的发展。台湾当局在充分发挥行政机构职能、多元政策运用、环境整备、培养人才、保护智慧产权等方面为华语地区的文化产业发展提供了有益的经验。

本研究着眼于21世纪发展较为成熟的台湾文化创意产业，探究其发展历史与脉络，分析台湾文化创意产业发展现状，并研究不同类型的文化创意产业在文化资本挖掘、创意营销、意涵创造等方面的特点与优势。通过研究，总结出台湾文化创意产业的理论价值与实践意义，并对大陆地区文化创意产业的发展提供前瞻性的启示和借鉴。本研究的文本框架大致如下：

（一）台湾文化创意产业发展概述

台湾过去几十年来的经济成长的主要原因在于“制造优势”，它也曾创造了第一次的“经济奇迹”。台湾的“文化产业”概念发端于“社区总体营造”政策。1994年，当时台湾因为工业化转型造成城乡差距的不断加大，为了提振地方的产业发展，台湾当局提出了社区总体营造政策，主要强调“社区总体性”的概念，从此“文化”与“产业”开始并列出现。在2000年以来的十几年间，台湾当局先后颁布了所谓的《挑战2008：“台湾重点发展计划”之文化创意产业发展计划》《创意台湾——文化创意产业发展方案》《“文化创意产业发展法”》《价值产业化——文创产业价值链建构与创新》等有关促进文化创意产业发展的规定，有效促进了文化创意产业的发展。纵观政策的制定与推动，台湾的文化产业在“文化建设委员会”的引导下，经历了三个阶段的嬗变：1990—2000年期间的“地方文化产业”、1995—2003年期间的“文化产业”和自2000年迄今仍在发展的“文化创意产业”。

台湾的文化创意产业大致分为三个范畴：一是文化艺术核心产业：以精致艺术的创作与发表为主，如表演、视觉艺术、传统民俗艺术等；二是设计产业：建立在文化艺术核心基础上的应用艺术类型，如流行音乐、服装设计、广告与平面设计、影像与广播制作、游戏软件设计等；三是创意支持与周边创意产业：支持上述产业之相关部门，如展览经营、展演经纪、活动规划、出版行销、广告企划、流行文化包装等。①

（二）台湾文化创意产业园研究

台湾的文化产业园区的发展在全球具有领先的地位，多个城市都一直致力于发展文化创意产业园区。文化创意产业园区就是产业集群的表现，它可视为一种介于政府、市场与企业之间的新型组织。产业园区是把消费者、供应商和其他能提高竞争力的因素紧密连接在一起的产业群组，它通过创意产品的贸易和服务形成的产业链条，能获得显著的经济效益和社会效益。② 台湾的文化创意产业园可划分为三个形态：创作型创意文化园区、消费型创意文化园区、复合型创意文化园区。③ 依据对台湾文化园区发展的梳理，可以发现其发展的两个方式：第一种，政府相关政策、计划下统筹安排的文化园区建

---

① 于国华．文化・创意・产业：台湾文化政策中的“产业”发展［J］．福建艺术，2006（3）．

② 蔡三庚主编．文化创意产业研究［M］．北京：首都经济贸易大学出版社，2006：16．

③ 蔡三庚主编．文化创意产业研究［M］．北京：首都经济贸易大学出版社，2006：21．

设；第二种，由某个主体行业发展起来的园区。研究选取第二种发展方式的十鼓文化村作为案例，分析美感资产及价值。

（三）台湾传统戏剧产业研究

当代台湾戏剧大致可划分为大戏、小戏和偶戏，既包括南管戏、九甲戏、乱弹戏、四平戏、歌仔戏等国民党当局迁台后传入台湾的大陆地方戏剧；也包括车鼓弄、牛阵、桃花过渡、三脚采茶戏等。但是长期以来，台湾的传统戏剧近乎失传，唯有歌仔戏和布袋戏生命力顽强。为了保护台湾珍贵的戏剧产业，台湾当局开始致力发展戏剧产业。1980 年以来，台湾戏剧呈现多元化发展的态势，一方面主管部门积极辅助戏剧的文化传承与保存，经常不定期举办巡回表演及各种研究；另一方面，民间剧团自行开辟戏路，结合现代多媒体技术的产业，在当今戏剧失去传统剧场的时代，重新将戏剧搬到文化场所表演，推陈出新，制造新热点。本研究以明华园为例，研究其在戏剧文化产业的创新。研究发现，明华园打破了语言的藩篱，将民俗、诗词、音乐、舞蹈、戏剧、杂技、美术、电影、现代剧场等多元艺术融合进表演中，运用黑光剧场、空中飞人等特效，兼具趣味性、戏剧性和文化性，强烈的视觉色彩、丰富的声光、具亲和力的肢体语言，让明华园的表演呈现出明快、开朗、热情的风格，满足了现代人的审美娱乐需求。在台湾，明华园不仅成了文化创意产业，而且让台湾的戏剧惊艳国际舞蹈，从台湾走向大陆，并迈向巴黎、东京、新加坡等国际舞台。

（四）台湾地方社区文化创意产业研究

在全球化经济浪潮的席卷下，台湾社会面临多重困境，传统产业结构适应不了全球化经济环境，无法获得新的活力与吸引力，转型升级迫在眉睫。在此背景下，地方文化创意产业成为推动经济发展以及文化素质提升的关键要素。[①] 在社区总体营造的框架下，台湾提出“产业文化化”的发展策略，形成两个维度的发展方向：一方面是促使文化向下扎根，以保存和延续在地文化；另一方面是借助产业带动社区经济发展，以回馈社区。从在地性、独特

① 杨敏芝. 地方文化产业与地域活化互动模式研究——以埔里酒文化产业为例 [D]. 台北：台北大学，2002：53.

性和内发性发展等特点对地方文化创意产业的内涵进行梳理，挖掘出文化景观观光、乡土文化特产和地方特色文化等几种不同特质的文化活动，最终目标是以地方经济和文化的振兴促使社区再造。这些文化资本通过一定的运作机制，实现了产业升级转型，呈现出具有在地特色、历史文化内涵的新兴文化创意产业，创造出新形态的文化空间，将传统产业提升为具有文化艺术内涵和观光价值的文化商品。

（五）台湾文化旅游产业研究

旅游天生所蕴含的文化性，也使文化的载体、传承、凝聚和引导等作用能更好地在旅游业中发挥出来。台湾地区擅长将文化融于旅游业中，使旅游资源不再是简单的山水堆砌，更包含了人类的精神智慧。从旅游文化营销视角出发，通过对客家桐花祭的营运框架和文化营销策略进行探析，透视台湾文化旅游产业如何运用族群文化打造文化产业并成功获得市场认同。研究发现，台湾地区开展文化旅游，使相同或相似的文化圈形成一种认知体系，便于外来者识别和感知。同时，稳定的文化体系在传承和创新方面也存在天然优势，原本就认同这一文化体系者将实现强化效应，而潜在认同者也可能成为支持者，并且以该文化为中心形成向心力，不断吸引认同者前来观光。文化在此充分地展现了其凝聚作用，为旅游业带来巨大的效益。正是旅游和文化的相互结合，使旅游业不断发展壮大并形成旅游文化产业，拉动社会经济的可持续增长。

（六）台湾节庆产业研究

台湾的节庆文化从传统“迎神赛会”、“过年过节”而来，紧密结合以“社”、“祭”为核心，所属社群形成生活空间与祭祀、表演空间结合的社会网络，具有一定的时间长度与空间广度。大约从20世纪80年代开始，台湾逐渐在传统庙会之外，发展出一种展演内容较多、时间较长、空间较大的包裹式节庆活动，并冠以“艺术季”、“文化祭”、“国际双年展”之类的活动名目。1997年，台湾“文建会”公布《辅导县市办理小型国际文化艺术活动计划》与实施办法，希望以县市为整体，培养地方举办国际性活动的能力，各类结合地方人文艺术、自然景观、产业经济等元素的艺术节庆，纷纷在各地出现，这股热潮至今未退。如今的台湾，每个城市都有自己独一无二的节庆活动，全年合计约有150多个节庆活动，分为创新传统民俗、产业促销和艺术文化三种类型。通过对台湾高雄地区最负盛名的钢雕及货柜艺术节进行分析，发现台湾的各个城市通过节庆活动的举办，找寻该城市民众的集体记忆，传达出城市特有的“味道”。

（七）数字时代台湾书店产业研究

在数字时代，信息技术和数字技术的发展，给实体书店带来巨大的冲击和挑战，种种因素导致实体书店陷入发展困境。在这种背景下，台湾的诚品书店历经数十年的发展，却成为营业额不断攀升的“书店神话”。诚品书店运用特色的创意行销经营：品牌行销、体验行销、网络行销，将“人文”、“艺术”与“创意”结合，以“书籍”深耕阅读文化市场，以文化创意作为核心竞争力，由单一的书店经营发展为复合式的跨界经营模式，形成综合性的文化创意产业，实现了品牌资产增值。如今的诚品书店，不仅成为台湾地区的文化地标，还将发展的触角伸向香港和大陆，全面启动台湾地区之外的扩张计划。

（八）台湾文化创意产业发展的前瞻与启示

台湾风起云涌的文化创意产业发展迅猛，开创了闻名国际的文化创意产业盛世，引起了世界各国的关注，也成为大陆学习和借鉴的最佳选择。总结台湾文化创意产业特色的发展模式，为我们积累了一系列可供借鉴的宝贵经验。一是注重凸显地方文化元素。台湾大到城市、小到乡镇，每个地区都将文化创意产业建立在与生活环境彼此依存的关系上，强调保存传统和地方魅力，挖掘地方的创意与特色。地方产业与传统文化艺术相结合，加上新的创意元素，成为地方内生性产业的发展策略。二是加强政策扶持。台湾各级部门出台了一系列经济政策，为文化创意产业提供优惠政策；建立文化创意人才培养机制，致力于完善人才管理系统；注重文化创意产品的创意行销模式，拓展市场效应。三是开展“创意生活”运动。文化创意产业不仅仅是停留在博物馆、展览会中的创意产品，更要将艺术落实在生活中，扩大民众参与文化的深度，透过文化创意产品的媒介，促使社会大众更加接近文化。

诚然，台湾文化创意产业发展至今，经历了繁花似锦的辉煌后，我们也需要看到未来可能潜在的风险。发现这些隐藏的风险，有助于台湾社会更理智地分析文化创意产业的生存空间和未来价值。首先，文化创意产品的价值具有符号意义但生命周期[①]却不长。“创意”是建立在不断更新的基础上的，因此文化创意产品的特质成为短暂符号、意义的象征，在快速变动的社会中，对文化产品的认知价值随时可能会改变。其次，相关数据显示，自2012年受到欧债风暴的冲击，台湾内外景气呈现衰退，2016年文化创意产业营业额为新台币8072.5亿元，较2015年衰退3.19%，而外销收入方面，2016年较2015年仅上升3.89%，但在内销收入方面却下降4%。2017年文化创意产业营业额为新台币8362.1亿元，虽然较2016年上升3.59%，但也才与2015年基本持平；而外销方面，2017年较2016年仅增长1.29%，内销也仅增长1.63%。[②]可见，在新的全球背景下，文化创意产业发展空间与成长力道有限。如何维持文化创意产业的发展势头，是台湾文化创意产业的未来命题。再次，“嘉年华的假象”成为台湾文化创意产业必须正视的问题。在政策支持下获得发展的文化创意产业，要特别注意能够达到政策的效果，让文化真正能够在经济和社会层面上，成为人们日常生活的一部分，融入广大的社区中，而不只是附属在政策或经济的环节中。

---

① 生命周期通常是指产品在市场上被接受或受欢迎的时间，一般而言，文化商品具有主观、习惯、价值判定和知识创新特性，当有新的文化符号商品出现时，也会迅速被取代。转引自古宜灵，廖淑容. 文化产业政策发展的趋势与问题[J]. 都市与计划，2004(2).

② 数据来源：2018年台湾文化创意产业发展年报.

第一章

台湾文化创意产业发展概述

“文化”这个概念，已经成为目前各国发展进程中社会大众普遍关注的议题，“文化发展政策”被视为提升国家或地区经济及新型产业竞争优势，乃至国际知名度与形象的重要举措。台湾社会在20世纪90年代便开始着力发展文化产业，力图挽回台湾日渐衰落的本土文化，恢复台湾民众的族群认同。21世纪初迅速发展起来的台湾文化创意产业，将文化与经济结合，不仅挖掘出一大批本土文化资本，更将这些资本转化为经济效益，成为风靡全台的一种文化运作模式，使台湾的文化创意产业开创出享誉全球的文化创意产业“奇葩”。

第一节　文化创意产业概念厘清

概念的确定性是研究的起点。台湾文化创意产业的研究涉及多个不同视角的阐释，具有不同的见解和尚未达成共识的概念。在此唯有把与本研究密切相关的概念和内涵择要进行分析，以界定研究范围。

一、“文化”概念的理解

在1950年以前，西方学者对“文化”这一概念的定义提出了150种的诠释和说明，但至今学术界都难以总结出一个可以被共同接受的定义。最早为

“文化”一词赋以具体的定义是英国学者泰勒的观点：“文化包括知识、艺术、道德、法律、习俗，以及其他由社会成员所习得的能力与习惯，所构成的复合体。”① 这一定义是从“广义的文化”概念出发，将文化的范畴囊括所有人类在其生存活动中创造出来的一切文化，涵盖有器具、制度、观念三个不同层面。因此，从人类发展的进程看，文化可谓是一种在日常生活环境下社会群体所培育出来的社会行为模式和象征意义结构化的综合表征。如若就“狭义的文化”而言，通常将物质创造以及各种经济活动排除在外，更多的指精神活动，诸如科学、艺术知识、信仰、道德、风俗习惯等观念形态上的文化。②

随着历史的发展，世界各国在经济强国的道路上开辟出了一段漫长的“文化斗争”和“文化入侵”之路，“强者”以“文化之名”抢占统治地位，而“弱者”也期望通过文化的复兴抵抗侵略者的“文化霸权”，同时借文化重拾民众对自身的认同与自信。此时的“文化”成为了不同利益团体以不对等方式拿来检视和比较其文化形态的差异性，并根据不同群体间自我认同的方式排列出不同文化之间的优劣、强弱关系，以牢固及扩散文化霸权的正当性及主导性。③ 这也是各国、各地先后发展文化策略，提升文化软实力的根本溯源。

当历史的年轮继续前进直至现今的全球化社会，在产业发展形态快速改变、社会转型力度不断增强的压力之下，“消费文化”成为重要议题。于是，“文化”与“艺术/创意/美感”相结合，发展成社会经济体系发展的核心要素——资本，不断进行生产、再制与消费。由此可知，消费时代的“文化”在原本的内涵基础上，被挖掘出更多具有商业娱乐价值的属性。这也是“文化产业”的根源。

---

① 林立树. 历史中的文化课题：对西方“文化”概念的省思［J］. 哲学与文化，2003（7）.

② 南帆. 文化的意义及其三种关系. 见张帆主编. 文化产业与文化创新［C］. 镇江：江苏大学出版社，2011：4.

③ 陈永祥. 从文化人类学检视“文化”相关产业在台湾社会之发展［J］. 树德科技大学学报，2014（1）.

二、"文化产业"概念的理解

"文化产业"的概念发端于法兰克福学派中的"文化工业"一词。瓦尔特·本雅明和马克斯·霍克海默认为，在资本主义社会中，艺术创作被转变为大量复制的文化生产，而经由传播媒介的技术化和商品化推动的主要面向大众消费的文化生产就被称为"文化工业"。[①] 在法兰克福的语境下，"文化产业"与"文化工业"、"大众文化"紧密相关，甚至被认为是"大众文化"的替代概念。这里的"文化产业"是相对于"精英文化"和"高雅文化"而言的，强调的是以机械复制的方式进行文化产品的生产，所生产的文化产品是粗俗的、市侩的、缺少真正文化精神的。如此说来，"文化产业"概念一开始是以一种批判和否定性形态出现。

但是在台湾地区的文化语境中，"文化产业"被赋予话语的合法性。台湾社会文化学者陈其南试图将"文化产业"和"文化工业"两个概念做出某种切割，指出："文化工业"是标准化的、同质化的、庸俗化的、大众化的、流行品位的大批量生产，个人是被操纵、被主导的。这是法兰克福批判学派对文化工业的批判观点。而"文化产业"实则相反，它突出的是文化的创意性、个别性，文化产品的个性、地方传统性和人文精神价值。它不是大规模的机械复制，而是小规模的手工艺生产。这一重新定义代表着20世纪90年代中后期台湾学界对"文化产业"的基本认识，把文化产业从法兰克福批判学派的束缚中解放出来。[②]

20世纪八九十年代，西方学者主要从经济生产角度考察"文化产业"。英国媒体理论家尼古拉斯·迦纳姆认为，"文化产业指那些使用同类生产和组织规模的社会机构生产和传播文化产品和服务"。[③] 而英国学者贾斯廷·奥康纳认为："文化产业"是指以经济符号性商品为主的那些活动，这些商品的经济

---

① 刘泓，袁勇麟．文化创意产业十五讲［M］．成都：四川大学出版社，2012：1．

② 刘小新．美学经济与创意产业．见张帆主编．文化产业与文化创新［C］．镇江：江苏大学出版社，2011：19．

③ 欧阳友权．文化产业通论［M］．长沙：湖南人民出版社，2006：11．

价值源自于它们的文化价值。[①] 可见，20 世纪 80 年代以来的文化产业定义已经超出了法兰克福学派的研究视野，不再强调文化产业的意识形态功能和政治功能，更多地注重其经济功能及其生产方式上的特征，认为文化产业采用的是符号生产和传播，这些符号的表现形式虽然不都是商品，但其表现形式却是文化商品和服务。可以说，“文化产业”回到了文化产业本身。

三、文化创意产业的内涵与外延

文化创意产业是在全球经济化的大背景下诞生的新兴产物。1997 年，英国率先提出文化创意产业的概念，以数据形式展示了英国创意产业的发展状况[②]，给各国提供了“创意型经济”的新型发展思路。1998 年出台的《英国创意产业路径文件》中，明确把创意产业定义为：“源于个体创造力、技能和才华的活动，而通过知识产权的生成和取用，这些活动可以发挥创造财富和就业的潜力。”[③] 该文件把广告、建筑、艺术、古董市场、手工艺、时尚设计、电影、互动休闲软件、音乐、电视和广播、表演艺术、出版和软件等行业都纳入创意产业部门。

21 世纪以来，英国、法国、韩国、日本等国家的文化创意产业高速发展，引起了世界各国的重视，同时也引起了学术界的广泛关注。但对于文化创意产业的称谓、内涵与分类，不同国家有不同的理解与界定。

---

① ［英］J·奥康纳．欧洲的文化产业和文化政策．见林拓，李惠斌，薛晓源主编．世界文化产业发展前沿报告［C］．北京：社会科学文献出版社，2004：12.

② 胡艳超．北京市文化创意产业发展实证研究［D］．北京：首都经济贸易大学，2012：14.

③ ［澳］斯图亚特·坎宁安．从文化产业到创意产业：理论、产业和政策的涵义．见林拓，李惠斌，薛晓源主编．世界文化产业发展前沿报告［C］．北京：社会科学文献出版社，2004：134—135.

表 1-1 国内外文化创意产业的名称、定义与分类①

国家地区	称谓	内涵	分类
英国	创意产业	以个体创意、技巧及才能为基础，通过智慧财产权的生产和利用，而有潜力创造财富和就业机会的产业。	出版、音乐、表演艺术、电影、电视和广播、软件、互动休闲游戏软件、广告、建筑、设计、艺术品和古董交易市场、手工艺品以及时装设计等。
澳大利亚	创意产业	指那些生产具有信息和通信领域特性并具有创意产业性质的应用软件和数字内容产品的部门。	包括文物和遗产、艺术、运动和体育休闲、其他文化与休闲活动等四大类。除包括文学、广播、电影、电视、互联网、音像、艺术之外，还包含了文物、设计、体育运动与休闲活动类。
美国	版权产业	指文化与经济相融合且创意性高的产业，包括创意过程中的各阶段（产品理念产生、产品产出及产品的最初展示）涉及的企业与个人。	广告、电影和电视、广播、出版、建筑、设计、音乐、视觉艺术、表演艺术等。
新加坡	创意产业	借由文化和艺术创造力，透过智慧财产权的保障，形成具有经济价值的产业。	艺术与文化（摄影、视觉艺术、表演艺术、艺术与古董、贸易、工艺）、设计（软体、广告、建筑、室内设计、视觉设计、工业设计、时尚）以及媒体（出版、电视与广播、数位媒体、电影与视讯）等。
韩国	文化产业	与文化商品的开发、制作、生产、流通、消费等相关的服务性产业。	影视、广播、音像、游戏、动画、卡通、文物、出版、创意性设计、网络、多媒体等。

① 邱妍，林岚，等. 台湾地区文化创意产业发展水平的评价研究 [J]. 山东师范大学学报（自然科学版），2015 (9).

续表

国家地区	称谓	内涵	分类
日本	内容产业	为满足消费者对娱乐的需求而将知性产品制成信息性生产物的生产、分配和消费过程中产生的全部产业。	新闻业、出版发行业、音乐和唱片业、游戏业、电影业、文艺演出业、音像业、动画业、广播电视业、会展业、广告业、文化教育业、娱乐业和旅游业等。
中国	大陆文化创意产业	为社会公众提供文化产品和文化相关产品的生产活动的集合。	1. 文化产品的生产活动：①新闻出版发行服务，②广播电视电影服务，③文化艺术服务，④文化信息传输服务，⑤文化创意和设计服务，⑥文化休闲娱乐服务，⑦工艺美术品的生产；2. 文化产品生产的辅助生产活动：⑧文化产品生产的辅助生产；3. 文化用品的生产活动：⑨文化用品的生产；4. 文化生产专用设备的生产活动：⑩文化专用设备的生产。
	台湾文化创意产业	源自创意或文化积累，透过智慧财产的形成及运用，具有创造财富与就业机会的潜力，并促进公众美学素养，使公众生活环境提升的产业。	视觉艺术、音乐及表演艺术、文化资产应用及展演设施、工艺、电影、电视广播、出版、广告、产品设计、视觉传达设计、设计品牌时尚、建筑设计、数位内容、创意生活、流行音乐及文化内容、其他经主管机关指定之产业等。

从表中我们可以看出，学界关于“文化创意产业”相关的提法有许多，包括“文化产业”、“创意产业”、“内容产业”等，其定义和分类既有交叉又有所不同。故这里我们需要对这几个相近概念的内涵与外延及其关系进行梳理。

将创意产业与文化产业定义进行比较发现，创意产业主要指创意要素起核心或主导作用的产业，文化产业主要指文化内容要素起核心或主导作用的产业。创意同时是文化产业的核心，文化内容往往是创意的结晶，以创意为特征的文化原创是文化产业发展的核心动力。据此可知，文化创意产业，就是要将抽象的文化直接转化为具有高度经济价值的“产业”，也就是将知识的原创性与变化性融入具有丰富内涵的文化之中，使它与经济结合起来，发挥出产业的功能。[①] 目前国际上比较通行的提法是创意产业，但是文化创意产业是一种使用知识与智能创造产值的过程，其实质上是以创意和知识为核心的产业。

1996 年欧盟制定的《信息社会 2000 计划》将内容产业的主体定义为：“那些制造、开发、包装和销售信息产品及其服务的产业。”[②] 可见，内容产业与创意产业及文化产业都有很大程度上的重合，不同之处在于内容产业更强调“信息产品”及其服务，将信息作为内容来开发、销售，是文化产业与高新技术相结合的产物。

综上分析可知，内容产业、创意产业和文化产业是三个交叉重叠的产业概念，三者不能简单地互相等同或取代。文化产业侧重于产业形态的“文化特征”，创意产业侧重于产业的“创造性特征”，内容产业则侧重于产业的“内涵特征”。从更广义的视角看，文化产业是个产业大平台，内容产业是其中的支柱，创意产业则提供了方法论的保证。[③] 而文化创意产业绝不是创意与经济的简单组合，而是用保护知识产权的“创意产业”敲开高新技术的大门，以人类智慧和数字化技术挖掘文化内涵，让人类文化走向经济产业的道路。

第二节　台湾文化创意产业范畴

一、文化产业的范畴

由于各国间的经济、社会和文化发展状况颇有差异，因此对于文化产业的范畴，在分类上不尽相同。如丹麦的文化产业涵盖九个领域：音乐、剧院、

① 刘泓，袁勇麟. 文化创意产业十五讲［M］. 成都：四川大学出版社，2012：5.

② 刘泓，袁勇麟. 文化创意产业十五讲［M］. 成都：四川大学出版社，2012：5.

③ 欧阳友权. 文化产业通论［M］. 长沙：湖南人民出版社，2006：130.

图书出版、视觉艺术、电影、平面媒体（图书、报纸、期刊）、广播电视、建筑与设计、玩具与主题乐园。①

新西兰的文化产业也分为九个领域：文化资产（博物馆及书廊）、图书馆服务、文学（平面媒体出版）、表演艺术、视觉技术（设计、广告）、影视产业、广播电视、社区与政府（指文化服务）、其他（个别艺术家、自由作家的创作行业）。②

在英国，文化产业被称为“创意产业”，可分为十三个领域：广告、建筑、艺术及古董市场、工艺、设计、流行设计与时尚、电影与录影带、休闲软体游戏、音乐、表演艺术、出版、软体与电脑服务、电视与广播创意工艺。英国人赫氏姆德哈尔格在《文化产业》一书中认为：以工业化的方式来产制文本，并加以流通者，即是“核心的文化产业”。赫氏所称的“核心文化产业”包括七项：（1）广告及行销：和其他文化产业相比，广告的功能性元素较为显著，它的主要目标在于行销各项产品。广告产业非常重视文本创作，且很仰赖符号创作者来创造广告作品。（2）广播及电视产业：包括有线、卫星及数位等新科技形态。（3）电影产业：各种影片传播类型，如录影带、DVD、电视影片等。（4）网络产业：包括网站创作及入口网站提供者。（5）音乐产业：包括录音、出版及现场表演等。（6）印刷及电子出版产业：包括书籍、光碟、线上资料库、资讯服务、杂志及报纸。（7）电脑游戏等。③

至今国际上有关文化产业的概念并无十分严格和统一的界定，因此对于文化产业的范畴很难加以界说，但赫氏姆德哈尔格的“核心文化产业”说法，乃是现今世界各国发展文化产业的主要项目。

二、台湾文化创意产业的范畴

李顺德在《文化产业与知识产权》中，以狭义与广义来说明文化产业的类别：文化产业是以版权产业为核心的提供精神产品的生产和服务的产业。

① 郭为藩. 全球视野的文化政策［D］. 台北：心理出版社股份有限公司，2009：7.

② 郭为藩. 全球视野的文化政策［D］. 台北：心理出版社股份有限公司，2009：7.

③ 赫氏姆德哈尔格. 文化产业［D］. 廖佩珺，译. 台北：韦伯文化国际出版有限公司，2006：13.

狭义的文化产业，就是指版权产业，包括出版发行业、新闻业、广播影视业、网络服务业、广告业、电脑软体业、资讯及资料服务业等。广义的文化产业，除了版权产业外，还包括艺术创作业、艺术品制造业、演出业、娱乐业、文物业、教育业、体育业、旅游业等。① 其狭义的文化产业内容颇类似于赫氏姆德哈尔格所说的“核心文化产业”，而“广义的文化产业”所涵盖的面向则更为宽广。

刘大和在《台湾发展文化创意产业的思考》中，根据不同程度的“文化涉入”将文化创意产业分为三大类：（1）纯粹是文化的产业和产品，如电影、书籍、绘画。（2）结合民族文化特殊性和产业实体的产业，产品本身富有高度的特殊文化象征内涵，“文化形象”的塑造来自于长期的累积。（3）第三类不诉诸文化的特殊性，但却以文化作为一种经营诉求的特质。这样的分类法主要在于讨论不同文化创意产业拥有不同程度的“文化涉入”，首先是传统所谓的文化产品、文化产业。其次是与整个地区所产生的文化形象有关的产品，它的累积常常是长期的刻意经营，依靠产品实力与文化行销所构成。最后一种，则在于强调文化对于企业经营是一种无所不在的加值效果。② 刘大和的这一分类标准，对厘清台湾文化创意产业范畴的界说颇有助益。

2002年，台湾地区行政管理机构核定的“台湾发展重点计划（2002—2007）”将文化、艺术及设计等原本分属不同专业领域的行业，统筹在“创意产业”的概念下，依产业的同心圆分为：第一圈：文化艺术核心产业；第二圈：设计产业；第三圈：创意支援与周边产业。

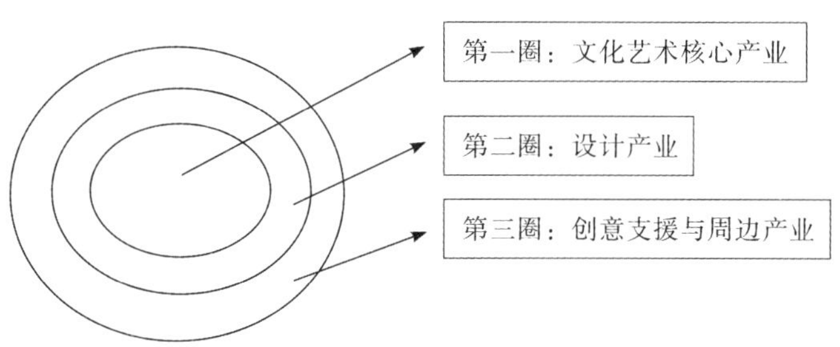

图1-1 不同专业领域的文化创意产业同心圆关系

① 李顺德. 文化产业与知识产权［EB/OL］. http：//www. china. com. cn/chinese/culture/101177/hum，2003-01-08.

② 刘大和. 台湾发展文化创意产业的思考［EB/OL］. http：//home. kimo. com. tw//liutaho，2002.

文化创意产业的元素为“创意”，相较于上述几位学者关于文化创意产业范畴的广泛性，2004年《文化白皮书》中，将台湾文化创意产业分为三大类：艺文类、媒体类和设计类，三大类还可细分为十三个产业项目，并具体阐述了产业内容，这成为台湾较为明确的文化创意产业范畴。

表 1-2　2004 年台湾文化创意产业范畴

产业	主管部门	产业概括说明
视觉艺术产业	“文建会”	凡从事绘画、雕刻及其他艺术品的创作、艺术品的拍卖零售、书廊、艺术品展览、艺术品经纪代理、艺术品的公证鉴价、艺术品修复等行业均属之。
音乐及表演艺术产业	“文建会”	凡从事戏剧（剧本创作、戏剧训练、表演等）、音乐剧及歌剧（乐曲创作、演奏训练、表演等）、音乐的现场表演及作词作曲、表演服装设计与制作、表演造型设计、表演舞台灯光设计、表演场地（大型剧院、小型剧院、音乐厅、露天舞台等）、表演设施经营管理（剧院、音乐厅、露天广场等）、表演艺术经纪代理、表演艺术硬件服务（道具制作与管理、舞台搭设、灯光设备、音乐工程等）、艺术节经营等行业均属之。
文化展演设施产业	“文建会”	凡从事美术馆、博物馆、艺术村等行业均属之。
工艺产业	“文建会”	凡从事工艺创作、工艺设计、工艺品展销、工艺品鉴定制度等行业均属之。
电影产业	“新闻局”	凡从事电影片著作、发行映演及电影周边产制服务等行业均属之。
广播电视产业	“新闻局”	凡从事无线电、有线电视、卫星广播、电视经营及节目制作、供应等行业均属之。
出版产业	“新闻局”	凡从事新闻、杂志（期刊）、书籍、唱片、录音带、电脑软体等具有著作权商品发行的行业均属之。但从事电影发行行业应归入电影片发行业，从事广播电视节目及录影节目带发行的行业应归入广播节目供应业细目。
广告产业	“经济部”	凡从事各种媒体宣传物的设计、绘制、摄影、模型、制作及装置等行业均属之。

续表

产业	主管部门	产业概括说明
设计产业	“经济部”	凡从事产品设计企划、产品外观设计、机构设计、原型与模型的制作、流行设计、专利商标设计、品牌视觉设计、平面视觉设计、包装设计、网页多媒体设计、设计咨询顾问等行业均属之。
设计品牌时尚产业	“经济部”	凡从事以设计师为品牌的服饰设计、顾问、制造与流通的行业均属之。
建筑设计产业	“经济部”	凡从事建筑设计、室内空间设计、展场设计、商场设计、指标设计、庭园设计、景观设计、地景设计的行业均属之。
创意生活产业	“经济部”	凡从事符合下列定义的行业均属之：1. 源自创意或文化积累，以创新的经营方式提供衣、食、住、行、育、乐各领域有用的商品或服务。2. 运用复合式经营，具创意再生能力，并提供学习体验活动。
数位休闲娱乐产业	“经济部”	凡从事数位休闲娱乐设施、环境生态休闲服务及社会生活休闲服务等行业均属之：1. 数位休闲娱乐设施：3DVR 设备、运动机台、导览系统、电子贩卖机台、动感电影院设备等。2. 环境生态休闲服务：数位多媒体主题园区、动画电影场景主题园区、博物展览馆等。3. 社会生活休闲服务：数位娱乐中心、网络咖啡厅、亲子娱乐学习中心、安亲班/学校等。

三、台湾文化创意产业的蜕变

表 1-2 中的十三类文化创意产业，是台湾“文建会”在 2004 年提出的重点发展项目，但是从 2004 年到 2009 年的数年之间，台湾文化创意产业的发展有了新变化。2010 年，台湾所谓的“文化创意产业法”（以下简称“文创法”）颁布，确定台湾当代“文化创意产业”的“15＋1”项，成为目标明确的产业政策。其内容与 2004 年有所差异：视觉艺术产业、音乐及表演艺术产业、文化资产应用及展演设施产业、工艺产业、电影产业、广告产业、产品设计产业、视觉传达设计产业、设计品牌时尚产业、建筑设计产业、数位内容产业、创意生活产业、流行音乐及文化内容产业。各项产业所隶属的部门也有所不同。

表 1-3　2010 年台湾文化创意产业范畴

产业	主管部门	产业概括说明
视觉艺术产业	“文化部”	从事绘画、雕塑及其他艺术品的创作，艺术品拍卖零售、艺术品零售，艺术品展览、经纪代理，艺术品公证鉴卖、艺术品修复等行业。
音乐及表演艺术产业	“文化部”	从事音乐、戏剧、传统戏曲、舞蹈的创作、训练、表演等相关业务、表演艺术软硬件设计服务、经纪、艺术节经营等行业。
文化资产应用及展演设施产业	“文化部”	从事资产利用、展演设施（如剧院、音乐厅、露天广场、美术馆、博物馆、艺术馆、演艺馆等）经营管理的行业。
工艺产业	“文化部”	从事工艺创作、工艺设计、模具制作、材料制作、工艺品生产、工艺品展售流通、工艺品鉴定等行业。
电影产业	“文化部”	从事电影片制作、电影片发行、电影片映演，以及提供器材、设备、技术以完成电影片制作等行业。
广播电视产业	“文化部”	从事利用无线、有限、卫星或其他广播电视平台，从事节目播送、制作、发行等的行业。
出版产业	“文化部”	从事新闻、杂志（期刊）、图书等纸本或以数位方式创作、企划编辑、发行流通等行业。
广告产业	“经济部”	从事各种媒体宣传物的设计、绘制、摄影、模型、制作及装置、独立经营分送广告、招揽广告、广告设计等行业。
流行音乐及文化内容产业	“经济部”	从事具有大众普遍接受特色之音乐及文化的创作、出版、发行、展演、经纪及其周边产制技术服务的行业。
产品设计产业	“经济部”	从事产品设计调查、设计企划、外观设计、机构设计、人机界面设计、原型与模型制作、包装设计、设计咨询顾问等行业。
视觉传达设计产业	“经济部”	从事企业识别系统设计、品牌形象设计、平面视觉设计、网页多媒体设计、商业设计等行业。

续表

<table>
<tr><th>产业</th><th>主管部门</th><th>产业概括说明</th></tr>
<tr><td>设计品牌时尚产业</td><td>“经济部”</td><td>从事以设计师为品牌或由其协助成立品牌的设计、顾问、制造、流通等行业。</td></tr>
<tr><td>建筑设计产业</td><td>“内政部”</td><td>从事建筑物设计、市内装修设计等行业，涵盖建筑设计顾问、室内设计两项行业。</td></tr>
<tr><td>创意生活产业</td><td>“经济部”</td><td>从事以创意整合生活产业为核心知识，提供具有深度体验及高质美感的行业，如饮食文化体验、生活教育体验、自然生态体验、流行时尚体验、特定文物体验、工艺文化体验等行业。</td></tr>
<tr><td>数位内容产业</td><td>“经济部”</td><td>指将图像、字元、影像、语音等资料加以数位化并整合运用的技术、产品或服务，包括数位游戏、电脑动画、数位影音、数位出版与典藏及数位学习。</td></tr>
<tr><td>其他经主管部门指定的产业</td><td colspan="2">指从事主管机关依下列指标指定的其他文化创意：
一、产业提供的产品或服务具有表达性价值及功用性价值。
二、产业具成长潜力，如营业收入、就业人口数、出口值或产值等指标。</td></tr>
</table>

表 1-4　2004 年与 2010 年台湾文化创意产业范畴对比

<table>
<tr><th colspan="2">2004 年</th><th colspan="2">2010 年</th></tr>
<tr><th>主管部门</th><th>产业类别</th><th>产业类别</th><th>主管部门</th></tr>
<tr><td rowspan="5">“文化建设委员会”</td><td>1. 视觉艺术</td><td>1. 视觉艺术</td><td rowspan="8">“文化部”</td></tr>
<tr><td rowspan="2">2. 音乐与表演艺术</td><td>2. 音乐及表演艺术</td></tr>
<tr><td>3. 流行音乐及文化内容</td></tr>
<tr><td>3. 文化展演设施</td><td>4. 文化资产应用及展演设施</td></tr>
<tr><td>4. 工艺</td><td>5. 工艺</td></tr>
<tr><td rowspan="3">“新闻局”</td><td>5. 电影</td><td>6. 电影</td></tr>
<tr><td>6. 广播电视</td><td>7. 广播电视</td></tr>
<tr><td>7. 出版</td><td>8. 出版</td></tr>
</table>

续表

<table>
<tr><th colspan="2">2004 年</th><th colspan="2">2010 年</th></tr>
<tr><th>主管部门</th><th>产业类别</th><th>产业类别</th><th>主管部门</th></tr>
<tr><td rowspan="7">“经济部”</td><td>8. 建筑设计</td><td>9. 建筑设计</td><td>“内政部”</td></tr>
<tr><td>9. 广告</td><td>10. 广告</td><td rowspan="6">“经济部”</td></tr>
<tr><td rowspan="2">10. 设计</td><td>11. 产品设计</td></tr>
<tr><td>12. 视觉传达设计</td></tr>
<tr><td>11. 设计品牌时尚</td><td>13. 设计品牌时尚</td></tr>
<tr><td>12. 数字休闲娱乐</td><td>14. 数位内容</td></tr>
<tr><td>13. 创意生活</td><td>15. 创意生活</td></tr>
<tr><td colspan="2">“教育部”：跨领域的艺术与设计人才培训</td><td colspan="2">16. 其他经主管机关指定的产业</td></tr>
<tr><td colspan="2">定义：源自创意或文化积累，通过智慧财产的形成运用，具有创造财富与就业机会潜力，并促进整体生活环境提升的行业。</td><td colspan="2">定义：源自创意或文化积累，通过智慧财产的形成及运用，具有创造财富与就业机会的潜力，并促进全民美学素养，使公民生活环境提升的行业。</td></tr>
</table>

对比 2004 年与 2010 年台湾文化创意产业，我们发现，台湾当局更加细化音乐与表演艺术、设计两个产业，并且成立了“文化部”取代“文建会”来主管文化创意。尤其是 2009 年以后面对新一波的产业革命与全球竞争，各地投注更多资源，以扩大规模，提升新兴产业产值，并辅导及吸引民间投资。因此，台湾提出“旗舰计划”，从文化创意产业的范畴中，选择具有产值潜力、产业关联效益大的产业，包括电视、电影、流行音乐、数字内容、设计及工艺等六大产业，在既有基础上再作强化及提升，带动其他未臻成熟的产业发展。

此外，每个大项的文化创意产业从创意、生产/制作、传播、展示/接收四个产业链环节中，还可衍生出下一级的行业类别。这些行业内容更是形成了台湾文化创意产业丰富多彩的产业全貌。

表 1-5 台湾文化创意产业各类产业链及产业范畴①

产业	次行业名称	
视觉艺术产业	1. 古玩书画批发	8. 绘画制作
	2. 雕塑品批发	9. 雕刻、雕塑制作
	3. 综合商品拍卖（零售）	10. 艺术作品修复
	4. 雕塑品零售	11. 艺术评论
	5. 艺术品零售	12. 其他创作
	6. 美术教学	13. 字画裱褙
	7. 摄影教学	
音乐及表演艺术产业	1. 工作平台架设工程	9. 舞团
	2. 戏剧、体育及其他娱乐活动售票活动	10. 音乐表演
	3. 戏剧教学	11. 民俗艺术表演
	4. 音乐教学	12. 其他艺术表演
	5. 舞蹈教学	13. 艺术表演活动筹办、监制与经纪
	6. 其他艺术教育服务	14. 服装指导、表演造型设计
	7. 戏剧创作	15. 灯光、舞台设计服务
	8. 剧团	16. 未分类其他艺术表演辅助服务
文化资产应用及展演设施产业	1. 剧院、剧场经营	4. 社会教育馆
	2. 音乐厅、音乐展演空间经营	5. 其他博物馆、历史遗址及其他类似机构
	3. 其他艺术表演场所经营	
工艺产业	1. 雕刻木制品制造	10. 珠宝批发
	2. 玻璃摆饰品制造	11. 矿物（宝石、贵金属除外）批发
	3. 陶瓷装饰品烧制	12. 手工艺品批发
	4. 未分类其他陶瓷制品制造	13. 金（银）饰零售
	5. 珠宝及贵金属饰品制造	14. 珠宝零售
	6. 金属饰物制造	15. 矿物（宝石、贵金属除外）零售

① 数据根据《2016 年台湾文化创意产业发展年报》整理。

续表

产业	次行业名称	
	7. 其他珠宝及金工制品制造	16. 手工艺品零售
	8. 手工艺品制造	17. 手工艺教学
	9. 金（银）饰批发	18. 工艺品制作
电影产业	1. 动画影片制作	7. 电影片代理及发行
	2. 电影片制作	8. 电影院
	3. 其他影片制作	9. 露天电影院
	4. 影片冲印	10. 电影录音
	5. 影片剪辑、配音、转录服务	11. 录影带及碟片租赁
	6. 电脑动画及特效后制服务	12. 视听中心
广播电视产业	1. 广告影片制作	9. 网络广播
	2. 电视节目制作	10. 无线电视频道经营
	3. 线上影片及节目制作	11. 卫星电视频道经营
	4. 电视节目代理及发行	12. 电视频道代理商
	5. 其他影片发行	13. 有线及其他付费节目播送
	6. 广播节目制作及发行	14. 线上影片播送
	7. 电视节目录音	15. 其他有线及付费节目播送
	8. 广播电台经营	16. 其他艺人及模特等经纪
出版产业	1. 书籍、杂志批发	8. 书籍出版
	2. 书籍、杂志零售	9. 数位书籍出版
	3. 书籍零售贩卖	10. 小说、漫画及杂志出租
	4. 新闻出版	11. 漫画创作
	5. 数位新闻出版	12. 文学创作
	6. 杂志（期刊）出版	13. 独立供稿者
	7. 数位杂志（期刊）出版	14. 漫画书屋
广告产业	1. 广告代理	4. 其他广告服务
	2. 媒体代理及购买	5. 市场研究
	3. 公开展示广告	

续表

产业	次行业名称	
流行音乐及文化内容产业	1. 录影带、录音带、影音光碟、CD唱片、DVD影片批发	9. 流行音乐歌手经纪
	2. 录影带、录音带、影音光碟、CD唱片、DVD影片零售	10. 舞台灯光、音乐设备出租
	3. 影片音乐零售摊贩	11. 音乐词曲创作
	4. 音乐出版	12. 流行音乐表演
	5. 音乐词曲版权代理及授权使用	13. 流行音乐展演空间经营
	6. 录音工程	14. 流行音乐表演活动筹办、监制与经纪
	7. 其他声音录制及音乐出版	15. 视唱中心（KTV）
	8. 线上音乐播送	
产品设计产业	1. 工艺设计	3. 未分类其他专门设计服务
	2. 包装设计	
视觉传达设计产业	1. 企业识别设计	3. 视觉传达与平面设计
	2. 商业设计	4. 多媒体设计
设计品牌时尚产业	1. 流行时尚设计	
建筑设计产业	1. 建筑设计、顾问	2. 室内设计
创意生活产业	1. 饮食文化体验	4. 自然生态体验
	2. 流行时尚体验	5. 特定文物体验
	3. 生活教育体验	6. 工艺文化体验
数位内容产业	1. 数位游戏	5. 数位影音
	2. 电脑动画	6. 行动应用
	3. 数位出版与典藏	7. 网路服务
	4. 数位学习	8. 内容软体

第三节　台湾文化创意产业政策演变

文化是人类群居生活实践过程中所产生、创造与累积出来的物质或精神财富之总和，所以文化形成是民间社会长期自动累积的结果，任何来自政府的权威力量，企图予以压制或形塑，都容易破坏文化内涵的独特性与自主性。因此，当我们探讨台湾文化创意产业时，不能逃脱文化与民间、行政机构三者之间的关系。台湾在地文化创意产业发展过程中，曾存在着不同集体记忆族群的多重误解、对立与冲突，但经过不同形式的沟通、互动与体谅，目前已经出现兼具文化融合与包容性的文化创意产业。① 所以我们在探讨当代台湾文化创意产业发展的成功经验时，就必须从“政府”角色在文化创意产业发展进程中所扮演的角色，考察政策在台湾文化创意产业发展过程中的推动作用。

一、文化创意产业政策的形成

长期以来，台湾当局将中华文化当作有效统治台湾民众的政治工具，对待台湾本土文化采取高压政策，如压抑民间戏曲表演、钳制各种艺术创作的内容思想、破坏承载不同文化意涵的历史文化……这些举动造成了当时台湾“中华文化”与“本土文化”相冲突的文化生态。如此情况在台湾社会历经了数十年，直到20世纪80年代。

（一）“文建会”的成立

1980年起，文化创意产业成为国际经济学界公认的“朝阳产业”，世界各国开始尝试将“文化”与“经济”结合形成新兴产业，推广文化创意产业遂成为许多国家和地区文化政策的重点。因为与世界接轨较早，台湾也很快地紧跟上这一文化浪潮。1981年11月“文建会”成立，开始成为台湾最高文化

① 丘昌泰．在地文化创新的民间推手［J］．第三部门学刊，2012（18）．

主管机关，专门负责推动台湾的文化事务。但是当时“文建会”的基本功能仍是服务于台湾当局的管理，并不是基于文化层面的考量，所以从民众的角度来看当时的文化政策，仍是归于集权“由上而下”的治理模式。也正因为“文建会”的主导，某些文化政策已经由定于复兴中华文化转向地方社区文化的开发；文化版图也由台北独占的局面，演变为各地缤纷的文化景观；文化建设的意涵，由单纯的人文艺术生活提升为社区群体美学的建立。这些深刻的转折成为后来台湾社会文化更多元、多面向发展的分水岭，也成为后来台湾文化创意产业政策的萌芽阶段。

（二）“社区总体营造”的提出

1990年代初期，台湾社会城镇化发展迅猛，乡村人口迅速流向都市，以致乡间的农林牧渔和传统工艺产业日渐没落。为振兴农村经济、开发没落社区的生计，当局聘请日本千叶大学宫崎清教授来台，引入了日本乡村社区振兴的经验做法，强调工艺来自“人心之华”的理念，即必须先保存生活中的传统文化精华，而后才会有精湛的工艺产品；在保留传统工艺的过程中，物品的精美固然重要，但是传统乡村的生活态度和对文化、自然的尊重，都是传承工艺的价值来源。这种“文化价值”超越“物品价值”的理念，便是台湾“地方文化产业”概念发展的起点。

1994年，“文建会”提出“社区总体营造”的口号，“地方文化产业”的概念便成为后来具体实施的“社区总体营造”政策的核心。1995年，时任“文建会”副主委陈其南认为“文化产业”是基于地方特色、条件、人才和福祉来发展的产业，应以“地方本身”作为思考的主体。陈其南还提出文化产业的两种运作方式，即“文化产业化”和“产业文化化”，希望将文化产业纳入政策以发展社区的特色产业，从而带动地方经济。

“文化产业化”是指以具有魅力、独特性的在地文化为核心，经过精炼、再造后发展成可带来经济效益的产业，此产业可以是一种具有社区文化特色的产品，如云林古坑咖啡；也可以是社区本身的地方环境、传统文化资源作为行销诉求的休闲旅游产业，如九份观光等。“产业文化化”是指“以文化包装产业”，将当地的产业以在地的文化特色来包装初级产品，使其提升为休闲观光产业，再以文化与创意来提升产品的价值，以文化展现产品特质，即借由文化的赋予、创新、转化实现产品文化化的经营，[①] 如糖业博物馆等。事实上，“文化产业化”和“产业文化化”两者是在互惠互利的情况下互动，很难在社区总体营造的过程中完全区分，“文化”和“产业”是两个同时存在的主体，社区唯有在推动文化的产业化过程中同时也要让产业能够“文化化”，才符合“人心之华”的文化产业精神。

综观此阶段的文化创意政策发展，从“文建会”设立到“社区总体营造”的推动与执行，“文建会”的角色尚属于辅助办理文化活动的部门，在这个时期，社区的产业虽然已经有文化化的概念和转型，但是行政机构的文化政策不是太明显，民间对文化创意产业的概念有初步意识但仍不清晰。

二、文化创意产业政策的调适

从 1995 年发展到 2000 年期间，台湾“文化产业”的概念产生了微妙的转变，传统乡村型的初级产业由过去模糊的概念开始扩展到新的领域，从初始的社区初级产业逐渐转变成更广泛的、透过创意或文化资产创造的产业。

至 2002 年，“文建会”将“文化产业”列为施政主轴，正式将“文化创意产业”列为重要的文化政策，并在行政管理机构的主导下，提出《挑战 2008：台湾发展重点计划》（2002—2007），将“文化产业”列为台湾十个发展项目之一，该计划开宗明义，强调文化创意和产业转型的关系：

> 台湾经济面对高度工业化后的新局面，既有以大规模制造业为主的生产形态，在他人的挑战下已逐渐失去优势，台湾除了往高科技的方向发展之外，势须建立起更能适应“后福特”时期的生产组织形态，深化以知识为基础的经济竞争力。事实上，知识经济附加值最高的类型应该就是以创意设计为核心的生产领域，尤其是源于艺术美学创作的设计。在过去的经济发展政策中，这是比较被忽略的一环。

自《挑战 2008：台湾发展重点计划》起，原本在社区营造项下的“地方文化产业”概念转变成为“文化产业”，并成为台湾社会当红的议题，此时的

---

① 杨敏芝. 地方文化产业与地域活化互动模式研究——以埔里酒文化产业为例［D］. 台北大学都市计划研究所，2002.

“文化产业”内涵已拥有新的局面。该计划还参考了英国经验，将“文化产业”定义为十三个项目：视觉艺术产业、音乐与表演产业、文化展演设施产业、工艺产业、电影产业、广播电视产业、出版产业、广告产业、设计产业、设计品牌时尚产业、建筑设计产业、创意生活产业、数位休闲娱乐产业。同年 10 月，行政管理机构还成立“经济部文化创意产业推动小组”，台湾的文化创意产业政策结合经济生产，文化艺术与消费形态的关系更加密切。

2004 年，陈其南提出“文化公民权运动”的政策概念，认为行政机构有责任提供足够的文化艺术资源，满足各地公民共享文化的权利，全体公民应承担起参与、支持、维护与推动文化艺术活动发展的责任，进而成为建立民间普遍的文化共识。在《挑战 2008：台湾发展重点计划》政策推动下，台湾“文化创意产业”被列为十大重点投资项目之一，预计六年投入 208 亿元新台币经费，以提升产值、就业人口和消费。随后，“文建会”虽历经不同主委，但在不同主委的施政理念中，皆有涉及文化创意产业政策的发展。

回顾这一阶段的各项文化政策主张，几乎包含行政机构所有的文化事务工作，包括设立文化事务主管部门、增加文化经费、尊重多元文化、文化事权集中、文化主导权下放、培育文化行政人才、推行社区营造、奖助艺术发展，以及强化文化遗产保护等，显示了当时公民社会崛起，行政部门与社会的关系渐渐有些对话。应该说，自“社区总体营造”的文化政策以来，台湾的文化创意产业政策进入一个关键转折点，行政部门的强势主导权在民间社会力量逐渐崛起后，进入了一个以地方文化为中心的文化创意产业发展时期。

三、文化创意产业政策的“法制化”

2009 年 5 月，“文建会”提出所谓的“文化创意产业发展法草案”，预估四年内将投入 275 亿元新台币以发展文创产业。“文化创意产业发展法草案”第三条对“文化创意产业”作出明确的界定：“本法所称文化创意产业，指源自创意或文化积累，透过智慧财产之形成及运用，具有创造财富与就业机会之潜力，并促进全民美学素养，使民众生活环境提升之产业。”

2010 年，台湾所谓的“文化创意产业法”完成制定，确定“文化创意产业”的“15＋1”项[①]，成为目标明确的产业政策。“文创法”内容包括创意产业的定义范围、协助及辅助机制、租税优惠等，涵盖文创产业发展相关的经费、投资融资、艺术教育、产业人才培养、市场发展、品牌、育成、行销路径建立、公有财产输出、行政采购、典藏开放利用、智慧财产权保障、产业聚落，以及鼓励企业投资文创产业或增加人才培育等相关支出的问题。此外，“文化创意产业发展法”还将台湾文化创意产业内容的各项目分属文化事务主管部门、经济事务主管部门、内政事务管理机构三个机关。

2011年1月10日“行政事务管理机构”决议通过所谓的“文化基本法”草案。为扶植台湾文化创意产业整体发展，建立创意育成到国际行销的整体配套机制，并落实“文创法”第7条设立“文创院”的规定，“行政事务管理机构”还通过所谓的“财团法人文化创意产业发展研究院设置条例”草案。设置文化创意产业发展研究院的目的，即在建立整个文化创意产业的完善配套机制，从前端的文化育成，到生产、行销、研发，都能奠基于文化核心政策的思维，结合产业发展与生活时尚的创新需求，使得台湾长期积累的多元文化特色，可以借由文化创意产业，大量地向岛内外推广，引领文化潮流，开创台湾文化创意发展与产业升级的新契机。

2012年台湾“文化部”的成立，是台湾文化发展的一个重要里程碑。“文化部”的任务在于统筹规划台湾文化建设施政，在地方性的文化发展工作上，扮演政策规划与推动者的角色；解决文化业务长久以来面临人力及资源的困境，将行政机构中原本分散的文化事务予以整合；更重要的是能营造丰富的文化生活环境，激发保存文化资源意识，提升民众人文素养，让所有民众，不分族群、不分阶级，都成为台湾文化的创造者与享用者，展现台湾的文化实力。台湾当局希望透过发展文化创意产业和台湾文化的软实力，振兴地方发展。

综合上述，台湾推动的“文化立法”举措，不仅让台湾的文化创意产业政策有法可依，更成为台湾文化创意产业推广与执行的政策工作，是台湾文化创意产业在新时期脱胎换骨更上一层楼的契机。

---

① 台湾的文化创意产业包括“15＋1”项：视觉艺术产业、音乐及表演艺术产业、文化资产应用及展演设施产业、工艺产业、电影产业、广告产业、产品设计产业、视觉传达设计产业、设计品牌时尚产业、建筑设计产业、数位内容产业、创意生活产业、流行音乐及文化内容产业。

四、结语

据上可知，台湾的文化创意产业政策发展经历了三个阶段：（一）文化创意产业政策的形成（1981—2000）：行政机关绝对优势主导，以中华文化为中心的文化政策时期；从当局威权统一保存中华文化特性，经历“文建会”设立到“社区总体营造”的推动与执行，社区的产业文化。（二）文化创意产业政策的调适（2000—2010）：行政机关相对强势，在地公民社会逐渐崛起，在地台湾文化为中心的文化创意产业发展时期；自“社区总体营造”的文化政策典范转移而来，加上乡土教学运动的推行，台湾多元文化的特色渐渐展现特色。（三）文化创意产业政策的法制化（2010—2015）：行政机关与公民社会相互抗衡、融合中华文化、台湾在地文化与西方文化于一体的多元文化主义时期，从生活美学、在地文化形塑、文化传播、文化产业价值等面向，厚植文化创意与活力，协助民间社会与产业迈向更多元，并且具深度的文化发展与成效。可见，从“社区总体营造”——“地方文化产业”——“文化产业”——“文化创意产业”，台湾文化创意产业经过政策的推动实现了文化发展理念的更新和界定。

表 1-6　台湾文化创意产业三个阶段的发展历程

年份 名称	1990	1991	1992	1993	1994	1995	1996	1997	1998	1999	2000	2001	2002	2003	2004	至今
地方文化产业	——	——	——	——	——	——	——	——	——	——	——					
文化产业						——	——	——	——	——	——	——	——	——		
文化创意产业													——	——	——	——

表 1-7　台湾文化创意产业发展与演变的内容

时间	内容
1990 年	日本人宫崎清带入“人心之华”的文化产业精神。
1995 年	“文建会”推动“社区总体营造”，连带推行“地方文化产业”，以“文化产业化、产业文化化”作为振兴地方的主要发展目标。
2002 年	“地方文化产业”逐渐转化成“文化产业”，“行政院”推行《挑战 2008：台湾发展重点计划》，推出“文化创意产业”。
2003 年	“文建会”“文化产业年”，进行“文化创意产业”旗舰计划，并着手草拟“文化创意产业发展法草案”
2009 年	2009 年 5 月“行政院”通过“文化创意产业发展法草案”，对“文化创意产业”的定义作出明确的界定。
2010 年	“立法院”通过“文化创意产业法”

第四节　台湾文化创意产业发展脉络

从 20 世纪 90 年代到 2016 年，台湾经历三次政党轮替、十四位“文建会”主委。从文化产业到文化创意产业的政策发展能够坚持延续，在充满政治纷争的台湾实属不易。尽管如此，根据历年《台湾文化创意产业发展年报》资料显示，台湾文化创意产业自 2002 年以来总体呈现稳步增长，但也曾在 2008 至 2009 年金融风暴期间一度出现低迷，而后于 2012 年又受到欧债风暴的冲击，台湾文化创意产业在近几年里成长力道有限。可见，如今的台湾文化创意产业发展也遇到了些许瓶颈，或许需要借助更大更强的助力推动其持续稳定发展。

本研究数据来源于《台湾文化创意产业发展年报》，试图从时间与空间视角探讨 2002—2017 年台湾地区文化创意产业发展水平总体特征、产业差异和区域差别，从而全面地分析当代台湾文化创意产业的发展水平，并对其做出评估与分析。

一、台湾文化创意产业总体发展概况

2002年，为了推动知识经济和创意经济，台湾当局颁布《挑战2008：台湾发展重点计划》，其中将文化创意产业列为十大重点发展计划之一，在台北酒厂旧址、台南仓库群、嘉义酒厂旧址、台中酒厂旧址以及花莲酒厂旧址基础上建成五大文化创意园区，促进创意设计重点产业及文化创意产业的发展，同时培育艺术与创意人才，整顿创意产业发展环境，台湾文化创意产业进入快速发展阶段。据统计数据分析（表1-8、1-9），2002—2007年台湾地区文化

表1-8　2002—2017年期间台湾文化创意产业营业额情况

年度	营业额（亿元新台币）	成长率
2002年	4352.6	—
2003年	5031.1	15.59%
2004年	5565.5	10.62%
2005年	5810.7	4.41%
2006年	5862.4	0.89%
2007年	6329.4	7.97%
2008年	5892.0	−6.91%
2009年	6454.4	9.55%
2010年	7929.6	22.86%
2011年	8162.5	2.94%
2012年	7917.4	−3.00%
2013年	8122.0	2.58%
2014年	8291.7	2.09%
2015年	8339.1	0.57%
2016年	8072.5	−3.19%
2017年	8362.1	3.59%

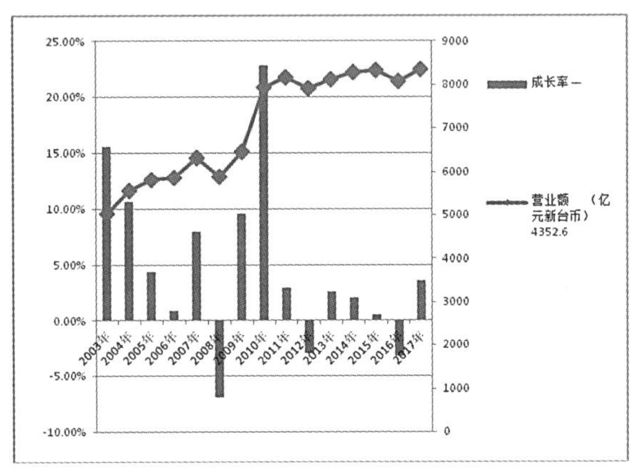

表 1-9 2002—2017 年台湾文化创意产业企业数①

年度	企业数（家）	成长率
2002 年	44713	—
2003 年	48052	7.47%
2004 年	50111	4.28%
2005 年	51742	3.25%
2006 年	51667	−0.14%
2007 年	50667	−1.94%
2008 年	49452	−2.40%
2009 年	59597	20.51%
2010 年	59977	0.64%
2011 年	61020	1.74%
2012 年	61490	0.77%
2013 年	61873	0.62%
2014 年	62215	0.55%
2015 年	62985	1.24%
2016 年	63339	0.56%
2017 年	63250	−0.14%

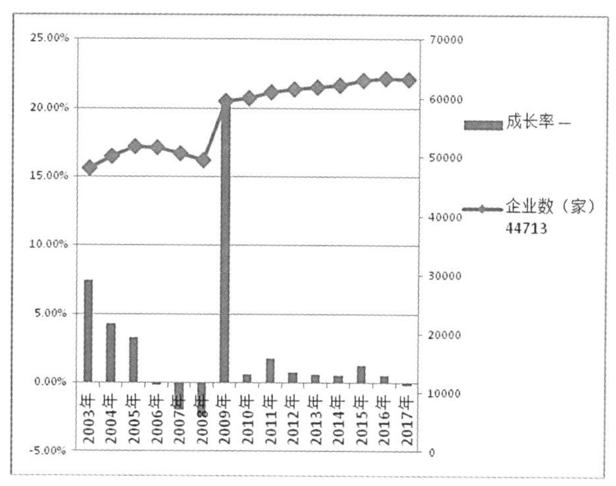

创意产业快速发展，产业营业额和企业家数均呈现较快增长的趋势，2007 年营业额达到 6329.4 亿元新台币，企业家数最高达到 50667 家，五年分别平均增长 7.89%和 2.59%。

2008 年至 2009 年，受金融海啸的影响，全球经济受到重创，台湾文化创意产业发展首次出现衰退。2010 年台湾地区及时调整产业发展政策，颁布所谓的“文化创意产业法”，将文化创意产业原本的 13 个产业类型扩增至 16 个产业类型（表 1-10），其中，媒体类产业中增加了流行音乐及文化内容产业，设计类产业中设计产业分为产品设计产业、视觉传达设计产业，将数位休闲娱乐产业调整为数位内容产业，增加了经行政主管机关制定之产业。同时，台湾当局积极鼓励企业引进多元资金，重视产业的研发和辅导，注重市场的

① 表 1-8、1-9 数据来源：2002—2017 年台湾文化创意产业发展年报，经作者研究整理。

流通和扩展，举办华山艺术生活节、国际文化创意产业博览会，加强人才培育，扩大五大文化创意产业园区的产业集聚效应，创造多元化的园区环境和推广在地文化的发展，使文化创意产业恢复上升趋势。2010 年后，台湾文化创意产业营业额和企业家数逐年增加，2011 年的营业额增加至 8162.5 亿元新台币（三年平均增长率 11.78%），企业数增加至 61020 家（三年平均增长率 7.63%）。

表 1-10　台湾文化创意产业次产业分类情况

领域	文化创意产业次产业
艺文类	视觉艺术
	音乐及表演艺术
	文化资产应用及展演设施
	工艺
媒体类	电影
	广播电视
	出版
	广告
	流行音乐及文化内容
设计类	建筑设计
	产品设计
	视觉传达设计
	设计品牌时尚
	创意生活
数位内容	数位内容
其他	经主管机关指定之产业

2012 年，受到欧债风暴的冲击，台湾文化创意产业发展再次受到影响，文化创意产业企业数增长缓慢，营业额更是在 2012 年出现了第二次负增长。2013 年起，台湾文化创意产业营业额、企业家数逐步恢复，但每年的营业额、企业家数增长率逐年下降，营业额更在 2016 年出现负增长。虽然 2017 年随着全球经济复苏，台湾文化创意产业营业额略有回增，但 2013—2017 年的五年间，营业额和企业家数仅分别平均增长 1.13% 和 0.56%。可见，近年来，

台湾文化创意产业发展力道有限，需要进一步分析和探讨台湾文化创意产业未来新的发展路径和前景。

从文化创意的企业数量上看，2013 年以来，台湾文化创意的企业数逐年稳步增长，说明有越来越多人投身至文化创意产业的经营与管理中。但资料显示，2017 年台湾文化创意产业资本规模 500 万元以下的文创企业占比 84.64％；新成立的文化创意产业企业（一年以下）占比约 6.99％，未满五年的文化创意产业企业占比 30.16％。说明台湾文化创意产业企业以微型企业为主，小型企业在全球化的经济浪潮中容易受经济环境影响，也印证了台湾文化创意产业分别在 2008 年、2012 年两次受到金融危机影响而出现营业额下降的情况。可见，如何将台湾文化创意产业做大、做强是产业发展的关键因素之一。

二、台湾文化创意产业各次产业发展概况

2010 年台湾颁布的所谓“文化创意产业法”，将原本文化创意产业的 13 个次产业类型扩增至 16 个，其中，媒体类产业中增加了流行音乐及文化内容产业，设计类产业中设计产业分为产品设计产业、视觉传达设计产业，将数位休闲娱乐产业调整为数位内容产业，增加了经主管机关制定之产业。下面对 2009—2017 年台湾地区文化创意产业的艺文类、媒体类、设计类和数位内容等四大产业和各产业类型的次产业的营业额、企业家数进行数理统计，从中探讨 2008 年金融风暴过后台湾地区文化创意产业各次产业的差异特征。

（一）各类产业类型发展水平不均，设计类产业增长加速

根据 2009—2017 年台湾四大文化创意产业类型营业额、企业家数状况进行统计分析（表 1-11），媒体类产业的营业额、企业家数总数最多，其次是艺文类产业、设计类产业，数位内容最少。其中，艺文类产业的营业额和企业家数增长最快（九年平均增长率分别为 9.12％和 13.94％）；设计类产业的营业额、企业家数增长较快（九年平均增长率分别为 4.05％和 2.88％）；媒体类产业的营业额、企业家数增长较缓慢（九年平均增长率分别为 3.82％和 0.57％）；而数位内容的营业额增长最慢（九年平均增长 1.99％），而企业家

数则呈现负增长趋势（九年平均减少了6.71%）。可见，媒体类产业基础较好，但是增长势头不明显；设计类产业和数位内容虽然产业起步较晚，基础薄弱，但是进入21世纪以来发展前景不错，或许是接下来台湾文化创意产业重点扶植和关注的类型。

表1-11　2009—2017年台湾文化创意产业四大产业类型营业额、企业家数

（单位：亿元新台币、家）

类别	艺文类		媒体类		设计类		数位内容	
年份	营业额	企业家数	营业额	企业家数	营业额	企业家数	营业额	企业家数
2009年	1210.4	16516	3820.2	29885	704.4	4935	717.7	8305
2010年	1720.1	16977	4312.2	29999	1154.7	5277	736.8	7617
2011年	1696.6	17458	4525.1	30351	1180.1	5755	757.7	7328
2012年	1379.5	17846	4555.5	30470	1626.3	6443	790.7	6858
2013年	1339.7	18153	4724.1	30501	1679	6923	823.8	6434
2014年	1465.7	18497	4675.2	30426	1776.6	7487	820.9	5957
2015年	1471.7	19377	4686.5	30410	1793.1	8152	862.2	5542
2016年	1280.2	18214	4630.2	30571	1787.7	8626	842.8	5024
2017年	1107.6	18566	4816.6	30860	1695.2	9055	842.3	4770
总额	12671.50	161604	40745.60	273473	13397.10	62653	7194.90	57835
平均增长	9.12%	13.94%	3.82%	0.57%	4.05%	2.88%	1.99%	−6.71%

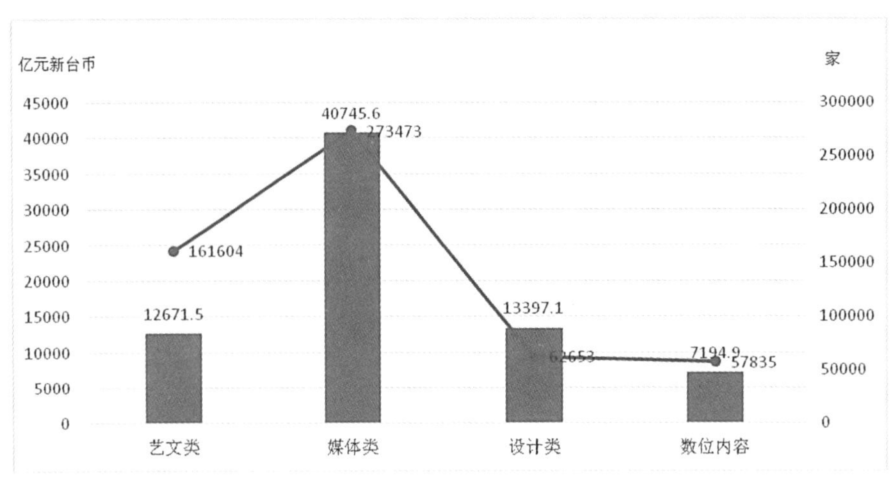

（二）各次产业增长趋势不同，产业内部差异显著

1. 艺文类产业。根据 2009—2017 年台湾艺文类文化创意产业营业额和企业家数统计分析（表 1-12、1-13），工艺产业的营业额和企业家数最多，达到 10731 亿元新台币、111968 家企业。其次是音乐及表演艺术产业、视觉艺术产业，而文化资产应用及展演设施的营业额和企业家数最少。其中，文化资产应用及展演设施的营业额和企业家数增长最快（九年平均增长率分别为 19.11%和 44.78%）；音乐及表演艺术产业的营业额和企业家数增长较快（九年平均增长率分别为 13.72%和 12.64%）；视觉艺术和工艺产业的营业额和企业家数呈现波动上升趋势。

2. 媒体类产业。广告产业的营业额和企业家数最多，营业额较多的依次为广播电视产业、出版产业、流行音乐及文化内容，营业额最少的为电影产业。而企业数较多的为广告产业、出版产业、流行音乐及文化内容、电影产业，广播电视产业的企业家数最少。其中，电影产业的营业额增长最快（九年平均增长 9.29%），其次为广播电视产业（九年平均增长 5%）、广告产业（九年平均增长 3.86%）、流行音乐及文化内容产业（九年平均增长 1.36%），而出版产业营业额则呈现下降趋势。除了电影产业、广播电视产业、广告产业企业家数九年总体呈增长趋势外，流行音乐产业、出版产业均呈负增长趋势。可见，传统流行音乐及出版产业面临比较大的困境。

3. 设计类产业。产品设计产业的营业额最多，其次为设计品牌时尚产业、创意生活、建筑设计产业，最少的是视觉传达设计产业。而建筑设计的企业家数最多，其次为产品设计产业、设计品牌时尚产业、视觉传达设计产业，最少的是创意生活产业。其中，建筑设计的营业额增长最快（九年平均增长 6.41%），其次为视觉传达设计产业（九年平均增长 5.02%）、产品设计产业（九年平均增长 4.84%）、创意生活产业（九年平均增长 3.14%），最少的是视觉传达设计（九年仅平均增长 2.86%）。而视觉传达设计的企业家数增长最快（九年平均增长 22.53%），其次为设计品牌时尚（九年平均增长 9.58%）、建筑设计产业（九年平均增长 6.23%），增长最少的是创意生活产业（九年仅平均增长 2.10%），而产品设计产业的企业家则呈现逐渐减少的趋势。可见，建筑设计虽然营业总额较少，但是近几年营业额增长快、企业家数多，发展势头良好，而创意生活产业营业额逐年增加，但是经营者仍数量不多。

表 1-12　2009—2017 年台湾文化创意产业各产业项目营业额

（单位：亿元新台币）

类别	次产业＼年度	2009 年	2010 年	2011 年	2012 年	2013 年	2014 年	2015 年	2016 年	2017 年	总额/增长率
艺文类	视觉艺术	37.4	42.1	46.2	57.4	61.6	65.6	56.2	55.9	56.3	487.7
		—	12.57%	9.74%	24.24%	7.32%	6.49%	−14.33%	−0.53%	0.72%	5.78%
	音乐及表演艺术	84.9	101.4	111.9	124.4	145.3	155.7	187.2	181.4	231.7	1324
		—	19.43%	10.36%	11.17%	16.80%	7.16%	20.23%	−3.09%	27.72%	13.72%
	文化资产应用及展演设施	7.1	4.9	11.9	17.8	17.0	20.3	41.9	43.7	46.7	138
			30.99%	142.86%	49.58%	−4.49%	19.40%	106.40%	4.30%	6.86%	19.11%
	工艺	1081.0	1571.7	1526.6	1187.4	1123.2	1230.8	1211.6	1025.6	772.9	10731
		—	45.39%	−2.87%	−22.22%	−5.41%	9.58%	−1.56%	−15.35%	−24.64%	−2.14%
媒体类	电影	201.8	203.9	262.1	262.0	272.6	283.6	307.9	277.5	292.9	2364.3
		—	1.04%	28.54%	−0.04%	4.05%	4.04%	8.57%	22.60%	5.55%	9.29%
	广播电视	1156.6	1314.9	1367.2	1382.2	1441.8	1472.2	1561.0	1580.7	1699.1	12975.7
		—	13.69%	3.98%	1.10%	4.31%	2.11%	6.03%	1.26%	7.49%	5.00%
	出版	1039.8	1127.5	1127.6	1135.0	1073.2	1054.2	1032.2	1016.1	1002.0	9608
		—	8.43%	0.01%	0.66%	−5.44%	−1.77%	−2.09%	−1.56%	−1.39%	−0.39%
	广告	1141.9	1373.4	1454.7	1467.3	1626.6	1564.1	1493.4	1455.2	1512.0	13089
		—	20.27%	5.92%	0.87%	10.86%	−3.84%	−4.52%	−2.56%	3.90%	3.86%
	流行音乐及文化内容	280.1	292.5	313.5	309.0	309.9	301.1	292.0	300.7	310.6	2709.4
		—	4.43%	7.18%	−1.44%	0.29%	−2.84%	−3.02%	2.99%	3.29%	1.36%

续表

类别	年度 次产业	2009 年	2010 年	2011 年	2012 年	2013 年	2014 年	2015 年	2016 年	2017 年	总额 增长率
设计类	产品设计	483.2	563.6	555.5	549.2	586.1	601.5	609.3	573.3	459.0	4981
		—	16.64%	−1.44%	−1.13%	6.72%	2.63%	1.30%	−5.91%	19.94%	4.84%
	视觉传达设计	29.8	37.4	27.0	16.5	17.1	19.5	24.2	29.0	33.0	234
		—	25.5%	−27.81%	−38.89%	3.64%	14.04%	24.10%	19.8%	19.79%	5.02%
	设计品牌时尚	—	—	—	437.9	442.4	451.6	479.1	473.5	505.3	2790
		—	—	—	—	0.57%	2.08%	6.09%	−1.17%	6.72%	2.86%
	建筑设计	191.4	249.7	278.4	283.9	297.5	350.5	337.4	334.8	332.3	2656
		—	20.46%	11.49%	1.98%	4.79%	17.82%	−3.74%	−0.77%	−0.75%	6.41%
	创意生活	287.6	304.0	319.2	338.8	335.9	353.5	343.1	377.1	365.6	2737
		—	5.70%	5.00%	6.14%	−0.86%	5.24%	−2.94%	9.91%	−3.05%	3.14%
	数位内容	717.7	736.8	757.7	790.7	823.8	820.9	862.2	842.8	842.3	7194.9
		—	2.66%	2.84%	4.36%	4.19%	−0.35%	5.03%	−2.25%	−0.59%	1.99%

表 1-13　2009—2017 年台湾文化创意产业各产业项目企业数

（单位：家）

类别	年度/次产业	2009 年	2010 年	2011 年	2012 年	2013 年	2014 年	2015 年	2016 年	2017 年	平均增长率
艺文类	视觉艺术	2514	2484	2522	2528	2521	2520	2541	2324	2329	22283
		—	−1.19%	1.53%	0.24%	−0.28%	−0.04%	0.83%	−8.53%	0.22%	−0.90%
	音乐及表演艺术	1607	1896	2151	2374	2701	3044	3392	3800	4157	25122
		—	17.98%	13.45%	10.37%	13.77%	12.70%	11.43%	12.03%	9.39%	12.64%
	文化资产应用及展演设施	56	65	83	104	123	157	519	537	587	2231
		—	16.07%	27.69%	25.30%	18.21%	27.64%	230.57%	3.47%	9.31%	44.78%
	工艺	12339	12532	12702	12840	12808	12776	12925	11553	11493	111968
		—	1.56%	1.36%	1.09%	−0.25%	−0.25%	1.17%	−10.62%	−0.52%	−0.76%
媒体类	电影	1895	1831	1798	1771	1772	1732	1764	1911	2057	16531
		—	−3.38%	−1.80%	−1.50%	0.06%	−2.26%	1.85%	8.33%	7.64%	1.12%
	广播电视	1616	1757	1770	1792	1819	1822	1827	1856	1945	16204
		—	8.73%	0.74%	1.24%	1.51%	0.16%	0.27%	1.59%	4.80%	2.38%
	出版	9378	9249	9159	9095	8894	8652	8394	8254	8156	79231
		—	−1.38%	−0.97%	−0.70%	−2.21%	−2.72%	−2.98%	1.67%	−1.19%	−1.31%
	广告	12615	12864	13260	13575	13929	14237	14483	14667	14786	124416
		—	1.97%	3.08%	2.38%	2.61%	2.21%	1.73%	1.26%	0.81%	2.01%
	流行音乐及文化内容	4381	4298	4364	4237	4087	3983	3942	3883	3916	37091
		—	−1.89%	1.54%	−2.91%	−3.54%	−2.54%	−1.03%	−1.50%	1.11%	−1.35%

续表

类别	次产业 \ 年度	2009 年	2010 年	2011 年	2012 年	2013 年	2014 年	2015 年	2016 年	2017 年	平均增长率
设计类	产品设计	2267	2393	2612	1520	1475	1464	1461	1449	1427	16068
		—	5.56%	9.15%	−41.8%	−2.96%	0.75%	−0.20%	0.82%	−1.51	−22.46%
	视觉传达设计	272	332	388	434	655	821	1048	1220	1331	6501
		—	22.06%	16.87%	11.86%	50.92%	25.34%	27.65%	16.41%	9.10%	22.53%
	设计品牌时尚	—	—	—	1563	1717	1891	2068	2305	2469	12013
		—	—	—	—	9.85%	10.13%	9.36%	11.46%	7.11%	9.58%
	建筑设计	2278	2425	2629	2796	2942	3175	3439	3512	3689	26885
		—	6.45%	8.41%	6.35%	5.22%	7.92%	8.31%	2.12%	5.04%	6.23%
	创意生活	118	127	126	130	134	136	136	140	139	1186
		—	7.63%	−0.79%	3.17%	3.08%	1.49%	0.00%	2.94%	−0.71%	2.10%
	数位内容	8305	7617	7328	6858	6434	5957	5542	5024	4770	57835
		—	−8.28%	−3.79%	−6.41%	−6.41%	−7.41%	−6.97%	−9.35%	−5.06%	−6.71%

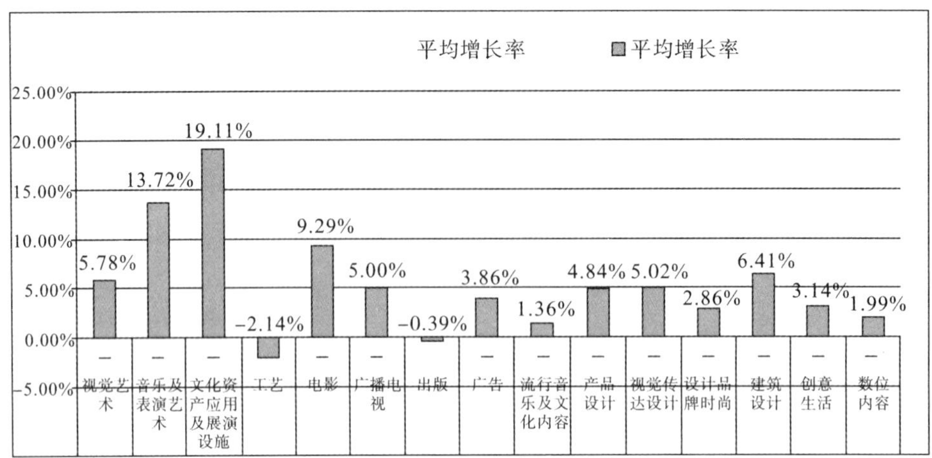

表 1-12 图

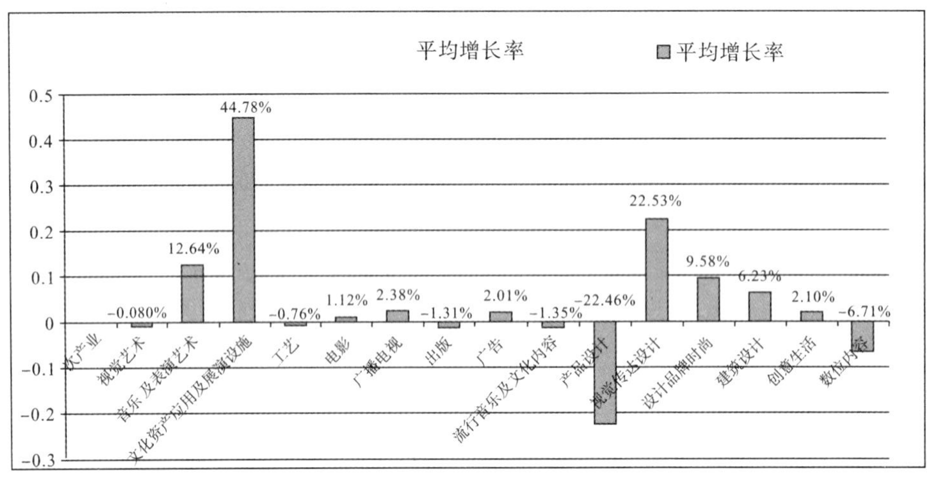

表 1-13 图

根据统计，以 2017 年为例，台湾地区文化创意产业所属的各产业中营业额最高的前 5 名依序为：广播电视产业（新台币 1699 亿元）、广告产业（新台币 1512 亿元）、出版产业（新台币 1002 亿元）、数位内容产业（新台币 842.3 亿元）以及工艺产业（新台币 772.9 亿元）。营业额最高的两大产业“广播电视产业”及“广告产业”营业额合计占整体文化创意产业的 37.95%；营业额最小之三个产业（视觉艺术 0.67%、文化资产应用及展演设施产业 0.55%、视觉传达设计产业 0.39%）之营业额总和仅占整体文创产业营业额 1.61%。可见不同次产业的经济规模差异很大。从营业额成长率来看，前 5

名依序为：文化资产应用及展演设施产业（19.11%）、流行音乐及文化内容产业（13.72%）、电影产业（9.29%）、建筑设计（6.41%）、视觉艺术（5.78%），说明这些产业有较大的发展潜力。

三、台湾文化创意产业发展的地域差异

从时间和空间上分析台湾北部、中部、南部、东部和金马地区等五个区域的文化创意产业，在资源、规模和效益三个方面的发展水平差异。其中，北部区域包括台北市、新北市、基隆市、新竹市、桃园市、新竹县及宜兰县；中部区域包括台中市、苗栗县、彰化县、南投县及云林县；南部区域包括高雄市、台南市、嘉义市、嘉义县、屏东县及澎湖县；东部区域包括花莲县及台东县；金马地区包括金门县及台置“连江县”。研究数据主要来源于2010—2018年《台湾文化创意产业发展年报》。

根据台湾各县市文化创意产业地区分布的统计分析（表1-14）：在区域发展上，北部区域的文化创意产业发展水平遥遥领先；其次为南部区域、中部区域。其中，南部区域的营业额、企业家数与中部区域相当；东部区域和金马地区文化创意产业的发展水平较低。在增长趋势上，各地区文化创意产业整体呈现上升的趋势，东部地区的文化创意产业营业额上升最快，而南部地区的文化创意产业企业家数增长最快；北部、中部和金马地区的营业额、企业家数呈稳步增长趋势。

根据台湾各县市文化创意产业地区分布的统计分析（表1-15）：台湾文化创意产业规模以六个主要城市发展最好，以2017年为例，它们的营业额占整体文化创意产业营业总额的89.85%，其企业家数合计共占整体文化创意产业企业家数的77.66%。值得注意的是，它们营业额合计占整体文化创意产业营业额比重自2010年逐年下滑，由2010年90.38%下降至2017年89.85%。

表 1-14　2009—2015 年台湾各地区文化创意产业营业额、企业家数①

（单位：亿元新台币、家、%）

区域	年度	2009 年	2010 年	2011 年	2012 年	2013 年	2014 年	2015 年	总额 平均增长
北部	营业额	4148.1	5466.4	5080.4	5478.4	5642.3	5616.5	6624	38056.1
	增长率		31.78	−7.06	7.83	2.99	−0.46	17.94	8.84%
	企业家数	26840	29721	28006	30673	31634	25771	35181	207826
	增长率		10.73	−5.77	9.52	3.13	−18.53	36.51	5.93%
中部	营业额	376.1	536.25	494.5	487.7	545.3	566.7	658.4	3664.95
	增长率		42.58	−7.79	−1.38	11.81	3.92	16.18	10.89%
	企业家数	7371	10171	8939	9736	11108	11270	12605	71200
	增长率		37.99	−12.11	8.92	14.09	1.46	11.85	10.37%
南部	营业额	346.7	567.1	517.4	661.2	690	730.8	803.7	4316.9
	增长率		63.57	−8.76	27.79	4.36	5.91	9.98	17.14%
	企业家数	7750	11211	8793	9751	11037	11172	13140	72854
	增长率		44.66	−21.57	10.90	13.19	1.22	17.62	11.00%
东部	营业额	44.8	40.8	68.2	107.9	129.8	200.2	244.3	836
	增长率		−8.93	67.16	58.21	20.30	54.24	22.03	35.50%
	企业家数	1215	1325	1152	1320	1463	1528	1766	9769
	增长率		9.05	−13.06	14.58	10.83	4.44	15.58	6.90%
金马	营业额	5.1	5.4	4.9	5.2	3.8	5.1	8.3	37.8
	增长率		5.88	−9.26	6.12	−26.92	34.21	62.75	12.13%
	企业家数	206	235	162	180	219	230	293	1525
	增长率		14.08	−31.06	11.11	21.67	5.02	27.39	8.04%

① 因 2016—2017 年数据缺失，故只选取样本至 2015 年。

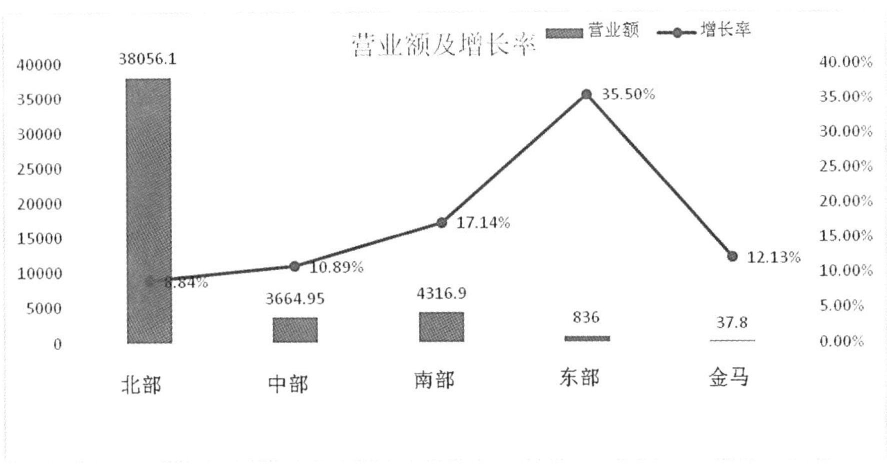
营业额及增长率
营业额
增长率
40000
35000
30000
25000
20000
15000
10000
5000
0
40.00%
35.00%
30.00%
25.00%
20.00%
15.00%
10.00%
5.00%
0.00%
38056.1
3664.95
4316.9
836
37.8
8.84%
10.89%
17.14%
35.50%
12.13%
北部
中部
南部
东部
金马

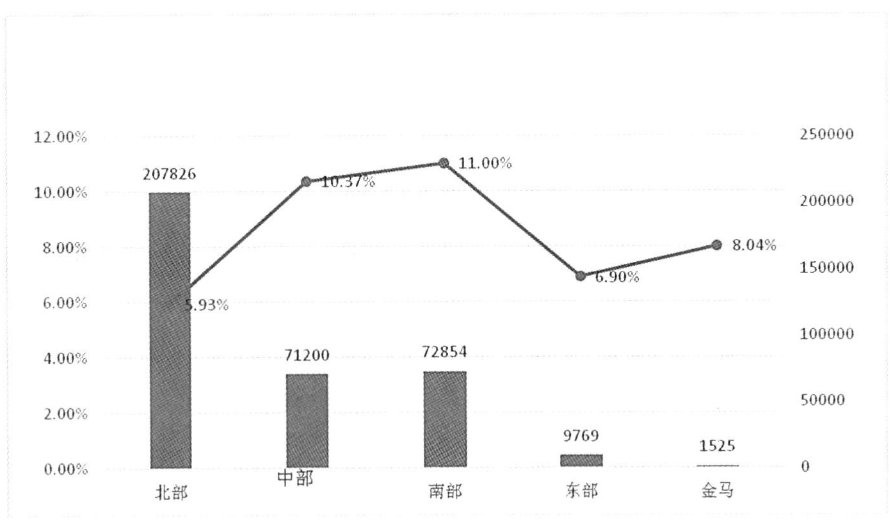
12.00%
10.00%
8.00%
6.00%
4.00%
2.00%
0.00%
250000
200000
150000
100000
50000
0
207826
71200
72854
9769
1525
5.93%
10.37%
11.00%
6.90%
8.04%
北部
中部
南部
东部
金马

表 1-15　2009—2017 年台湾六个主要城市文化创意产业营业额、企业家数

（单位：亿元新台币、家、%）

县市		2009 年	2010 年	2011 年	2012 年	2013 年	2014 年	2015 年	2016 年	2017 年	总额 平均增长
台北市	营业额	3063.8	4130.3	3845.9	4139.4	4206.1	4103.9	4641.6	4789.57	4899.25	37819.82
	增长率		34.81%	−6.89%	7.63%	1.61%	−2.43%	13.10%	3.19%	2.29%	6.66%
	企业家	13959	15561	15138	16553	16802	10748	18348	18552	18979	144640
	增长率		11.48%	−2.72%	9.35%	1.50%	−36.03%	70.71%	1.11%	2.30%	7.21%
新北市	营业额	658.0	843.3	803.0	862.9	911.4	978.8	1180.6	1179.7	1187.0	8604.7
	增长率		28.16%	−4.78%	7.46%	5.62%	7.40%	20.62%	−0.08%	0.62%	8.13%
	企业家	7354	8103	7658	8357	8587	8717	9492	9576	9634	77478
	增长率		10.18%	−5.49%	9.13%	2.75%	1,. 51%	8.89%	0.89%	0.60%	3.83%
桃园市	营业额	202.0	257.3	240.5	266.4	311.1	310.5	363.3	412.8	428.1	2792
	增长率		27.38%	−6.53%	10.77%	16.78%	−0.19%	17.00%	13.6%	3.71%	10.32%
	企业家	2570	2878	2608	2920	3169	3203	3606	3481	3537	2792
	增长率		11.98%	−9.38%	11.96%	8.53%	1.07%	12.58%	−3.4%	1.61%	4.37%

续表

县市		2009 年	2010 年	2011 年	2012 年	2013 年	2014 年	2015 年	2016 年	2017 年	总额 平均增长
台中市	营业额	204.1	388.4	374.9	358.9	392.7	407.4	444.2	389.7	413.2	3373.5
	增长率		90.30%	−3.48%	−4.27%	9.42%	3.74%	9.03%	−12.2%	6.03%	12.32%
	企业家	3345	5967	5538	6027	6582	6707	7379	6924	7145	55614
	增长率		78.39%	−7.19%	8.83%	9.21%	1.90%	10.02%	−6.16%	3.19%	12.27%
高雄市	营业额	192.3	285.2	295.8	381.3	410.0	441.7	443.5	365.5	354.4	3169.7
	增长率		48.31%	3.72%	28.90%	7.53%	7.73%	0.41%	−17.5%	−3.05%	9.51%
	企业家	3191	5024	4075	4500	4952	5010	5750	5674	5723	43899
	增长率		57.44%	−19.89%	10.43%	10.04%	1.17%	14.77%	−1.31%	0.86%	9.19%
台南市	营业额	65	183.9	148.3	197.2	196.4	203.7	248.2	263.1	231.0	1736.8
	增长率		182.92%	−19.36%	32.97%	−0.41%	3.72%	21.85%	6.00%	−1.22%	28.31%
	企业家	1857	3411	2767	3094	3497	3556	4166	4064	4108	30520
	增长率		83.68%	−18.88%	11.82%	13.03%	1.69%	17.15%	−2.45%	1.08%	13.39%

结　语

根据上述多组数据统计分析后，可以发现21世纪以来，在台湾大力推动产业振兴的背景下，台湾文化创意产业呈现出丰富的产业面貌。

1. 台湾当局推动产业振兴，整体呈现增长趋势。继《挑战2008：台湾发展重点计划》（2002年）、“文化创意产业法”（2010年）等一系列政策推出后，台湾引进多方资金，鼓励产业研发，协助市场流通，推动人才培育，形成集聚效应，促使文化创意产业高速发展。其营业额由2002年的4352.6亿元新台币增加至2017年8361.1亿元新台币，企业家数由2002年的44713家增加至2017年的63250家。

2. 四大产业发展各异，媒体类产业发展迅速。根据2009—2017年台湾文化创意产业各项目的统计分析，2009以来，艺文类、媒体类、设计类和数位内容产业的营业额、企业家数总体呈波动变化状态。其中，艺文类产业的营业额和企业数增长最快，其工艺产业发展最突出；媒体类产业的营业额最多，其中广告产业的营业额和企业家数最多，电影产业的营业额增长速度最快；设计类产业的营业额和企业数增加较少，其建筑设计和产品设计产业发展优势较大；数位内容产业的企业数逐年减少。

3. 产业区域发展不均，北部区域优势明显。根据2009—2017年台湾文化创意产业地区规模和效益的分析表明，2009年以来，台湾文化创意产业营业额波动上升。其中，各个区域的文化创意产业发展水平不均，北部区域的产业资源、规模和效益远远大于其他四个区域，占绝对发展优势；南部和中部区域资源亦相对丰富，产业规模和效益较高。而东部区域和金马地区的文化创意产业资源较少、规模和效益较低，增长趋势缓和，发展水平相对滞后。

台湾文化创意产业发展起步早，一直受到台湾当局高度重视与大力推动；文化创意产业发展速度加快，产业规模扩大，经济效益增加，品牌优势突出；各文化创意产业类型发展有序。但台湾文化创意产业的产值还是会随着经济因素、政治因素等变动，甚至近几年有衰退的迹象。首先，台湾本身的文化环境依然比较保守，对传统的依赖性比较重，这些牵连关系过度的话反而成了文化创意产业前行的绊脚石。其次，缺少创业氛围和投资环境，台湾地区大部分文化创意产业企业规模较小，业务链条受限于台湾本地狭小市场的局限，无法形成规模优势。如2017年台湾文化创意产业资本规模500万元以下的文创企业占比84.64%；新成立的文化创意产业企业家（一年以下）占比约6.99%，未满五年的文化创意产业企业占比30.16%。由于岛内市场规模过于狭小，台湾本地产业需求的局限以及企业竞争的加剧，台湾文化创意产业企业难以发挥经营管理优势，扩大产业经营，进而难以发挥产业规模优势，更加高效的生产。最后，台湾整体上并没有紧跟移动互联网时代的步伐，与大陆地区相比，没有产生类似于百度、腾讯、阿里巴巴这类国际性的互联网产业。如果年轻人的创新思维没有足够互联网化，思维模式固化，也就难于把握数字化时代的市场机遇。这点从台湾数位内容产业发展的趋势缓慢进度便可见得。

第二章

台湾文化创意产业园研究

当进入梦糖环境剧场时，映入眼帘的制糖工厂其刚硬的线条与鼓身圆弧冲突相配，时而柔美时而激昂的击鼓声及戏剧身段，仿佛时空在此凝结，视觉与听觉的极致飨宴带领着参观者进入历史、工业、人文与艺术交织的璀璨旅程。期待这遗弃的老糖厂，能在世界上代表着台湾被看见未被遗忘。

近年来，台湾推出了许多文化创意产业园，十鼓文化村用心做出了一个与众不同的产业园，将音乐与工业相结合，让现代艺术与传统遗产碰撞出新的火花，打造了一个梦想与商业共存的平台，从而在众多的文化创意产业园区中脱颖而出，成为许多或摸索经营模式、或寻求业态转型、或尚未成熟的文创园区的借镜之石。

第一节　台湾文化创意产业园概述

在台湾文化创意产业的产业划分中，并没有单独列出文化园（村）。因为每个文化园（村）的主体内容均不尽相同，当前台湾相关部门在对这些产业进行统计分析时，都会根据园区的特色和主体内容，将文化园（村）列入各个产业当中。如十鼓文化村，就被归于艺文类音乐及表演艺术产业。台湾的文化产业园区的发展在全球具有领先的地位，台湾的多个城市都一直致力于发展文化创意产业园区。文化创意产业园区就是产业集群的表现，它可被视为一种介于政府、市场与企业之间的新型组织。产业园区是把消费者、供应商和其他能提高竞争力的因素紧密连接在一起的产业群组，它通过创意产品的贸易和服务形成的产业链条，能获得显著的经济效益和社会效益。①

一、台湾文化创意产业园区的形态

根据台湾地区《挑战2008：台湾发展重点计划》，将台湾的文化创意产业园区划分为以下几种形态②：

（一）创作型创意文化园区

这类文化园区通常是作为创意文化知识学习、交流和培训的场所和平台。在台湾，通常是由最初的教学培训中心等发展而来。比如，台艺大文化创意产学园区。该园区原来是台北纸厂的一部分，后来成立了创新育成中心，内设有艺术家工作室、台艺大画廊、文化沙龙等，另有部分艺术家进驻，主要用来进行交流、学习以及教学等活动。

（二）消费型创意文化园区

这类文化园区是以文化消费者和游客等为主要对象，在这里，生产者与消费者具有交流、沟通的平台。此外，园区还营造了一定的文化消费空间，销售由园区所提供的各种实实在在的文化创意产品。比如，台湾"传统艺术中心"。该园区内有图书馆、戏剧馆、民艺街、饭店住房等，吸引大批游客到此观光，并感受传统的技艺文化。也就是说，这类园区依托于消费环境的营造和消费者消费行为的促成。

（三）复合型创意文化园区

复合型创意文化园区是创作型和消费型创意文化园区的融合，它既提供创作交流、知识学习的平台，同时也有一定的消费市场空间。比如，台南的十鼓文化村就属于此种园区类型。一方面，园区内有十鼓文化的展览、教学，也专门成立教学部，致力于对鼓艺的教学和推广；另一方面，结合当地的空

① 蔡三庚主编. 文化创意产业研究［M］. 北京：首都经济贸易大学出版社，2006：16.

② 蔡三庚主编. 文化创意产业研究［M］. 北京：首都经济贸易大学出版社，2006：21.

间特色，充分利用改造废弃的仁德糖厂、烟囱等，营造自然生态的休闲区，为游客提供消费、休闲的场所。

此外，还有依据园区所在城市的地域、功能来作区分，比如都会型创意园区，如台北创意文化园区、台中创意文化园区等；城乡型创意文化园区，如嘉义创意文化园区、台南创意文化园区等。因此，要定位台湾的某个文化园区，就必须对其园区的主要功能作细致的区分。

二、台湾文化创意产业园区的发展方式

依据对台湾文化创意产业园区发展的梳理，可以发现其发展的两个方式：

第一种，相关政策、计划下统筹安排的文化创意产业园区建设。这类园区通常具有城市的属性特征，多以城市为范围进行构建，在建设规划初期就已经形成了一定的发展、规模图景。这种城市文化园区通常是将文化创意产业与高新技术交融在一起，在这个园区内是各种各样的产业集群。简单地说，其发展途径是：先依据城市划分园区，然后在园区内分设各类不同的产业。

第二种，由某个主体行业发展起来的园区。某个行业原先可能是以影音出版或者艺术表演和教学为主，随着主体行业的不断发展与规模的扩大，进一步活化空间资源，利用废弃的厂区等，形成一定的规划，建设起文化创意产业园区，然后再在原有主体行业的基础上开发出旅游观光、环境生态休闲服务等其余行业。这类园区的建设和发展是在行业发展到一定规模的基础上，借助和利用特定的空间发展起来的。

本章研究的主体对象十鼓文化村即属于第二种发展方式。

三、台湾文化创意产业园的内容、生产与行销模式

欧美学者 Jason Potts、Stuart Cunningham、John Hartley、Paul Ormerod 认为："文化创意产业是包括创造和社会关系维护以及在社会关系网中为了维持关系网而做出生产和消费决定，并由此创造价值的一组经济活动。"将此概念与文化创意产业相结合，每一个产业或者业者都可以构成一个独立的、大范围的社会网络。而在这个大的网络里，又有着许多错综复杂的小范围的社会网络。譬如，业者本身包含着诸多的运营部门，这些运营部门按照一定

的规则、秩序交织、建构在一起，维持着业者及其团队的运行。在此，可将台湾文化创意产业园的生产与行销模式从内容、生产、行销三个层面进行整体把握。

（一）内容层面

根据台湾文化创意产业的概念，文化创意产业指源自创意或文化积累，透过智慧财产之形成及运用，具有创造财富与就业机会之潜力，并促成全民美学素养。从定义来看，“美感”是台湾文化创意产业发展的关键核心要素。所谓的美感资产，指的是那些可以用来创造消费者感动与心动的资源，除了艺术品之类的实物之外，还包含故事等回忆、体验。所以，台湾文化创意产业园在内容层面，包含着以下三个方面：

第一，取材于本土的传统文化，充满浓厚的人文关怀。比如，明华园演绎的都是具有百年历史的传统戏剧，并且通过创新的经营，将歌仔戏推广至全球，打出了“东方歌剧”的独特品牌。

第二，根据特有的地点、人物、故事形成行业的重点内容。这类行业通常都是与一定的场所联系起来，再经过思考、加工、提炼，发展成具有一定市场的行业。台北瑞芳金瓜石黄金博物馆就是典型案例。在人们的一般思维里，博物馆通常都是展览一些保存的文物、资料等，目的也在于历史的教育，而金瓜石黄金博物馆则不同。馆内没有非常严格的展览空间区分，派出所、邮局等也设在其中。博物馆展览的不仅仅有保存的物品，也有实实在在的当地生活状态的展示。据说，早期来到金瓜石的人怀揣着一个淘金的梦想。因此，业者基于这个缘由，开创了这个博物馆，一方面展示有关黄金的文化，另一方面也让参观的人员感悟人们对于梦想的追逐。

第三，结合时代的发展，在原有主导产业的基础上，不断融合，拓展内容甚至转型。十鼓文化村即属于此。起初，十鼓文化村的主体是十鼓击乐团，也就是依靠表演来运营，偏向于类属音乐与表演艺术产业。随着对旧糖厂空间的活化利用，逐步发展成为一个文化园区，而该园区除了有表演以外，也有各种美感、生活的体验。因此，随着十鼓文化村的发展，其产业类型已由原本的“音乐与表演艺术产业”转型为“创意生活产业”，即“以创意整合生活产业之核心知识，提供具有深度体验及高质美感之产业”。

（二）生产层面

文化创意产业园不同于其他产业之处，除了其内容生产的创意是关键外，重要的还在于其内容的生产环节。

第一，文化创意产业区别于农业、出口等一般产业。这些产业的生产主要由物质化的资源和已被熟悉的行业技术组成，且通过交易买卖的长期运营来逐渐形成稳定成熟的市场。但文化创意产业更为强调社会网络在消费或创新生产过程中的角色。创意产业不是关于资源的定位，而是关于新资源的开发、创造。

第二，文化创意产业区别于一般的制造产业，即通过各类组织、资源、技术的联合、供给形成稳定的价格和技术运用。文化创意产业不是对已成熟的广泛的技术的运用，而是对新技术的开发、革新。

第三，文化创意产业区别于法律、会计等复杂且较为成熟的专业知识领域，它是一种新服务的扩张、推广，一种新商业模式的开发等。创意产业是一种服务，特别是服务于知识的增长和经济的改革。① 也就是说，“创意产业园的核心交易（买卖）首先是新想法（思想）的表现与协调”②。

（三）行销层面

台湾的文化创意产业园始终体现着人文关怀。因此，在行销方面，生产者也注重为消费者提供各种体验服务，引导他们参与到价值的传播中。如联米企业推崇的是华人的米食文化，其建立的“稻米博物馆"，展示了有关米的诸多文化书籍、包装礼盒等等，推广了美食文化。另一方面，企业成立了“联米文化基金会”，推动社会的公益活动开展，也推广了企业的形象文化。在体验服务方面，联米企业为了让更多的城市居民体验农忙生活，推出了认养田地的活动，认养人可在业余时间到农地里与农民进行互动，而农田里生

① Jason Potts，Stuart Cunningham，John Hartley，Paul Ormerod. Social network markets：a new definition of the creative industries［J］. Journal of Cultural Economics. 2008（5）：9-10.

② Jason Potts，Stuart Cunningham，John Hartley，Paul Ormerod. Social network markets：a new definition of the creative industries［J］. Journal of Cultural Economics. 2008（5）：12.

产出来的大米可以自用，也可以送人或者捐献给慈善机构。这能让消费者参与到农活中，体验农忙的乐趣，以及乡村生活的淳朴。这种体验式的行销方式在台湾的文化创意产业里已经大为推广。

第二节 案例分析：十鼓文化村

一、十鼓文化村图景

十鼓文化村位于台南市，整个园区占地约7.5公顷，是一座结合鼓乐艺术、工业遗产、人文故事、休闲娱乐与自然生态的鼓乐主题国际艺术村。十鼓文化村目前旗下经营2个文创园区、4个剧场，一年吸引高达65万游客到访。它的运营以十鼓击乐团和体验文化园区为主，同时又包含着与校园、社区社团、仁德糖厂空间的连结及文化拓展等诸多层面，表现出显著的产业关联性和基于传统文化的产业特征。十鼓文化村建立的初衷是为了弘扬台湾的鼓乐艺术，因此，整个文化村的场馆设施等都主要围绕着鼓乐来建设。随着对仁德糖厂空间的充分再利用，十鼓文化村所拥有的美感资产也越来越多。其通过十鼓文化村建构起来的认同不再仅仅简单地局限于鼓乐文化，而是拓展至制糖文化、制鼓文化和“乐活、慢活、生态”的生活理念。当前，十鼓文化村的运营包含着演出、教学、休闲娱乐、自然生态四个层面，以此来推广鼓乐文化。

> 因为天籁难求，所以创造了这里：结合鼓乐运动、休闲娱乐与自然生态的第一座鼓乐艺术村。鼓、烟囱、橙桥、大树、山墙不断在脑海里反复出现着，久久不能自已。眼、耳、鼻、舌、身、意都感触到，也体验到。不小心，自己已走进了世外桃源。顿时，心灵沉淀了许多。不仅被感动到了，也休息到了。

这是十鼓文化村官方网站上的一段欢迎、介绍文字。一百多个文字对于十鼓文化村的经营理念、文化价值做了精辟的展示。字里行间也透露着十鼓文化村经营团队的用心以及想要给消费者带来的各种感动。

（一）成立缘由

2000 年，一群喜爱传统打击乐的年轻人在台南成立十鼓击乐团。其发展理念是“传创台湾本土文化，发扬鼓乐艺术薪传”。团长谢十认为，“十”字代表鼓棒交叠、汇集十方的能量，因此取名为“十鼓”。2005 年，十鼓击乐团接手并重新规划原有的十六座日据时代所建筑的旧厂区，在台南仁德乡仁德糖厂建立起了十鼓文化村，并于 2007 年正式对外开放运营。其宗旨是打造“亚洲鼓乐交流平台”，期盼弘扬台湾的鼓乐文化，将台湾打造成为“鼓乐之岛”。乐团与风潮音乐合作发行创作 CD，曾获格莱美奖、美国独立音乐奖、台湾金曲奖入围等殊荣，也曾与法国音乐 BUDA MUSIC 合作发行十鼓世界版，受邀至英国爱丁堡艺穗节等国际重要艺术节演出。

十鼓文化村内设有演出剧场（小剧场、水槽剧场、烟囱剧场）、制鼓区、击鼓体验教室、简介馆、鼓博馆、森呼吸步道、十鼓祈福馆等主要设施，周边还包含有奇美博物馆、保安车站、保安宫、虎山休闲农场、台南都会公园等知名景点。

（二）十鼓文化村的现状与运营

经过近几年的规划发展，十鼓文化村的各类设施相对比较完善。当前，十鼓文化村的运作包含四个部分：第一个部分是演出，演出部分里又具体分为两个层面，一个是十鼓击乐团赴外地巡演，推广鼓乐文化和十鼓文化村；另一个是村内四个剧场（小剧场、水槽剧场、烟囱剧场、囱击蜜镜 VR 体验剧场）每天固定的几场演出，这类演出的主要受众是进入文化村观光的游客，消费群体较为固定。第二个部分是教学，这个部分也包含两个层面，一方面，十鼓文化村经营团队在台南等地设有教学中心，负责鼓乐、鼓艺的教学，既担当起培育的社会角色，推广了台湾的鼓艺文化，同时也实现了一定的经济创收，以辅助十鼓文化村的运营。这类教学的受众通常是对鼓艺有兴趣的青少年，群体也较为固定；另一方面，在十鼓文化村内同时设有十鼓简介馆、鼓博馆，通过物品展示、文字资料等形式宣传台湾本土的鼓艺文化、十鼓击乐团的特色及演出剧目，以及十鼓文化村的成立、发展、规划等信息，是鼓文化知识的传播；击鼓体验教室，由老师亲自教学鼓乐，让来观光的游客参与体验；此外还有制鼓技艺的展示等。第三个部分是休闲娱乐，文化村内提供

表 2-1　十鼓文化村设施介绍

园内设施	相关介绍
十鼓介绍馆	展出有关台湾鼓艺以及十鼓创立发展的文字、图像资料等，让游客了解鼓乐文化和十鼓的发展历史。
鼓博物馆	展示中国、韩国、日本等的传统鼓乐器，同时设有虚拟情境的静态表演舞台。
小剧场	由肥料仓库改建而来，原先是作为规划建设十鼓文化村的指挥中心，现改建整修为能够容纳两百五十人的室内演出剧场。
水槽剧场	由原来糖厂用来冷却工厂排放出的热水的大型冷却槽改建而来，整个水槽剧场内设有四个独立的户外演出剧场。
烟囱剧场	原来厂区内的老烟囱是现十鼓文化村的标志之一，围绕烟囱而建的烟囱剧场即是糖厂岁月的缩影。
囱击蜜镜 VR 体验剧场	2017 年，十鼓与 VR 技术团队演境工作室合作，将百年的糖厂、十鼓的震撼鼓乐、VR 虚拟实镜应用等三种截然不同的领域和产业结缘交错，创作出体验者自创的工业风打击乐。
击鼓体验教室	教学内容主要是一些基本的鼓乐节奏和旋律。
传统制鼓文化馆	通过文字、图片、场景模拟、现场演示等展示传统的制鼓艺术。
十鼓祈福馆	馆内设有姻缘鼓、除病鼓、考运鼓、事业鼓、平安鼓、驱魔鼓，添财鼓、祈福鼓等各种大小不一的鼓，可供游客自行根据所需击鼓祈福。
十鼓蔬苑	十鼓文化村附设的餐厅，作为游客休息品茶的场所，并提供养生食品，其食材都是天然的。餐厅里提供的蔬菜也都是由十鼓文化村的成员自己劳动种植的。
纪念品馆	馆内出售有“十鼓十景”明信片、十鼓侠客包、纪念鼓、邮票、十鼓击乐团和十鼓文化村的影像资料等。
森呼吸步道	为绿化园区，十鼓团队植树种草，让游客在这片林地里散步、骑自行车，周围还有台湾早期用来运载甘蔗的五分车等景观。
亲子草原	由原来的废水处理槽改建而来，供亲子游戏玩乐。

的设施主要有供游客祈愿的十鼓祈福馆、供小朋友玩乐的嘟嘟小火车、提供休闲养生食品的十鼓蔬苑餐厅以及纪念品馆。第四个部分是自然生态，十鼓

文化村经营团队在选址的时候特地选择远离城市喧嚣、宁静安详的小乡镇，在这里鼓乐声能跟大自然融为一体，追求一种人文、自然生态的气息。文化村内有森呼吸步道、亲子草原等，而这些地方的维护以及绿化等也都是由其经营团队来完成的。目前团长谢十正在推行一个“未来园区”的计划，主要从绿能、农业、科技等方面着手，采用太阳能、风能等绿色能源，导入改善生活品质的可行做法。2016 年在既有空地设立农场，开始推广有机农业生产。

十鼓文化村目前的经营团队里有四十几个人，大部分的收入来自于门票、餐厅以及纪念品，此外还有演出和教学方面的收入。为了维持十鼓文化村的运营，十鼓文化村的每位成员平时除了练鼓和负责园区日常工作外，还要在自己负责的菜园范围内种植蔬菜等。除此之外，十鼓击乐团也在积极进行推广、演出，并与风潮唱片合作，不断推出系列反映台湾风景叙事的鼓乐唱片作品，参与全球各类音乐奖项的评奖。十鼓文化村定期举办“十鼓节”，并设计生产出十鼓的吉祥物等。十鼓文化村的未来规划则是充分利用和活化仁德糖厂的空间，将制糖等相关文化也融入其中，发展成为一个文化园区。

二、十鼓文化村的美感资产

在文化创意周边产业中，都是以其选定的主体产业作为基础来支持整体的产业发展。比如，观光产业的发展，还是要依靠建筑、工艺、艺术文化等产业领域来支持。十鼓文化村是作为复合型的创意文化园区，属于由主体产业带动发展而来的。起初，其主体是十鼓击乐团，也就是依靠表演来运营，偏向于类属音乐与表演艺术产业。随着对旧糖厂空间的活化利用，逐步发展成为一个文化创意产业园区，而该园区除了有表演以外，也有各种美感、生活的体验。因此，随着十鼓文化村的发展，其产业类型已由原本的“音乐与表演艺术产业”转型为“创意生活产业”，即“以创意整合生活产业之核心知识，提供具有深度体验及高质美感之产业”。

因此，十鼓文化村的发展运营除了要创造一定的经济价值外，更重要的是进行文化价值的传播。在这里，这种文化价值表现为台湾鼓乐文化的推广，这是其核心价值。而在文化村建立后推广的“乐活、慢活”的生活理念则是其延伸价值，在规划之中的制糖文化及其与制鼓文化的结合则可作为文化村所要推广的鼓乐文化价值中的边缘价值部分。十鼓文化村具有三类价值文化：

（一）鼓乐文化

鼓乐文化是十鼓文化村建构的核心，也是来到这个地方的消费者的消费认同所在。

在人们的观念里，鼓通常是作为一种乐器存在，打鼓则是一门艺术。鼓不仅仅是节奏、旋律，更是一种文化精神的体现。在艺术家的眼里，鼓声代表着一种心灵的呐喊，且不同地区的鼓文化艺术都代表着不同地区的人文风貌。团长谢十说，台湾的鼓文化由郑成功军队带来的，以台南为起始，现在民间流传的宋江鼓、跳鼓等民俗艺术也与郑成功有关。十鼓击乐团的鼓艺重在身段和多元的打击手法。十鼓击乐团与台湾其他鼓乐团的区别在于，其讲求的是用通俗易懂的手法来讲述以台湾风景为题材的故事。其入围格莱美奖的《鼓之岛》专辑，就是融合了唢呐、双侧鼓、低音建鼓等多种乐器创作的五首表现台湾的历史、自然和田间风光的乐曲。既有传统艺术的展现，也有创新技法的融入。

通常提及鼓乐文化，都会涉及两个层面。一是静态的物品、场景：鼓、鼓槌、鼓的制作材质、表演鼓乐的舞台、场景；二是动态的创作：鼓乐专辑、鼓乐现场表演、鼓乐现场教学等。

在十鼓文化村内，以上提及的关于鼓乐文化的物品、场景、创作等都得到了很好的展示，而这些也是令消费者产生认同的基础。在这些与鼓乐文化相关的符号中，剧场演出占据了绝大部分，大多来到十鼓文化村参观的游客的消费目的主要是观看十鼓的演出，而其也作为十鼓文化传播的主要途径。文化村无论节假日，每天都安排两场的鼓乐演出，这也满足了消费者的需求。

此外，十鼓文化村也设计了属于十鼓的吉祥物，分别是十儿（Shih Er）和鼓娃（Gu Wa）：一个是十鼓击乐团内的吉祥开心果，一个是十鼓击乐团内的“口爱”女娇娃。这是十鼓文化创意的体现，也是其特色所在。

（二）“乐活、慢活、生态”的生活理念

“乐活、慢活、生态”的生活理念经营是在对原有旧糖厂改造之后才提出来的。十鼓文化村的选址、对旧厂空间的创意改造，以及文化村内森呼吸步道、十鼓蔬苑餐厅、亲子草原设施，则都是对这一理念的充分诠释。

这一延伸价值在十鼓文化村内也从各个层面得到体现。

图 2-1　十鼓击乐团剧照

首先，十鼓击乐团在创作中多取材自台湾的自然风光，因此其选择的驻地也必须充满大自然的气息，宁静、远离都市喧闹，才能够让天籁般的鼓乐声同大自然融合，不受外界的干扰，才能让游客充分领略到鼓乐的魅力。其次，十鼓文化村对于旧糖厂的改造也是出于生态、环保的考虑，通过植树绿化环境，充分利用旧糖厂的废水处理槽、冷却槽等等。第三，文化村经过改

图 2-2　十鼓蔬苑餐厅

造，环境优美，适合游人在这里休息、散步，团队成员自己参与菜园的耕作、经营，餐厅为游客提供各类天然养生的蔬菜水果等，为亲子游戏提供场所。

图 2-3　十鼓亲子草原

（三）制糖文化

制糖文化是十鼓文化村在未来规划发展中所要传播的价值理念。十鼓文化村是对仁德糖厂空间的活化、利用，在厂区里还保留着许多与制糖文化有

图 2-4　十鼓梦糖工场

关的各类物品，比如森呼吸步道旁边展示的台湾原先用来装载蔗渣的五分车、老烟囱等。这些也为制糖文化的展示预留了空间和平台。按照十鼓文化村团队的规划，未来将联盟现有文化村周边的奇美博物馆、保安车站、虎山农场等景点，发展成为仁德文化园区，真正实现园区艺术、历史、生态的联结。

三、十鼓文化村文化价值呈现

按照经济学者大卫·索罗比斯的观点，在探讨文化经济时，经济价值和文化价值应该被视为两个截然不同的概念来处理。文化价值是无法进行量化的，但其可具体细化为美学价值、精神价值、社会价值、历史价值、象征价值、真实价值六个层面。

美学价值指的是当代的或超于世代的美学意义；精神价值，即物件内在特质为全人类所共享；社会价值，有助理解社会的本质，也有助于认同感的建构；历史价值，即历史关联性，反应创作时的生活条件；象征价值，强调物件是意义的容器及传递者，欣赏时即汲取了它的意义；真实价值，也就是说物件本身是独一无二的可验证的价值，附于上述其他价值根源之上。以下结合十鼓文化村的美感资产作具体分析：

（一）运作架构层面

在前文的论述里，总结归纳了当前十鼓文化村运作的四个层面，即演出、教学、休闲娱乐和自然生态。运作的这四个层面包括了上述所列的各种面向的文化价值，且各有侧重。

从演出层面来说，其鼓艺、鼓乐本身就具有美学价值。而十鼓的演出注重的是将多种民族元素融入表演者身段以及技艺的展示中，通过鼓乐来呈现台湾的自然风景，作为艺术本身，其特色鲜明。这里的鼓乐表演依托“鼓”这一道具，将象征价值附加于实在的物体本身，并通过现场这一客观存在的场所、演出，展现其真实价值。从教学层面来说，重在将鼓乐文化进行推广、传播，让更多认同十鼓文化的受众接受并掌握这门鼓艺，其精神价值、社会价值由此展现。从休闲娱乐层面来说，最重要的是通过一些场景的布置、项目活动的安排为受众营造参与、体验、分享的空间，有助于十鼓文化村文化价值的形成及推广、深入。自然生态层面，主要就是提供一些实实在在的场地。而这些场地的选择都突出宁静、悠闲的特色，将无形的追求自然生态的生活理念融入其中。

（二）园内设施层面

按照园内的设施建设，可以依据其功能分为三个部分：

1. 教育、展示功能：包括十鼓简介馆、鼓博馆、传统制鼓文化馆等展示文字、图片的场馆以及小剧场、水槽剧场、烟囱剧场等表演的场所。这些场馆一是通过静态的实物展示，告知人们关于鼓以及十鼓的发展、文化背景、历史等信息，将其历史价值传播；二是通过动态的演出提供给人们欣赏。在此，各个面向的文化价值包含其中。

2. 教学体验：包括击鼓体验教室等。

3. 生活体验：包括森呼吸步道、亲子草原等。

文化创意产业本身也是一种符号消费，十鼓文化村通过这些园内设施的布置，将关于鼓乐文化、慢活的生活理念等等附于这些实在的物质载体之上，并通过这些实物创造一定的符号价值，从而促成消费。

四、十鼓文化村的关联产业构成

作为文化创意产业园区，十鼓文化村最先依赖的是十鼓击乐团而建构起来的。因此，整个园区的运营主体也在于十鼓团队的现场表演。十鼓文化村作为复合型的文化创意产业园区，既要提供可供交流学习、知识培训等的场所，同时也要促成消费，以维持十鼓文化村的整体运营。

当然，如同团长谢十所坚持的发展理念，十鼓文化村最主要的发展目标在于成为亚洲鼓乐的交流平台，让人们来到这里分享鼓乐文化、体验鼓艺的乐趣，并学会鼓艺技巧。同时，借助于对旧糖厂的改造，让人们在感受鼓乐文化的同时，也能得到一种自然、放松的生态环境的熏陶。这与十鼓通常以台湾风景为创作题材有共通之处。

因此，可将鼓乐文化的传播作为十鼓文化村的核心价值活动。在这里，鼓乐文化的传播是非营利的、共享的，追求的是“促进全民美学素养和国民生活环境的提升”。而随着十鼓文化村的不断发展，由此核心价值活动又延伸出生活理念以及制糖文化两项文化价值活动，可视为鼓乐文化传播这一核心价值活动之外的延伸价值。围绕着这些核心价值活动，十鼓文化村在运营上体现着三层的关联产业。

第一层关联产业：表演展示。也就是鼓乐文化传播的最直接的体现，包含有剧场的现场表演、鼓博馆等的文化图片知识展示。这些表演展示能够直观地为来到十鼓文化村的游客提供有关十鼓的方方面面信息，让游客们在欣赏、游览的同时自然而然地接受熏陶。对于原先依靠音乐与表演艺术产业发展的十鼓文化村而言，第一层关联产业也必然是其主体的产业。而这项关联产业的主要收入也来自于观看演出的门票。其可能有的市场包含音乐与艺术研究、观光客、学校或者教育团体、休闲娱乐等。

第二层关联产业：教育教学的推广。相较于第一层关联产业而言，第二层关联产业是对鼓乐文化传播的进一步深入，主要指向于十鼓教学中心的设立。能使消费者从第一层关联产业里的直观感受与欣赏层次进一步深入到体验、学习的层面，让这项鼓艺为更多的人学习与掌握。园区外参与十鼓击乐教学中心的学习，都需要支付一定的费用，但第二层关联产业强调的还是一种资源、文化的共享，其可能有的市场包含学校学生、青少年团体、与社区牵连的市场、会员市场等。

第三层关联产业：与休闲文化、观光旅游等区域联结。这层关联产业是依赖于一定的空间场所，且必须基于一定的发展规模。它主要基于由鼓乐文化传播这一核心价值活动而延伸出来的对生活理念及制糖文化的体验。因此，十鼓文化村的经营团队通过对旧糖厂的各种空间改造，营造出休闲旅游景点，同时设有餐厅等。第三层关联产业也基本等同于台湾文化创意产业中的休闲娱乐产业，其可能有的市场主要是观光客等。

第三节　案例经验：十鼓文化村的文化价值生产与呈现

在对十鼓文化村的价值生产与呈现方式进行分析之前，要先确定十鼓文化村所要传播的文化价值——以鼓乐文化作为其核心价值。欧美学者 Jason Potts、Stuart Cunningham、John Hartley、Paul Ormerod 认为："文化创意产业是包括创造和社会关系维护以及在社会关系网中为了维持关系网而做出生产和消费决定，并由此创造价值的一组经济活动。”① 他们提出，文化创意产业具有四个重要的特征：首先，在文化创意产业中，生产和消费的影响因素不仅仅是家庭、朋友，同时也包括影院、餐厅场所等因素；其次，由此形成的社会关系网是不规则的，或强或弱，或远或近，是比较复杂的网络；第三，文化创意产业在建立和发展过程中呈现着组织形成以及维持的过程；第四，文化创意产业表现出较强的与其他产业的关联性。② 按照他们的观点，文化创意产业的创意生产者和消费者的决策都不是个体独自做出的，而是被他们所处的社会关系网深深影响着。

一、十鼓文化村的创意生产者网络

对于创意生产者和消费者而言，只有处在一个连接着的网络中，才能实现信息的传播与共享。针对创意生产者来说，其网络的构建一方面是规范的传达与实施，以实现整个团队的运营，另一方面是要将创意文化、文化价值通过架构传递给消费者。

（一）文化创意生产者网络中的行动者

针对十鼓文化村的运营情况，可先构建起一个创意生产者网络。在这个网络中，

行动者可以分为以下三类：

团队、组织的第一级：十鼓文化村经营团队；第二级：广设处、演出处、教学处；第三级：设施维护团队（包括十鼓简介馆、鼓博馆、餐厅、纪念品馆等）、剧场表演团队、击鼓体验教室。

事件：十鼓击乐团的对内对外演出、“十鼓节”、十鼓教学等。

个人：即每个参与十鼓文化村运营的成员。这是整个十鼓文化村中网络

① Jason Potts，Stuart Cunningham，John Hartley，Paul Ormerod. Social network markets：a new definition of the creative industries ［J］. Journal of Cultural Economics. 2008（5）：10.

② Jason Potts，Stuart Cunningham，John Hartley，Paul Ormerod. Social network markets：a new definition of the creative industries ［J］. Journal of Cultural Economics. 2008（5）：7-8.

建构的最小单位。

（二）文化创意生产者网络结构

综上，将整个十鼓文化村的生产者群体设为 P，而作为事件的行动者为 P1，作为组织、团队的整个团队设为 P2，第二级的广设处、演出处、教学处分别设为 P2-1、P2-2、P2-3，以此类推。

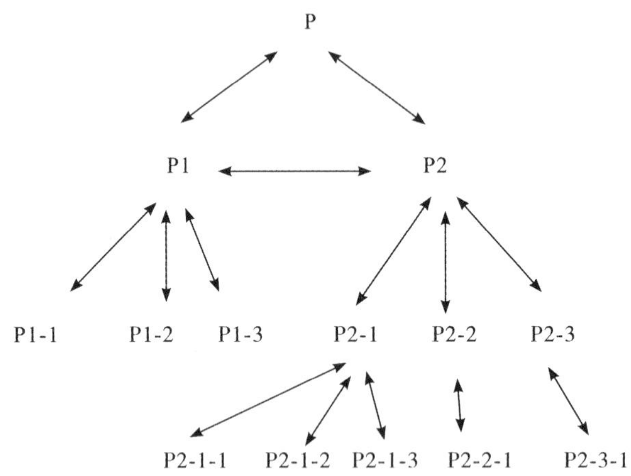

图 2-5　十鼓文化村文化创意生产者网络结构图

从结构图来看，第一，箭头的指向是双向的，也就是说十鼓文化村生产者网络构建出的代表不同单位的行动者之间是联结互动的。整个十鼓文化村的运营层层下放到各级行动者，用来指导生产、运营。而联结且维持这个方向的是团队制定的各项措施、制度等。另一方面，每个行动者都会与上一级行动者形成反馈、互动，维持这一项互动的则是各个行动者“维持十鼓文化村运营”的共同目标。

第二，整个网络体现着一定的层级性。即在文化村的生产者网络里呈现一定的自上而下的支配以及自下而上的反馈，有利于各方互动的加强。这类层级性的组织架构也是较为常见的。

第三，在生产者网络中，处于同一层级的行动者的角色是对等的。他们在这个网络中都扮演同样的角色。因此能通过角色对等形成结构的对等，比如负责演出的团队和负责教学的团队，都承担着将鼓乐文化分享与传播的责任，只是两者的角色功能有所不同。

从简单的层面上而言，十鼓文化村建构起的生产者网络是完全连接且相对紧密、合理的。每个生产者网络中的行动者是独立的，同时也是彼此联系的，这也是整个组织架构的基础，否则无法维持文化村的整体运营。且这个生产者网络无论从结构整体上看，还是从独立的每个层级的行动者来看，都具有中心性。而生产者网络的意见领袖基本可以直接指代团队相关负责人，他们在这个组织中担任着一定的职位，他们提出的意见即是生产进行的主导。当然，维持这个网络的除了组织本身的规则秩序外，还在于内部各个成员的交流。规则秩序能够将概念、资源逐级传递开来，与成员之间形成共享，用于指导整个网络的运作；而内部成员的沟通、交流和意见的反馈能够促成生产者网络里的互动。除此之外，消费者的反馈意见等也能够与生产者形成一定的联结，但是对于十鼓文化村而言，在生产者网络里，各个行动者之间的联结密度更强于消费者反馈形成的联结。

二、十鼓文化村的消费者网络

对于文化创意产业而言，消费者网络的形成依赖于文化创意生产者网络的建构。因为文化创意产业的产品、服务生产带有较强的不确定性，只有在最终生产出来以后，才能有明确的消费者群体。

（一）消费者构成

在十鼓文化村所提供的消费项目中，主要包含有门票、餐厅、纪念品等三项收入来源。而门票里所包含的消费项目又包括观看剧场演出、参与鼓艺制鼓教学、森呼吸步道等的休闲生活体验。也就是说，持有门票的消费者，即潜在地消费了以上的项目。因此，在这个特定的消费者网络中，行动者不再仅仅局限于行动的个人，而是一个个进入到十鼓文化村中消费的、具有既定消费目的的群体。进入到文化村里的每个消费者个体形成群体，这个消费者社群里的每个成员或者对鼓乐文化感兴趣，或者想体验文化村营造的自然生态，或者纯粹是想欣赏剧场的演出。但无论基于何种目的，他们购买了门票，就有了一致的消费目的和可供消费的项目选择，这也是这个消费者群体的共性。进入到文化村后，消费者社群里的每个消费者都按照个人的兴趣、喜好和消费方式选择参与不同的项目，进而实现与特定群体的平衡，形成一定的互动。

这里所建构起来的消费者网络大体上具有暂时性的特点。当他们进入文化村后，便会形成一定的消费者社群，而离开文化村，不再对此进行消费后，则会分散成许多独立的消费者个人或者群体，是完全分离的。

（二）消费者网络结构图

在此，把整个十鼓文化村的消费群体设定为C，因为进入到文化村必须首先购买门票，因此，C可以默认为门票消费群体。门票消费群体C都能消费其中的基本项目。而在文化村内又提供了餐厅消费和纪念品消费，对应的消费者群体分别为C2和C3。

C1这个群体具有相同的群体属性，但其又可细化为只消费观看剧场演出项目、只消费参与体验休闲生活或者是所有基本项目都消费了的各种大小不一的群体，分别是Cl-1、C1-2、Cl-3等。而C2、C3这两个消费群体都包含于C这个群体中，又与C1有交集。

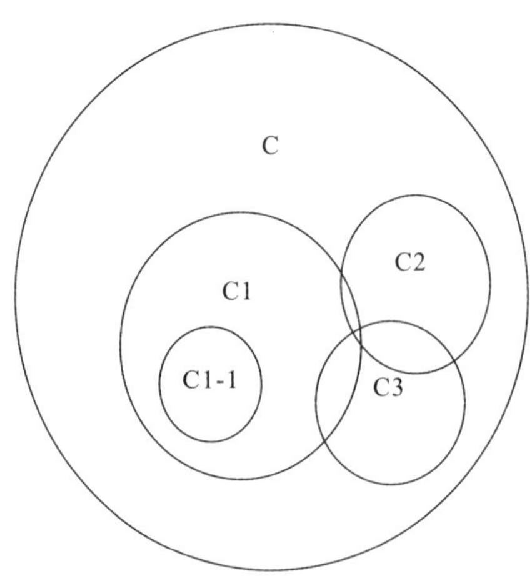

图2-6　十鼓文化村的消费者群体构成图

因此，这个消费者网络的行动者的主要构成单元是一个个消费者群体。这些消费者群体有可能是关联的，也有可能是独立的。同样地，具体到消费者群体内的每个消费者可能是家人、朋友的关系，也有可能只是陌生人。他们对于鼓乐文化的体验都到了接收的层面上，而因为这些消费者个人和消费者群体的联结是具有不确定性的，他们对于鼓乐文化的分享可能是在一起消费的群体之中，也可能是走出文化村之后，与他们的朋友或家人一起分享、传播。当然，这个层次的文化价值的传播是不好把握的。

据已有对于十鼓文化村业者的采访得知，十鼓文化村的消费者大多是靠已经来过这个地方的消费者介绍其亲朋好友到此消费的。

然而，就当前十鼓文化村消费者网络的构成来看，这些消费者在参与文化村消费的过程中还是处于相对独立的状态。因此，如何扩大这些消费者群体之间的联结，并透过他们的强弱关系联结，介绍更多的亲朋好友来此消费，是个需要重点关注的问题。

三、十鼓文化村的创意生产与消费网络

（一）生产与消费网络结构图

综合上述对于十鼓文化村的文化创意生产者、消费者网络建构的单独分析，现将这两个网络组合成一个大的生产者与消费者网络。其结构图如下：

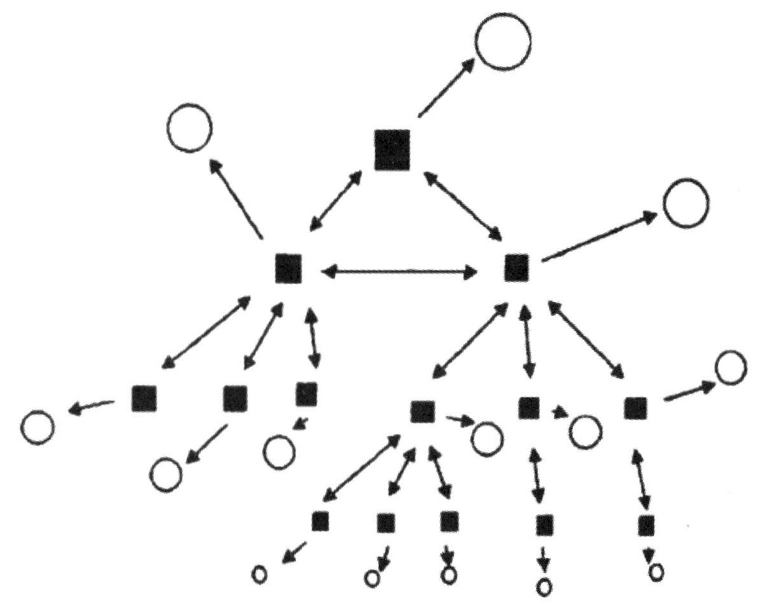

图 2-7　十鼓文化村的生产者与消费者结构图

（其中方形代表生产者，圆形代表消费者，不同大小代表不同的层级）

从图中可以看出，整个十鼓文化村的网络构建相对而言并不是特别复杂。整体而言，消费者网络依赖于生产者网络，且在网络中各个层级的行动者也

与消费者一一对应。这种鼓乐文化的传播呈现出单项传播的特征。如果将结构图中的箭头方向也考虑进来，那么这个结构图的联结有一定的断裂，并不是特别紧密。从箭头指向来看，生产者与生产者之间具有互动，这也是组织架构所需。而消费者因为进入到文化村这个环境里消费，具有群体和自我的认同，这种认同本身会促成消费者网络里的互动。但这种互动大致上是隐性的、不易被察觉的。

（二）生产者与消费者的互动

由于十鼓文化村的生产者是组织结构运营的基础，他们本身是既定的、稳定的，因此彼此之间形成的联结密度相对较强。而消费者群体不具有稳定性，由此与生产者构成的整个生产消费网络往往也具有暂时性的特点，彼此的联结也相对较弱。倘若这些消费者能与十鼓文化村形成稳定的联结，并加强彼此间的联结密度，那么十鼓文化村想要促成的鼓乐文化的宣传与推广便能收获较大的成效。

当前，十鼓文化村与消费者的互动方式还是比较有限的。在剧场演出结束后，十鼓文化村团队会分发调查问卷，内容包括消费者的相关背景资料以及对表演内容的意见等，让消费者当场完成后并提交。但是有些家长会带小孩来观看演出，参与调查问卷填写的往往也是家长。因此，十鼓经营团队只能大致从经验上判断，参与观赏演出的大多数是孩童。另外，在击鼓体验教室、制鼓馆内，生产者也能与消费者形成较好的互动，其余项目两者的互动则比较少。

此外，文化村主要通过自己的官方网站以及电子报、短信、邮件等方式，将文化村的相关活动等资讯传递给消费者。另一方面，十鼓文化村也借助博客等平台来与消费者分享各类信息，但是看其博客的经营，基本处于荒废状态，并不能真正达到十鼓文化村与消费者在网络平台上的交流。

在新媒体技术越来越发达的时代里，大家都会借助网络平台实现信息的交流、共享。因此，十鼓文化村也急需开拓这一平台，形成与消费者之间的互动及紧密联结。

结 语

通过上述对十鼓文化村的分析，可以得出以下结论：

第一，十鼓文化村中的生产者网络体现出较强的关联性和运作密度，整体架构也较为合理。整个团队的运营呈现层级性以及互动性的特征，信息在这个团队里的传播与共享能在最大程度上实现。

第二，十鼓文化村中的消费者网络本身的联结度不是很强，基本依赖于生产者网络而建构，但是其与生产者的互动又相对较弱。鼓乐文化经由生产者网络层级式地传递给消费者网络，这个消费者网络又转化为许多特征不一的消费者小群体，呈现层级式下的分散式。这种情况极有可能导致鼓乐文化传播的集中度不够。

第三，这个消费者网络群体背后还隐藏着许多已有消费者发展介绍而来的亲朋好友等潜在的二级消费者群体，但是十鼓文化村对于这些消费者群体的研究和发展比较缺乏，尤其是没有通过与已有消费者的充分互动、后期联络等来实现，促成其再次、多次消费。

第四，十鼓文化村在后期发展的规划运营是利用奇美博物馆、保安车站等周边景点，活化旧糖厂空间，建立艺术、历史与生态相联结的仁德文化园区。当然，文化园区是台湾文化创意产业经营最能获得成效的发展途径。但是十鼓文化村在规划中，要注意“鼓乐文化价值传播”这一主体经营理念，仁德文化园区在建构时需要将制糖文化等充分与鼓乐文化实现融合，否则会因为对鼓乐文化经营、传播的密度不够，而导致生产者、消费群体分流，影响鼓乐文化价值的有效传播，以及消费者对于鼓乐文化核心的准确认同建构。

第五，在未来发展规划中，十鼓文化村除了活化空间的经营策略外，还可以进行同质行业、异质行业、交叉行业等层面的拓展。一方面，这些行业的拓展能为鼓乐文化的传播增多途径；另一方面，能够扩展形成更多的消费者群体。比如，现今的十鼓击乐团主要是依靠与风潮唱片的合作来出版专辑，以后也可以尝试自己成立影音制作，既制作自己的专辑，也可以为参与教学的学员们制作鼓艺成果展示等影像资料。

第六，要充分利用新媒体技术，尤其是网络这一媒介平台。十鼓文化村开通了网上购物平台，出售一些演出门票等。十鼓文化村可以充分利用自己的网站以及购物平台等渠道，及时公布十鼓文化村的相关资讯、活动安排等信息；设置消费者调查参与评论等版块，由专人负责，便于与消费者形成互动；制定十鼓文化村会员制度，随时掌握消费者的个人信息、消费情况等，并推出系列对于会员的优惠政策等，以便于对二级消费群体的扩展。

第三章

台湾传统戏剧产业研究

2010 年 6 月上海世博会“台北文化周”，以台湾歌仔戏表演团体明华园的《超炫白蛇传》作为首演剧作，让游客感受一场时尚与经典结合的声光电大戏。正是这部戏被英国《伦敦时报》誉为“震撼人心”的优人神鼓《听海之心》，也正是这场大戏成为台湾文化创意产业与传统艺文团体打开世界市场的秘密武器。那么，作为艺文类的一项重要产业项目，在大众媒体和流行娱乐大行其道，传统戏剧日益边缘化的今天，是什么让明华园享有“东方魔幻音乐剧”的美誉，是什么魅力使明华园能够创下一场 10 万人的卖座呢？

第一节　台湾传统戏剧产业发展情况

对台湾戏剧的划分历来各家分法不一，大致上可以分为大戏、小戏和偶戏，大戏包括南管戏、九甲戏、乱弹戏、四平戏、歌仔戏、客家戏以及京剧、豫剧等传入台湾的大陆地方戏剧；小戏包括车鼓弄、牛阵、桃花过渡、三脚采茶戏等。但是，当前台湾的传统戏剧有许多近乎失传，在大戏方面，九甲戏、乱弹戏、四平戏几乎停顿甚至消失，唯有台北还流行着少数的南管戏。而生命力最强的是歌仔戏，目前大部分歌仔戏兼顾剧场和外台演出，在保留原生态演出的同时，走“精致路线”。而歌舞小戏主要分布在台南市，零星见于云林县、高雄市和中南部县市。傀儡戏、皮影戏目前几乎没有演出，布袋戏则普遍流行于台湾的各个地方。因此，目前台湾广泛流行的民间戏曲就是歌仔戏和布袋戏。

一、台湾歌仔戏的生存环境

一百多年前，台湾“本地歌仔”吸收了闽南传入的“车鼓阵”的艺术形式，以滑稽调弄的舞蹈身段辅助“本地歌仔”的演唱，成为“歌仔阵”。歌仔阵在节庆队伍中边行进边表演，遇到人群聚集的地方，就用四根竹竿围成表演区，就地演出，成为“落地扫”。清朝末年，歌仔戏已逐渐由平地搬上戏台，演出的内容也由片段折子戏变为全本戏，而音乐舞蹈形式都保留了原来的面貌。

20世纪以来，老歌仔戏吸收了台湾宜兰地区四平戏、乱弹戏的服装与身段，表演形式更加丰富，逐渐成为地方大戏。1923年以后，歌仔戏又向京剧学习台步身段与锣鼓；向福州戏班学习布景和连台本戏，不断成熟进步，不久就成为台湾最受欢迎的乡土戏曲形式。

抗日战争时期，国民党当局以歌仔戏是来自台湾的亡国调下令禁唱。大批的戏班无从生计，以邵江海为首的一批艺人，不唱台湾的【七字调】、【哭调】，改唱从“锦歌杂念”创作的【杂碎调】，号称“改良调”。而在原来歌仔戏的乐器“四大件”——壳子弦、大广弦、月琴、笛子上加一把六角弦，唱【杂碎调】就用六角弦为主弦伴奏。这就是福建歌仔戏唱腔的变异。抗战结束后，福建的改良歌仔戏由“南靖都马抗建剧团”带到了台湾，并融合越剧的装扮，自成特色，被台湾人称为“都马戏”。“都马戏”传入台湾之后，很多本地的歌仔戏剧团就纷纷学习了“改良调”。但是由于抗日战争时期台湾的歌仔戏融入了很多“胡撇子戏”① 的成分，歌仔戏的艺术性受到破坏。20世纪50年代后，台湾的歌仔戏处于自生自灭的状态，所以也保留了更多原生态的成分。

① “胡撇子戏”形成于台湾的日据时期。在“皇民化”运动中，日本殖民者禁止艺人唱中国戏剧。“胡撇子戏”是台湾歌仔戏艺人为了保护歌仔戏而创造出来的一种“变体”，其基本特征就是“混杂”，在声腔、对白、服饰、道具、表演、乐器等方面，亦中国亦日本，亦传统亦流行。

二、早期歌仔戏的经营情况

台湾歌仔戏大体历经野台——内台——外台——广播电视歌仔戏——剧场歌仔戏的演出形态。在这一过程中，外（野）台歌仔戏始终活跃在舞台，至今外（野）台歌仔戏仍占大多数。野台戏剧经营相对简单，不是以票房盈利，而是社区、村庄的某个或某几个“头家”出钱请戏或者组织筹钱请戏，这种戏一般一场几百块钱，分摊给演员，所剩无几。早期的歌仔戏剧管理比较粗放，讲戏师、布景、演员、配音师等并没有明确的职责划分，往往是由团长管人管事，讲戏师管戏分配角色，舞台搭建、煮饭等工作都是谁有空谁上，歌仔戏艺人主要以业余为主。

20 世纪 20—30 年代野台歌仔戏不断繁荣，进入其发展的黄金时期，据不完全统计当时台湾大大小小的歌仔戏剧团共有 300 多个。歌仔戏仅次于京剧开始进剧场做商业演出，收入直接来自票房，由于剧院数量有限，因此进剧场演出竞争相当激烈。这驱动了歌仔戏的经营方式改革，歌仔戏艺人开始从业余走向专业，剧团开始拥有专业化的队伍，人事制度逐渐完善，并开始懂得利用广告进行宣传。可以说，抗日战争之前台湾的歌仔戏剧团已经初具现代化的经营管理模式，台湾的歌仔戏剧团纷纷来到闽南各地做商业演出。但是随着抗战的展开，两岸歌仔戏被禁唱，内台演出遭到禁止。歌仔戏只能又回到野台上演出“胡撇仔戏”。歌仔戏初起的现代化管理方式也在“皇民化运动”和“台湾亡国调”的打压下逐渐消解。

抗战胜利后，歌仔戏重新繁荣起来，曾解散的戏班也纷纷操起旧业，歌仔戏经过抗战时期的改良而变得更受欢迎。20 世纪 40—50 年代，内台演出日益增多，歌仔戏发展达到了顶峰。首先表现在对广告的运用更加成熟。报纸、剧院宣传板，剧情演员介绍、刊登图片等宣传技巧大加利用。其次，50 年代的歌仔戏剧团规模壮大，队伍专业化程度高，剧目改造、剧情改编、机关布景、服饰美化、特技穿插等方面都有专门的人才配置，50 年代歌仔戏经营已经逐渐脱离了野台的模式。

随着大众媒体的兴起，歌仔戏的表演形态也发生了巨大的变化。50 年代中后期，歌仔戏被其他剧种排挤出内台，广播歌仔戏繁荣起来。据资料显示，在台湾先后播出歌仔戏的电台有民本、中广、警察、中华、正声等，而以

1962 年成立的“正声天马歌剧团”为巅峰，此后因电视歌仔戏的影响而走下坡。到了 80 年代初，台湾的广播歌仔戏所剩无几，因此广播歌仔戏存在的时间并不长。

1962 年台湾电视歌仔戏初步形成，但是当时台湾全地区的电视机数量只有四千四百多台，到了 80 年代，这一期间仍是广播歌仔戏和电影歌仔戏的天下。60 年代中后期到 90 年代末，电视歌仔戏的观众逐渐增多，并夺走了大部分广播歌仔戏的听众。这期间的电视歌仔戏，也完全是商业化运作，尤其别于内外台歌仔戏的是，具备了成熟的导演、编剧制度。

尤其值得一提的是 80 年代后，台湾剧场歌仔戏①复兴。据统计，1981 年至 2004 年，全台湾进入大型剧院演出的歌仔剧团有 119 个，共演出了 230 出戏。至今，现代剧场歌仔戏也是主要的演出形态，河洛歌仔戏团、唐美云歌仔戏团、薪传歌仔戏剧团、明华园歌仔戏剧团等台湾的民间职业剧团主要走的就是现代剧场歌仔戏道路。

三、台湾歌仔戏产业现代发展

在台湾早些年，歌仔戏拥有广大民俗庙会筹神庆典的市场，后来受到了廉价的电子花车钢管舞秀的排挤，发展得也有点力不从心。宜兰县是歌仔戏的发源地，也是全台湾唯一成立公立歌仔戏团的地方。早年仅宜兰一地就有一二十个团，后来只剩下五团职业戏班，营运状况摇摇欲坠。好在 1980 年之后，台湾当局重视传统戏剧的保护与薪火相传。1981 年台湾“文化建设委员会”成立，开启了台湾戏剧——现代戏剧与传统戏剧——迈入现代化的又一个新纪元。1982 年“文化资产保护法”的制定，歌仔戏获得了正当合法的地位。1985 年颁布了“民俗艺术薪传奖”，鼓励发展传统艺术，管理部门每年辅助各地艺文活动、艺文团体、艺术家等，以提升台湾艺文品质，同时将台湾的艺文引入文化创意产业。一方面相关部门积极辅助戏剧的文化薪传与保存，经常不定期举办巡回表演、公演、会演等；另一方面，民间剧团自行开辟戏

① 所谓剧场歌仔戏是指台湾 80 年代以后，结合现代剧场技术与舞台设备，在行政文宣与艺术制作的专业分工下，以精致人文化的整理戏剧创作为诉求，从观众思维到剧场艺术都朝戏曲现代化迈进的歌仔戏。

路，结合现代多媒体技术的产业，在歌仔戏失去传统剧场的时代，重新将歌仔戏搬到文化场所表演，发行电子音像产品，剧场建立网站，推陈出新，引领新的流行。

台湾“文建会”采用现金补贴、税收减免、捐赠扣除额等方式扶持戏剧团体，另外委托民间戏剧团企划、筹办活动，这也成了戏剧团体从行政单位获取经费的渠道之一。

表 3-1 1998 年台湾杰出戏剧团队营运状况统计表①

类别	经济来源（%）				演出场次（场）	
	业务收入	行政部门	民间捐助	其他	境内	境外
现代戏剧	38.55	46.81	8.75	5.89	492	21
传统戏曲	58.54	29.87	4.31	7.28	346	16
平均值/总场次	43.12	40.30	9.61	6.97	1120	74

表 3-2 1996 年—2004 年“文建会”杰出团队扶植计划

传统戏剧类（歌仔戏）补助名单②

团体名称	1996 年	1997 年	1998 年	1999 年	2000 年	2001 年	2002 年	2003 年
一心歌剧团							√	√
秀琴歌剧团					√	√	√	√
明华园歌仔戏剧团		√	√	√	√	√	√	√
河洛歌仔戏团	√	√	√	√	√	√	√	√
春美歌剧团								√
唐美云歌仔戏团						√	√	√
高雄小倩歌剧团				√	√			
陈美云歌剧团		√	√	√	√	√		
黄香莲歌仔戏团			√	√				
新樱凤歌剧团						√	√	√
薪传歌仔戏剧团			√	√	√	√	√	√

① 陈亚平．台湾对艺术表演团体辅助之实证研究——以台北县市表演艺术团体为例[D]．台北大学硕士学位论文 2005.

② 李金峰．从体验行销的观点探讨传统表演艺术观众行为——以舞台歌仔戏为例[D]．台北艺术大学硕士学位论文 2005.

从以上两个表可以看出，台湾民间职业剧团的待遇还是较丰厚的。在台湾“文化建设委员会”大力推动文化创意产业发展的趋势下，地方也高度重视发展文化创意产业。起初台湾戏剧在创造文化产值方面，也只是聊备一格，真正能创造商业利润的当属霹雳布袋戏，真正传播和推广文化符号的则是明华园歌仔戏剧团，而后大多民间职业剧团纷纷创新，名声鹊起，演出源源不绝。

表3-3　台湾部分县市2010年8月9日—2010年8月16日一周歌仔戏公演情况①

时间	地点	剧团	剧目
8月11日	宜兰礁溪老爷大酒店	悟远剧坊	益春留伞
8月12日	宜兰礁溪老爷大酒店	悟远剧坊	点秋香
8月13日	台北市万华区艋舺公园	一心戏剧团	八府巡按
8月13日	台北县三峡镇三树路国庆路口广场	明华园黄宇戏剧团	周公大斗桃花女
8月14日	台北板桥市国庆路忠孝公园	台湾歌仔戏班	百里名医
8月14日	宜兰礁溪老爷大酒店	悟远剧坊	三考新郎
8月14日	南投中兴新村虎山艺术馆	明珠女子歌剧团	乞丐与千金
8月14日	台北市万华区艋舺公园	民安歌剧团	万古流芳
8月14日	台北县永和市八二三公园	台湾春风歌剧团	唐伯虎暗恋秋香
8月14日	台北市迪化街一段21号永乐广场	台湾春风歌剧团	唐伯虎点秋香
8月15日	台北市万华区艋舺公园	尚和歌仔戏戏团	欲望当铺

表3-4　台湾部分县市2017年8月19日—2017年8月25日一周歌仔戏公演情况②

时间	地点	剧团	剧目
1月20日	台南新营文化中心	明华园	侠猫
1月26日	高雄大东文化艺术中心	明华园	侠猫
1月20日	台北市立社会教育馆	尚和歌仔戏剧团	将军的押不芦花
2月25日	南投县立体育场	明华园	乘愿再来
3月2日	台中万和宫	国光歌剧团	就爱妈祖香
3月2日	新竹县新埔镇	明华园	八仙传奇
3月5日	——	唐美云歌仔戏剧团	月夜情愁
3月29日	台北市台湾戏曲中心	唐美云歌仔戏剧团	月夜情愁

① 资料来源：歌仔戏艺术文化资讯站：http：//www. twopera. net/.

② 资料来源：歌仔戏艺术文化资讯站：http：//www. twopera. net/.

仅台北市区七天中就有四天演出歌仔戏，演出场所从庙宇扩展到酒店、公园、广场。据不完全统计，在台湾部分县市（主要是台北、高雄、宜兰和南投），仅2010年8月，就有26天公演了58出歌仔戏。尽管到了2018年，歌仔戏的演出频率有所降低，但仍保持一个月至少公演一场。除现场演出歌仔戏外，还有电视歌仔戏，动画歌仔戏，甚至在歌仔戏中加入了流行元素形成了新的艺术表演形式，这些形式在很大程度上推动了歌仔戏的发展与传承。

而对一些几近消亡的剧种，台湾当局想方设法地采取保护措施，在“文化内销”不出去的情况下，台湾开创观光戏的道路，开展“主动式文化外销”。例如，台北戏棚和碧湖剧场，洋人踏雪访梅，给演出单位创造了不小的票房。据统计，台北戏棚70%的观众是日本观光客，25%是其他国家的观光客，只有5%是本地观众。这两个剧场大部分演出京剧，在观光客逐渐增多之时，演出单位适时排进民俗特技、布袋戏、歌仔戏、少数民族歌舞等其他舞台表演形式。台湾透过观光戏的形式推动舞台表演艺术行业的发展，也算是开拓出了一条文化轻便路径。

第二节 案例分析：明华园

一、台湾明华园的基本概况

明华园歌仔戏剧团由陈明吉创立于1929年，最初名为明华歌剧团，后改为明华园歌仔戏剧团，至今有90年的历史。20世纪二三十年代的台湾，正值歌仔戏大兴，当年的陈明吉唱练坐打样样精通，明华园在他的带领下，多次获得台湾戏剧比赛的冠军。随着时事变迁，其间歌仔戏几经沉浮，迈入传统戏曲式微的年代，明华园家族却浴火重生，成了歌仔戏界里“异数”。80年代是歌仔戏再次复兴的转折点，蔡宗德教授在《台湾歌仔戏的传统与变迁》一文中，指出：“台湾歌仔戏再一次的复兴，应该是从1982年明华园歌仔戏剧团的崛起与1987年戒严令的解除开始的。由于明华园精湛的演技和改革，在1982年获得台湾地区戏剧比赛的冠军，受到学者专家的肯定与推荐，1983年明华园参加文艺季在台北孙中山纪念馆的演出，使歌仔戏首次在台湾最高级艺术殿堂演出而受到各界重视。”①

此后明华园的声誉一发不可收拾。在台湾，明华园不仅成为文化创意产业，而且让这门唯一在台湾出生的戏剧惊艳国际舞台，从台湾到巴黎、东京、新加坡、菲律宾、南非……明华园打破了语言的藩篱，上演了一出出“东方魔幻音乐剧”。其表演融合民俗、诗词、音乐、舞蹈、戏剧、杂技、美术、电影、现代剧场等多元艺术，大加运用黑光剧场、空中飞人等特效，兼具趣味性、戏剧性和文化性，强烈的视觉色彩、丰富的声光、具亲和力的肢体语言，让明华园展现出明快、开朗、热情的风格，满足了现代人的审美娱乐需求。

明华园的成就来源于明华园的企业运作，更来源于整个家族强有力的团队合作。明华园的演员均为家族成员，家族三代子弟、媳妇都投入歌仔戏演出行列，这在表演艺术界堪称一大特色。目前明华园总团旗下共有“天、地、玄、黄、日、月、星、辰”8个子团和“绣花园、胜秋团、扬明园、艺华园”等四个协力团队，散居于台湾各地。在总团长陈胜福的带领下，经历了多次的改革和革新，明华园成功开创了广阔的艺术版图。

台湾2300万人中，至少有1200万人知道明华园、600万人看过明华园。明华园的艺术能量来自于其强韧的生命力。陈胜福说：“歌仔戏的特点是，哪怕只有一方土地、六根竹竿、一条绳子，还是能玩出让观众目瞪口呆的创意。”大都市、小乡镇，甚至校园、外岛、医院、监狱等，无论是室内剧场还是露天舞台，无论古装演出还是时装新剧，无论是逼真的手绘布景还是高科技的声光舞台，明华园都能尽情挥洒，展现源源不绝的创造力。明华园已是现今台湾足迹遍布最广、观众阶层最广、戏剧版图最广的表演艺术团队。戏剧评论家、中国傩戏研究会会长曲六乙这样称赞明华园：“传统戏剧为了吸引现代观众注意，必须加入创新，这是两岸共通的想法。而明华园在运用剧场的体验效果表现上，有些甚至超过大陆的尝试。明华园的戏剧结构紧密完整，运用现代剧场技术的处理精致而独特，有许多意想不到的精彩实验，这也是将观众拉回传统剧场的新契机。”②

---

① 蔡宗德. 台湾歌仔戏的传统与变迁［M］. 台北：“文建会”海峡两岸歌仔戏学术研讨会，1996.

② 明华园戏剧总官方网络. http：//www. twopera. com/d06. html.

明华园除了不遗余力地推广歌仔戏这项本土艺术外，还积极参加歌仔戏的薪传工作。20 世纪 90 年代起，明华园寻找台湾各地歌仔戏艺人，组成“台湾歌仔戏精英联队”，联合演出歌仔戏。随后在各大专院校开展薪传教育工作，引起热烈回响。1996 年还协助台北西湖小学成立歌仔戏团。迄今，西湖小学歌仔戏班已成为社区最佳的亲善大使。

二、明华园歌仔戏产业化上中下游概念界定

约翰·奈斯比特和帕·阿博顿妮在《2000 年大趋势》中引用美国众议员汉密尔顿的观点：“艺术既是商业资源也是文化资源，花费在艺术上的钱会影响某一地区的经济，并产生多种效果。对于旅游业来说，艺术是一种财产，它吸引贸易和工业，并提高房地产的身价。”① 歌仔戏作为一种传统的戏剧，具有浓厚的文化价值，也拥有着巨大的经济价值。明华园的成功之处就在于对歌仔戏进行全面开发与运作。

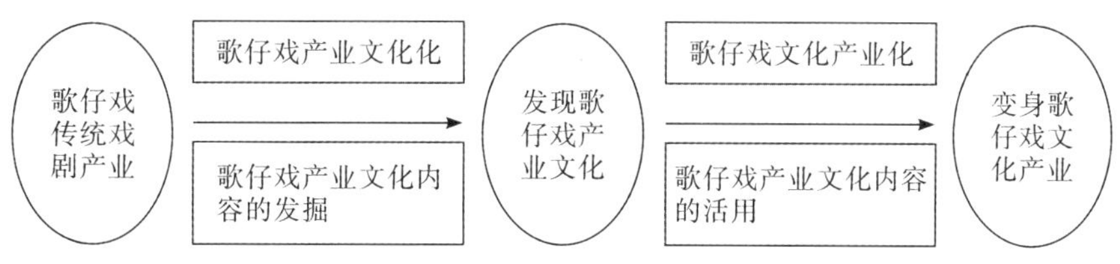

图 3-1　明华园歌仔戏的文化发展与转变

如图所示，歌仔戏要产业化，首先要挖掘、盘活歌仔戏的文化资源和文化内容，找到与市场切合的点，并将之进一步开发与活用，逐渐转化为消费者可观、可感、可体验的文化创意产业。歌仔戏集车鼓戏、梨园戏、高甲戏、北管戏、京剧、闽剧等戏剧的艺术成分为一身，其身上所融合的音乐、舞蹈、美术、杂技、电影、现代剧场等多元的艺术形式，构成了歌仔戏庞大的文化景观。如果逐一开发这些艺术形式的话，歌仔戏将是艺术展览馆，比如可以利用美术的艺术形式开发布景产业、服装产业、化妆产业等。歌仔戏不缺乏丰富的文化内容，缺乏的是开发的形式。而总体上，明华园歌仔戏的开发沿着两种形式进行：一是视听文化内容的开发，二是体验内容的开发。视听内

① ［美］奈斯比特等. 2000 年大趋势［M］. 北京：东方出版社，1990：72.

容包括歌仔戏的现场演出、广播电视电影歌仔戏、唱片录像等视听传播的影音产品；体验内容包括互动参与的旅游观光戏和其他体验式的衍生产品。

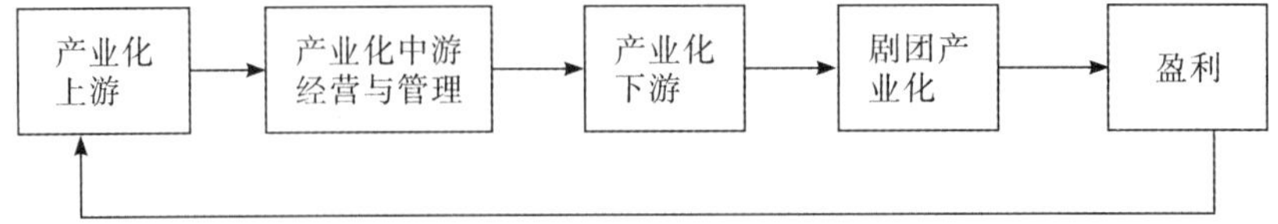

图 3-2　明华园产业化的基本过程

具体而言，剧团产业化上游是指整合剧团的内外资源优势，包括对外充分利用行政机构对歌仔戏的扶持政策，对内整合歌仔戏演出剧目资源，精深做好演出素材的取舍、修改与创新。剧目直接决定演出效果和观众人次，因此歌仔戏产业化上游对整个产业化过程起着关键的作用。产业化中游则是指剧团具体的经营管理，包括采用什么样的经营理念、管理模式和推广方式等，这个环节也是剧团产业化的中坚环节，决定着剧团产业化的成效。而产业化的下游则指剧团产业销售服务过程，如产品的输出形式是有形的还是无形的，是视听的还是体验的。剧团通过上中下游的运作，是否产生商业价值取决于下游的运作了，下游运作得好就会形成产业链，创造出源源不绝的利润，运作得不好，剧团产业化失败，可能面临散团的危险。因此，剧团产业化的过程是每个部分环环相扣、缺一不可的过程。这三个环节的承接过程总体上涉及产业盈利的几个要素：资源、成本、产业因素、活动、定位。

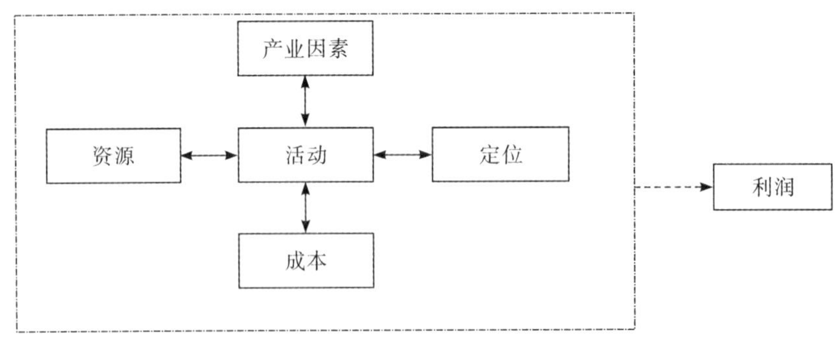

图 3-3　明华园商业模式的形成过程

正如上图所示，通过整合、开发戏剧资源，具体是歌仔戏本身的资源及其环境资源，增加投入购置产业化所需的设备，采用现代企业制度，进行剧团的经营管理，加强剧目、剧团的推广宣传，通过各种造势活动、演出活动，找准定位，开发演出市场及其他衍生产品市场，那么剧团的商业模式基本就构建起来了，而剧团的产业化也将促使剧团不断循环盈利。

第三节 案例经验：明华园戏剧产业的文化活化方式

一、明华园产业上游：剧本转化

演出资源的产业化转化，最直接地表现在剧本形式上。早期歌仔戏的演出，以及现在的野台歌仔戏，都是采用做“活戏”的方式，演出时没有固定的剧本，由讲戏先生在演出之前讲述剧情大纲、分场段落，并分派角色，演员立刻上台表演，适当根据讲戏的内容临场发挥。早期，明华园的野台演出也是采用这种方式。20 世纪 80 年代后，剧场歌仔戏复兴，为了保证演出的质量，则采用定本的演出方式，由专人编写剧本，演员依据剧中人物发挥表演功能，一般严格按照剧本进行，修改剧本则需要与导演、编剧协商。

（一）剧本来源

综观歌仔戏剧本，若按照剧本的创立与来源来划分的话一般可以分为三类：传统型剧本、移植型剧本、新编型剧本。传统型剧本指的是剧本延续传统的歌仔戏的剧本而来，或是对这些传统的剧本加以改编。如传统歌仔戏剧本四大出：《陈三五娘》《山伯英台》《什细记》《吕蒙正》，目前这四大出仍然被各大歌仔戏剧团加以改编而传演；移植型剧本则是移植其他剧种的剧本或者对著名剧作的移植改编，对这类剧本应用最多的当属台湾河洛歌仔戏团，其著名剧目《曲判记》《皇帝秀才乞食》《浮臣纱帽》《御扁》分别移植大陆的闽剧、莆仙戏、梅林戏、楚剧，而《钦差大臣》《彼岸花》剧本则是移植著名的国外剧本《巡按》和《罗密欧与朱丽叶》；新编型剧本指的是剧本来源于民间故事、笔记小说或是综合众人的创意而成，其区别于移植型剧本的是故事情节或者结局不同于原先的面貌，表现出独有的新意。明华园的剧本大多属于新编型的剧本。以下对台湾明华园的主要剧目的剧本内容、剧本类型、题材类型进行汇总：

表 3-5　台湾明华园歌仔戏剧团的演出剧目①

剧名	首演年份	剧名	首演年份
父子情深	1982 年	乘愿再来	2001 年
济公活佛	1983 年	游湖借伞	2001 年
马车夫与大捕快	1984 年	鸭母王	2002 年
周公法斗桃花女	1985 年	剑神吕洞宾	2003 年
搏虎	1985 年	白蛇传	2003 年
刘全进瓜	1986 年	韩湘子	2004 年
蓬莱大仙	1987 年	王子复仇记	2005 年
红尘菩提	1988 年	蓬莱大仙（国际版）	2007 年
财神下凡	1989 年	何仙姑	2008 年
真命天子	1989 年	猫神	2009 年
逐鹿天下	1992 年	曹国舅	2010 年
李靖斩龙	1993 年	蓬莱仙岛	2011 年
界牌关传说	1993 年	火凤凰	2011 年
薛丁山传奇	1994 年	吆喽正传	2013 年
鸳鸯枪	1994 年	流星	2015 年
斩判官	1995 年	散戏	2016 年
燕云十六州	1996 年	四两皇后	2016 年
欢喜迎亲	1997 年	爱的波丽路	2017 年
溪寮校长	1999 年	龙抬头	2017 年
狮子王	2000 年	侠猫	2018 年

从表中可以看出，20 世纪 80 年代开始明华园的剧本均是新编剧目。陈胜国雄厚的编剧功底塑造了一个个独具个性的人物形象。早在 80 年代歌仔戏向现代剧场歌仔戏迈进之时，陈胜国就勇于创新，塑造人物不再保守传统的歌仔戏忠孝礼义的英雄形象，而是模糊善恶忠奸的界限，赋予角色人性化的一

① 数据来源：叶嘉中. 九十年代台湾地区现代剧场歌仔戏研究［D］. 东吴大学硕士学位论文，2005.

面，使得角色更立体。2016 年，明华园总团仍在不断创作新剧本，陈胜国再次执笔新剧《四两皇后》，同时勇于投资舞台设计，以狂野亮丽的舞台色彩、奔放的演出形态，结合创新剧场技术、变换的舞台，呼应时代脉动的戏剧内涵。

（二）剧本的题材及意旨

一般而言，歌仔戏剧本的类型可以分为：演义题材、豪侠题材、士隐题材、爱情题材、家庭题材、社会题材、道释题材、公案题材、宫廷题材以及族群题材。当然，并不是每个剧本都只属于一种题材，有些剧本体现了多种主题。总体而言，这些题材所体现的思想意旨主要可以分为社会的写实、道德的宣扬、爱情的自主、自我的认同、宗教的寄托等五大类。台湾明华园在剧本的题材上基本选择传统的忠孝礼义。但明华园创新的做法是，在传统文化中融入现代的精神和元素，从戏的内涵、包装、服装、布景、道具和舞美等元素上去表现。在舞台上，任何一句台词对白都没有忠、孝、节、义这几个字，但是看完以后，会变成观众共同讨论的话题。

从表 3-5 还可以看出，明华园以神仙道化剧为主要戏码，《济公活佛》《蓬莱大仙》《八仙传奇》《狮子王》《何仙姑》《超炫白蛇传》等剧目都是道释题材，剧本的中心思想始终与宗教思想有着密不可分的关系。剧本的形成之所以有这种取舍和偏向，首先，与编剧人员有关，陈胜国从小擅长武侠写作，神怪戏是他的拿手绝活。其次，与现代剧场歌仔戏的演出形态密不可分，现代剧场歌仔戏要求演出要有看头，神仙道化剧更适合于营造宏大的舞台场面和特技效果。例如，《济公活佛》的演出运用干冰烟雾、绚丽灯光、空中飞人和华丽的布景等，营造出一个超现实的魔幻剧场，此种表现方式也打开了明华园的现代剧场戏路，并一直沿用至今。再者，传奇色彩的题材与台湾较为混乱离奇的政治现实有着异曲同工之处，编剧间接地影射社会，将社会真实的场景呈现在剧本当中，希望能引起社会大众的共鸣，找到解决社会问题之道。而平常百姓也非常喜欢在神仙怪诞的故事中找点娱乐，或者寄托宗教以获得心灵层面的解脱。因此，明华园道释题材的剧本往往以度脱成佛、因果轮回等内容体现教化人心、铲奸除恶的思想意旨。尽管明华园的剧本中心思想大都与宗教思想有关，但其表现手法延续着野台歌仔戏的俚趣笑闹的步调，于严肃主题中插科打诨，通常由丑角来实现戏剧的这种娱乐功能，这也成了明华园的又一特色。

综合剧本来源、剧本的题材和剧本的思想意旨，明华园以宏大的场面取胜，这点决定了明华园的演出能够娱乐观众而盈利。然而，剧本的产业化转化是否顺利，根本还在于文化体制是否完善。在实际的文化体制改革过程中，台湾“文建会”对歌仔戏团体的监管已经大大削弱，甚至不对剧本进行审查，这跟台湾宽松的文化政策有直接的关系。由于台湾明华园90年的歌仔戏创演资历，“文建会”对之鼓励有加，从1985年至2003年，在8次“文建会”对杰出歌仔戏团队扶助中，明华园获得了7次补助，剧本产业化转化比较顺利。此外，台湾明华园属于文化创意产业，是一种消费产业，它的服务和产品提供是满足和丰富老百姓的多层次、多样化的消费诉求。

二、明华园产业中游：经营管理

明华园是台湾第一个以现代化、企业化、制度化模式经营的传统剧团，从近年明华园的演出范围、观众人次、受众反映等情况看，明华园的现代经营管理模式已经创造出巨大的商业利润和文化价值。因此，公办剧团也好、民营剧团也罢，剧团要盈利，就必须走现代企业的经营管理模式。下面从经营理念、经营管理、品牌营销三个要素出发，以产业学、传播学的相关原理为理论支撑，分析台湾明华园的产业中游。

（一）经营理念

明华园的经营理念是为了弘扬和传承歌仔戏，将社会伦理道德精神通过歌仔戏传递给广大民众。因此，明华园不是单纯为了盈利而经营的，而是秉承着对歌仔戏的热爱，对歌仔文化的执着，尽力发挥着歌仔戏的社会守望和教化的功能。明华园创办之时，团长陈明吉一再提醒团员，除了在台上把戏演好外，还要将戏里的忠孝节义、伦理道德化为艺术表演、娱乐表演，让这些无形的精神融入戏里，而不必说教，观众一看就有所体会。这样的精神对明华园第二代、第三代的经营者与团员影响非常深远。

同时，明华园采用的是现代企业制度，以完善的企业法人制度为基础，以公司企业为主要形态，产权清晰、权责明确、管理科学，完全实现了自主经营、自负盈亏、自我约束和自我发展。

（二）经营管理

企业经营管理是指对企业整个生产经营活动进行决策、计划、组织、控制、协调，并对企业成员进行激励，以实现其任务和目标等一系列工作的总称。剧团走产业化道路就要合理确定剧团的经营形式和管理模式。具体内容包括：设置剧团管理机构、配备管理人员；做好戏剧市场调查，进行科学的经营预测和经营决策；建立、健全剧团责任制和各种管理制度，做好劳动力资源优化配置；合理组织产品销售，加强财务管理和成本管理，处理好收益和利润的分配关系。

明华园尽管是家族企业，却是严格按照现代企业制度进行经营管理：

1. 职能分工。明华园以家族三代人员组成庞大的歌仔戏集团，在明华园总团下有“天、地、玄、黄、日、月、星、辰”8个子团和绣花园、胜秋园、扬明园、艺华园等4个协力团，平时这12个团散落在台湾的各个地方，只有在明华园公演的时候才聚集在一起。明华园形成了以陈胜福为总团长，陈胜国为总编导，各子团相互分工、相互协作的剧团经营管理机制，构建起了完备的团长系统、编导系统、制作系统、演员系统、灯光系统、乐队系统、舞台系统、道具系统、服装系统等现代企业分工。

以《蓬莱大仙》为例：

艺术总监：　陈胜福
编剧导演：　陈胜国
武戏身段指导：刘光桐、林春发、马学文
舞台设计：　黄建达
舞台监督：　王汉民
灯光设计：　黄国峰
服装设计：　蔡毓芬
舞台技术指导：周志玮
布景制作：　阿达舞台布景工作室
道具：　潜藏道具、明华园道具小组
音响工程：　陈铎夫
技术人员：　周英杰、吴沛颖、蔡明综、卓怡萱、陈铎夫、刘修按、庄秋志、杨延俊

导演：　　　王铭灿

录影：　　　黄念豫

行政经理：　蔡丽君

执行制作：　廖芳宜

行政文宣：　宋巧雯、古芳宜

艺术行政：　黄丹岷、张仁贤

从《蓬莱大仙》的制作团队可以看出，明华园拥有着分工细化、协调性强的幕后团队，其中包括行政团队、舞台筹备团队、现场协调团队等。每个团队各司其职、各负其责，紧凑、协调地为演出服务。

2. 人才培养。明华园特别重视人才培养，幕前演员、幕后工作人员都是竞聘上任，以团带班的培养模式开展演员培养工作。所谓“以团带班”，是指将明华园家族的子孙编入团培训，由第一代、第二代艺人组成教学小组，利用业余时间实施唱、念、做、打的教导。学生随团学习，一边学习、一边扮演旗军、丫环或者僮生，直到变声期过，嗓声基本稳定，再由艺人自选门徒确定行当，个体培养。如不适合做演员，转为乐工或舞台工作人员。这种培养模式，可以保证演员的演出质量，而明华园的家族剧团性质也决定了这种培养模式，决定了演员的长期服务的性质。因为是家族的剧团，不用担心培养出来的演员出名之后跳槽或跳团。

明华园的家族剧团性质决定了明华园的演员几乎来自于家族成员，目前明华园的演员共有500多名。明华园的子孙从小耳濡目染，在剧本念唱、武打动作、身段姿态、服饰化妆等环节，他们都比任何科班的学生有着更多的发言权。家族剧团、企业管理、竞争上岗，每一个演员都从龙套做起，从扮演道具学起。只有努力才能在这个歌仔家族中占有一席之地，而跟班学习的经历成就了如今明华园的每一个明星。

3. 经纪代理。明华园由于经常到各地演出，因此完善的经纪机构对明华园业务的开展很重要。而在代理方面，明华园做得更到位，充分整合了非本地的舞美用品租赁公司、搬运商、文化公司、剧院等方面的资源。如明华园在巴黎演出，不可能将所有的舞台用品全部空运过去，更不可能自己过去长期推广，也不可能自己组织售票，因此这些工作都转交给代理机构来做。还有物态艺术品的销售，比如唱片、DVD等，也需要由代理商来具体运作。目前明华园在台湾地区拥有固定合作的多家代理机构。

表 3-6 台湾明华园影音商品直销点①

方式	名称
连锁通路	诚品书店
	金革唱片
	玫瑰唱片行
	海山唱片
	五大唱片
	大众唱片
	亚艺影音
网络通路	YAHOO 购物中心
	博客来网路书店
	诚品网路书店
	年代购物网

三、明华园产业下游：品牌营销

文化创意产业发展过程中，最重要的是建立品牌：一是，文化创意产业的产品通常是以知识产权的形式存在，在消费者购买之前，无法感受其内容，因此消费者判断的重要依据就是品牌的知名度、美誉度；二是，企业一旦确立品牌，各种资源就有了一个集聚点，企业便可围绕这个中心组织资源，把散乱的资源整合起来；三是，拥有了高度的品牌价值后，可以适当地进行品牌的延伸，实现企业的规模经济和范围经济。

（一）品牌建设

如下图所示，品牌在现代化企业发展过程中，处于核心地位。

① 资料来源：明华园戏剧总团官方网站：http：//www. twpero. com/d06/html.

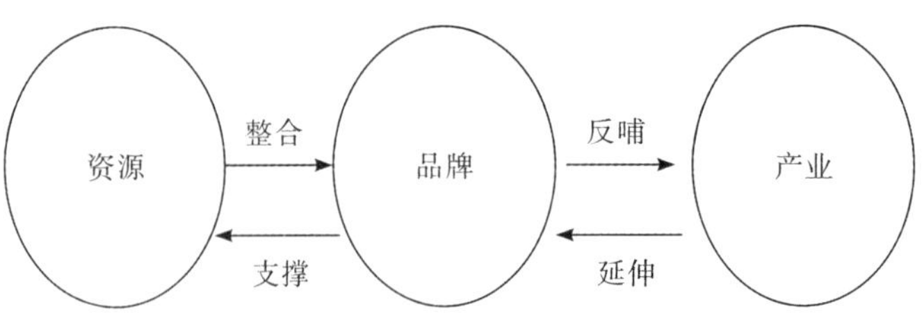

图 3-4 品牌的核心作用

明华园戏剧团运用“明华园”这个数十年的老字号，把当前可供利用的各种资源有效地整合起来，其内部资源包括歌仔戏剧目、歌仔戏主角形象、歌仔戏明星资源等，外部资源包括优惠政策、现代媒体、先进科技等，使得各种散乱的资源变得整齐有序，形成一股强大的合力，而这股力量又通过产业平台有效地支撑起“明华园”这个品牌可能新开创出来的项目，如“明华园歌仔主题公园”，公园利用“明华园”的知名度和美誉度，可以适当地将“明华园歌仔戏”品牌价值延伸到其他产业，比如旅游产业和教育产业，通过连锁经营、特许经营、资本运作等方式实现企业的多元化发展。同时这种多元化也将增强品牌内涵和价值，反哺品牌，使品牌得到进一步发展，从而实现“资源——品牌——产业”的良性循环。陈胜福在接受媒体采访时说过：“我们不断将创意融入歌仔戏中，比如李铁拐的造型就是来自电玩的创意。”反过来，以“明华园”的品牌打造“歌仔主题公园”或者动漫形象又是一种延伸产业、增大价值的方式。

作为传统的歌仔戏产业，除了上述提到的剧本创新外，明华园还通过以下几个方面进行品牌塑造：

1. 音乐设计

传统歌仔戏的音乐曲调主要有【七字调】、【都马调】、【四空仔】、【五空仔】、【杂念仔】、【大调】、【紧叠仔】、【吟诗调】、【慢头】、【送哥调】、【留伞调】、【五更鼓】、【三盆水仙】等。明华园在保留这些传统曲调的同时，还加入了新的音乐成分。比如新编曲调，即根据特定的剧目和情节来设计全新的曲调或是对既有的传统曲调做大幅度修改，主要包括传统民谣、世界名曲与主题歌曲等三类。明华园大胆地使用新编的曲调，一方面给观众耳目一新的感觉，吸引年轻观众，一方面又恰到好处地融进剧情当中。

在音乐设计方面，明华园还有一个创新之处，就是建立自己的专属乐队。

在台湾的现代剧场歌仔戏中，明华园首开了与国乐合作的先例，随后大部分剧团都采用根据剧本或者音乐设计的需要寻找合适的国乐团或音乐团体的做法，这种合作方式可以为剧团节省大笔的经费。明华园建立专属乐队，目的在于培养演员与乐队间的默契，消除文武场与国乐间彼此不相协调的情况。更甚者，在音乐中加入交响乐队，中西合璧，衔接自然，富有特色，这是明华园对歌仔戏的音乐创新。

2. 舞美设计

明华园被称为“东方魔幻歌剧”，“歌剧”在于明华园歌仔戏的音乐特色，“魔幻”在于明华园独具感官刺激和视觉享受的舞美设计，包括演员人物造型、服装、布景、道具、灯光、动作设计等方面的创新。

明华园的服装设计都是由专门的服装设计师来打造的，传统歌仔戏的服装单一廉价，

明华园的服装都是选用上等的布料，加上绝美的裁剪设计，光是堆在明华园仓库里的数千套绚丽戏服，就耗费了上亿元新台币。每场戏下来不管是主角还是丫鬟都要换装三次以上，呈现给观众一种时装盛宴的视觉效果。

图 3-5　2015 年《吆喽正传》演出服装

在人物造型上，明华园颠覆传统，妆容上不再采用象征性的描画，而是逼真地显现人物形象，比如孙翠凤演《狮子王》的时候，就在脸上画出狮子的触须；为了把《超炫白蛇传》里的白素贞展现得更叛逆更勇敢，孙翠凤自加戏码，开场变脸，“盗草”踢枪，水袖更长更厚。目前明华园已经拥有自己的造型培训班。布景方面，明华园的布景大都由艺术家陈胜顺设计的，材料大多由美国进口，华美壮观，价格是普通幕布的十倍左右。明华园现拥有的

布景多达几十套，价值几亿元新台币。灯光设计方面，明华园的灯光由郑国扬艺术总监负责，常以360度旋转的灯光技术制造出逼真的实像，营造出舞台的氛围，区分场域辅助剧情，增加了戏剧的张力。道具设计方面，传统戏剧道具着重虚拟、象征和程式等意义，道具通常只是辅助演员表演，而明华园为了让舞台更立体，大都采用实体道具。

图3-6 孙翠凤《狮子王》演出造型

3. 观众设计

明华园除了在剧目创新和舞台设计上下功夫外，也充分考虑观众的审美、互动的需求。一方面，在观众观演层面上，明华园的所有舞台设计，都是以观众的审美需求为目标。动用超级硬体技术搭建宽60米、高20米、深30米的庞大舞台，舞台两侧设置超大电子显示屏，就连在远处的观众也能清楚地看到舞台。陈胜福说："明华园的戏剧演员需学习吊钢丝、玩杂技、在20多米高的高空飞舞，就像奥运会全能选手。而对技术人员来说，如何利用3D动

图 3-7 孙翠凤《超炫白蛇传》演出造型

画、电脑灯、移动荧幕和水、干冰、烟火等密切配合，也是艰难的课题。”据了解，明华园的威亚可以同时吊 10 个演员 360 度旋转而不打结，可见明华园的软体技术已经达到了国际水平。同时，明华园还拥有超人性化的观众席，陈胜福说：“为了不丧失台词的摩登现代感，每次外出演出，我们都会专门找当地的年轻人反复筛选字幕，即便去法国也是如此，简体字幕一定会三思而行。因为观众 75%是年轻人，那些老一辈才会用的词汇，我们不希望出现在字幕中。而且，我们做到观众转头看字幕的角度不能超过 12 度，让观众轻松地观看表演。”

图 3-8 明华园自制舞台

另一方面，明华园特别注重满足观众的参与需求。在上海世博会上演《超炫白蛇传》时，为了让观众更多地参与互动，很多特效道具都设在观众区。还让所有现场观众身穿白蓝绿三种色彩的雨衣，当大水漫过金山寺，俯瞰苍生，白蓝绿色雨衣相间的观众席也似洪水滔天，场面十分壮观。陈胜福说："观众是表演的一部分，我们的设计师让观众也成为舞台背景。"明华园通过这种方式，创新性地满足了观众过把"群众演员"的心理。

多媒体影音效果、高难度电影特技、多元化灯光变幻、多色彩服装设计、多变化的造型形象、多创意的观众互动等元素构成了明华园独特的企业形象识别系统，建立起"明华园"这个独具一格的艺术表演品牌。

（二）营销推广

"艺术行销"，着眼与顾客建立长期的关系，维系共同价值。利兹·希尔在《如何开发艺术市场》书中，为艺术行销下了这样的定义："艺术行销是一个整合性的管理过程，它将机构与顾客之间彼此相互满意的交换，视为机构达到总体目标与艺术目的之途径。"① 因此艺术行销是整合性管理过程，也是不断精益求精的过程，更是不断满足顾客需求的过程。

以会展营销的概念解释明华园的品牌推广再合适不过了。明华园以精美的舞台装饰产生展台（舞台）观众集聚效应，通过多样化的宣传方式增加曝光率，利用媒体关注使表演成为"谈话的话题"。演前宣传，演中吸引，演后跟进和客户（观众）管理，多层面全方位地推广。

1. 让观众获其门而入

明华园现代化、企业化的管理，多元化的行销手段，基本是以"受众即市场"的理念来推广的。所谓"受众即市场"是指把受众看做是信息产品的消费者和大众传媒的市场。表演艺术追求的是票房，以"受众即市场"的理念做行销可以把尽可能多的观众吸引进剧场或者台下。当然明华园在扩大名气之后，也逐步形成了大范围"小受众"的市场，目前明华园的观众75%是年轻人，这一部分人成了明华园稳定的观众群。

明华园早期以巡演的方式到台湾各地免费为观众演出，"让群众免费观看，觉得好看以后掏钱进剧场看，不好看不掏钱"。以这种方式，明华园打开

---

① 利兹·希尔．如何开发艺术市场［M］．台北：五观，2004：3.

了歌仔戏在台湾的戏路，并将歌仔戏推广到全省各大小乡镇庙会、外岛、医院、监狱、校园、企业、劳工界，甚至以歌仔戏的文化艺术改变秀场形态的工地秀表演，也协助环保政策宣传等，逐渐将歌仔戏的表演领域拓展到国际舞台。陈胜福说："我设想的第三次革命，是歌仔戏的现代进行式。现在的明华园，保持着巡演的力度，我们每年演120场，3天一场戏，跑遍台湾319个乡。我期待通过明华园的努力，以后有10个、100个明华园，他们能够演出跟环境结合的定幕剧。"

明华园这种大版图的巡演营销，就是一种让观众获其门而入的营销手段。大多数传统表演艺术团体通常是在演出前几天在报纸上刊登演出信息或者在剧院张贴海报，单一的宣传方式，往往造成了有兴趣出席与实际参与之间产生很大落差。明华园的做法克服了这种毛病，采取主动找市场、扩大市场、勿让观众流失的行销术，让观众获其门而入。简言之，这种会展营销的基本做法就是：先将观众免费吸引进来，至于是否能够成为客户，就看展台前工作人员（舞台上演员）的具体表现了。

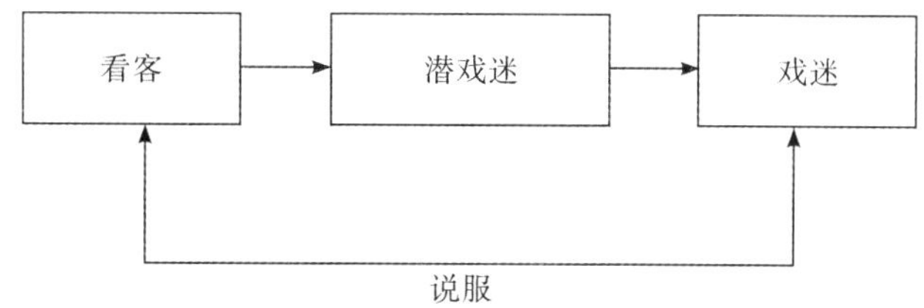

图 3-9　明华园歌仔戏观众群的扩大过程

如图所示，观众群体的扩大经历了从看客到潜戏迷到戏迷的过程。先把尽可能多的观众吸引过来，观众观看完一两次之后，可能成为潜戏迷，觉得演得好的观众会掏腰包进剧场观看演出，转化成真戏迷，而这些戏迷反过来影响更多的看客，如此循环，观众群越滚越大，配合其他有效的营销，剧团的名气就越来越大。有了广泛的观众群，文化产业化才有可能。

2. 现代的传播手段

明华园的行销领域无孔不入，从报刊、广播、电视等传统媒体到手机、网络等新媒体，全方位铺开，借助这些传播工具加大了品牌知名度，通过传播企业形象，明华园的品牌形象已经成功根植到一半以上的台湾民众心中。

在台湾，民众接触最多的媒介是网络和电视，而随着新媒体的进一步发展，电视的比例逐渐降低，网络的比例逐渐增大。明华园团长陈胜福很早就把握住了宣传的侧重点，重点铺开了电视和网络的行销道路。

（1）电视行销：名人效应

明华园在电视上直接做广告比较少，而是借由台柱孙翠凤的电视形象间接开启电视行销的策略。孙翠凤不仅是台湾知名的歌仔戏明星，还是台湾当局的“政策顾问”，同时是演员和歌手，因此孙翠凤成了台湾企业界竞相邀请的形象代言人。身兼多职的孙翠凤在台湾的电视屏幕上屡屡出现，家喻户晓。她代言过无数的产品，不过人们对她的第一印象还是歌仔戏名人，因此代言其他产品就是间接宣传明华园。这种“反其道而行之”的电视宣传效果，在台湾也只有孙翠凤能做到。

另外一方面，孙翠凤也是明华园的形象公关，她本身的人生经历和歌仔戏生涯也成为众多媒体津津乐道的话题，反串小生的帅气形象总是能吸引无数的男男女女。孙翠凤经常受邀出席跨年演唱会、综艺节目、政治活动等，在这些场合她通常以小生形象亮相，一次亮相就是宣传明华园的一个机会。

（2）网络行销：博客

所谓网络行销是指借助网络的形式和特性，达成企业行销计划、汇集市场资讯、满足目标客户需求以及公众服务等目的的行销活动。网络行销具有双向沟通的互动功能，并能与传统媒体、实体活动搭配进行。

明华园戏剧总团的官方网站在戏剧行业的网站中算是建设得比较好的，网络的设计结合了许多web2.0的特性，除了呈现大量的文字、图片、声音、影像等多媒体的素材外，还开设了“文化小铺”销售明华园各种商品，还有桌面、铃声、月刊下载，以及整合博客、相册、影音、信箱等服务。网站最大限度地满足了戏迷的影音下载、在线欣赏等需求。

同时，论坛和博客也是明华园主要的网络行销方式，有明华园爱用博客、孙翠凤官方博客，大陆的孙翠凤百度贴吧、翠凤小筑等。其中百度贴吧和翠凤小筑是由大陆戏迷建立，里面提供了大量关于孙翠凤和明华园的资料；明华园爱用博客和孙翠凤官方博客是明华园的推广团队在运行的。值得一提的是，明华园爱用博客设有“行事历”专栏，是明华园演出行程的发布平台。明华园以博客的形式在最短的时间内将演出行程呈现给观众，利用博客的集群效应管理客户。

不管是网站还是博客，网络行销都具有传统行销无法比拟的优势，以下从营销的4P和4C理论对传统营销和网络营销进行比较：

表3-7 网络行销与传统行销比较

	传统行销	网络行销
产品 Product	消费性商品为市场主流	增加软性商品（如铃声下载、视频下载等）的销售机会，还有个性产品的定制
渠道 Place	空间成本高（运费、租金等）	全球化虚拟通路，无空间、运费、仓储、库存等相关成本
价格 Price	价格受到中间商及关税影响	无关税、降低中间商成品、降低实体行销成本，价格弹性化
促销 Promotion	偏向单项行销传播，成本高	可提高完整迅速的销售资讯及全天候互动行销服务；跨国性成本低，容易运用多媒体达成目标
需求与欲望 Consumer needs wants	品牌需求，事先形成品牌价值判断，但是因为产品类型而有差别。传统营销传播的讯息少，说服性大于传播性	品牌判断可能没有形成，但是会因网页的设计而改变原先的判断。全球信息荟萃，选择性强，传播性大于说服性
成本 Cost	成本高，不愿意支付	成本低，容易达成交易
便利 Convenience	时空限制，支付麻烦	全天候可行，网络安全付款机制，快捷方便
沟通 Communication	大型市场，一般大众区隔复杂，传播大于沟通，不利于收集反馈信息	可细分市场，目标较固定，双向互动；受众回馈的信息容易收集，并可利用相关软件做出分析

通过上表看出，网络行销具有低成本、便捷性、个性化、市场定位清晰、信息收集与反馈便捷、参与互动性强等优势，因此表演艺术行业进行网络行销势在必行，而只有通过网络行销才能更好更快地推广品牌，集聚更广的观众群。明华园抓住了这种优势，大张旗鼓地加以运用，取得了良好的效应。

（三）观众经营

表演艺术团体拥有广泛的观众群很重要，但是如何防止这些观众流失，观众经营更加重要。明华园通过网络建立会员制，任何人不花一分钱就可以成为“明华园之友”，剧团会给会员电邮演出讯息、邮寄演出 DM 或者剧团刊物等特殊服务，而会员凭会员卡还可以享受购票和购买影音产品打折的优惠。明华园以会员制的方式联络了成千上万的戏迷。

另外一方面，明华园还会定时举行观众见面会、戏迷学习会、赞助会、义工会等，把喜欢歌仔戏的观众召集到一起学习歌仔戏，而热心的观众也可以以各种形式赞助明华园，帮助明华园。陈胜福说：“我们每到一个地方演出，如果是在户外搭台的，总是有众多的歌仔戏戏迷主动过来帮忙摆椅子。目前，明华园有众多的超级戏迷团，一场场跟着我们去巡演，还帮助我们很多忙。”当然，明华园对戏迷也是百般地宠爱，经常在演出开始前派车去车站接远道而来的观众，或者将前面几排的座位免费给狂热的粉丝，让他们与演员近距离接触，明华园舞台通常搭得很高，前面几排观看比较辛苦，所以剧团索性将前面几排空出来。

结　语

将传统歌仔戏打造为精致、创意的东方歌舞剧，行销全球五大洲，明华园投入的心力超乎想象，总团长陈胜福透露，歌仔戏制作不仅比音乐、舞蹈贵，明华园戏剧投资的成本也是一般戏剧的 3～5 倍，动辄千万元新台币，光是制作一件皇帝服最贵也要 5 万新台币！综上我们可以发现明华园不管从剧本的编写、舞台设计、营销方式的选择，还是观众的经营，都是为了使观众达到一种满足的心理。除了把来自草根的歌仔戏从外台搬上艺术殿堂，走出去遍及世界五大洲，也希望借着一年演出两出戏，让资深、年轻一代都有表现的舞台，且演出量大，进而让表演艺术传承、人才留下来。

眼球经济时代，传统戏剧的演出如果只是照搬传统的东西，观众的流失则是必然的。明华园跳出了歌仔戏传统的框架，勇于投资舞台设计，以狂野亮丽的舞台色彩、奔放的演出形态，结合创新剧场技术、变幻的舞台，呼应时代脉动的戏剧内涵，把握住了观众的心理需求。

“使用与满足”研究把受众成员看作是有着特定“需求”的个人，把他们的媒介接触活动看作是基于特定的需求动机来“使用”媒介，从而使这些需求得到“满足”的过程。尽管“使用与满足”的理论是用来指涉受众使用媒介的行为，但是，如果把媒介的概念扩大化的话，那么这个理论也同样适用于观众观看演出的行为。

从明华园的观众大部分是年轻人这点来看，当前很多人选择观看明华园的演出，是出于能够满足他们获得“感官刺激、娱乐”的心理需求。很多观众白天上班，晚上驱车前往观看明华园的演出，如果还是传统的说教式的表演，那么只会给观众造成厌烦的心理。明华园的演出采用现代高科技的声光影电子设备，融入大量的多媒体影音效果和高难度电影特效，给观众营造出一种“隔绝工作、生活、学习压力”的氛围，使观众观看歌仔戏犹如参加明星演唱一样狂欢。另外一方面，明华园善于营造娱乐搞笑的气氛，演员扮演的丑角通常能够引起观众阵阵笑声，同时还伴有发人深省的意味。提供娱乐、消除压力、互动参与都是明华园创下高卖座的秘密武器。

第四章

台湾地方社区文化创意产业研究

台湾拥有丰富多元的文化资本，其独特性、历史性、在地性等特点，在经济全球化的背景下具有较大发展优势。但这种优势只是潜在的，需要经过发掘、整合以及科学地配置才能将其转化为显性的经济优势。台湾当局遵循的是“社区营造——地方文化创意产业”相结合的思路，地方文化创意产业的发展一方面要实现地域经济的振兴，另一方面要进行社区空间的改善、人际网络的维系以及地方文化的保存和传承，进而达到提升社区居民生活品质的目的。从这方面看，合理地开发并运用文化资本正呼应了社区营造的要求。因此，如何发掘本地区具有特色的文化资本，并科学地进行配置、运用，以实现地方的永续发展是本章所要探讨的主要问题。

第一节　台湾地方社区文化创意产业的内涵和类型

地方文化创意产业的形成，主要是得益于当地特有的资源禀赋，包括自然资源、人文条件等，资源的先天优势经由人为的发展，形成具有特色的群聚产业；也有的是借助政府的引导推广，逐渐发展出最适合本地的特色产业。学界至今对地方文化创意产业还未形成标准定义，但大体上，地方文化创意产业包含以下几个要素：“集中于同一区位，如市、县、村，甚或社区，以运用当地的原材料和劳动力为原则，多属于传统产业或劳动密集型产业；有些则具有悠久的文化传统或历史典故，产品以消费性为主”①。

一、台湾地方文化创意产业的内涵

要理解台湾的地方文化创意产业，首先要厘清“社区总体营造”的概念。什么是社区？美国学者 Mattessich，P. 对社区的界定如下：“居住于某一特定地理区位的可以被清楚界定的一群人，他们彼此之间，以及他们与其生活所在的环境之间，形成的社会的和心理的联系。”② 台湾学者曾旭正将其所说的“社会的和心理的联系”概括为社区感，他指出社区的核心在于社区感，而不是单纯指代地理空间。“社区不会因为比邻而居而自然形成，它是被营造出来的”③。台湾当局于 20 世纪 90 年代提出的“社区总体营造”概念，初衷之一便是为了应对在 20 世纪 60 年代高速城市化发展进程中所催生的新兴都市以及乡村的集居问题。一来将新兴都市中偶然聚合的社区营造为真正意义上具有生命共同感的社区。二来重建乡村地区因人口外流导致具有地方特殊文化价值和内涵的人事物流失而失落的社区感；社区总体营造的另一个重要原因在于，在全球化发展的趋势下，台湾社区以区域发展不均衡为主的社会失衡和危机相继浮现，尤其在发展落后地区，失业问题加剧、贫富差距日益扩大，更甚者，社会价值在经济泡沫的影响下发生扭曲。诸多问题反映出一种“能调和经济与社会的新社会发展论述需被建立的迫切性”④。于是，“社区重建，建立社区意识与社区认同，强化社区原有功能，发展社区产业，成为回应这股趋势发展的重要课题”⑤。

根据黄世辉的界定，地方文化创意产业是“以社区居民为共同承担、开创、经营与利益回馈的主体，以社区原有的历史文化、技艺技能、自然等资源为基础，经过资源的发展、确认、活用等方法而发展出来，提供社区生活、

---

① 台湾 2005 年中小企业“白皮书”[R]. 台北：“经济部”中小企业处，2005：128.

② 转引自曾旭正. 台湾的社区营造 [M]. 台北：远足文化事业股份有限公司，2007：12.

③ 曾旭正. 台湾的社区营造 [M]. 台北：远足文化事业股份有限公司，2007：12.

④ 曾梓峰. 社会经济与第三部门产业化 [J]. 研考双月刊 [J]. 2003 (6).

⑤ 陈锦煌. 台湾社区产业的发展可能 [C]. 云林：社区发展学术与实务研讨会，2003.

生产、生态、生命等社区文化的分享、体验与学习的产业”[①]。具体来说，地方文化创意产业具有以下特征：

第一，在地性。地方文化创意产业相较于文化创意产业的特殊之处在于它的“地方性”，地方的范畴包括市、县、镇（乡）、村等。正如日本学者宫崎清所总结的，“地域乃是各自有其历史的人类生活空间，继承先人所建立并累积至今的生活文化，逐渐孕育成地域的个性”[②]。不同地方有其各自的资源禀赋、生活传统、历史、文化等，会形成独特的地域文化和氛围，这正是地方文化创意产业发展的空间所在。除了产业发展需要依靠当地资源，“在地性”强调的另一方面是产业的发展模式，即地方文化创意产业重在地产地销——从在地出发，回归在地。具体来讲就是重视当地民众的需求和福祉，将产业利益回馈到整个社区，并带动相关产业活动的发展以及地域的繁荣。独特性则表现在：地方文化产品的生产，通常是以在地材料为基础，利用传统技艺，或适当地融入现代创意，形成文化与艺术的结合物，是少量生产的，表征了地方特有的历史文化内涵和人文精神价值，具有地方特殊性，也正是这种地域和文化的差异塑造了此类产业的魅力。在地性与独特性二者相互依存，因此最有利地方文化创意产业发展的方式莫过于“地产地销”的方式，即利用富有地方特色的文化产品，吸引消费者前往当地购买，这样可以结合地方特殊的文化氛围给予消费者完整的文化体验，更重要的是可以带动当地一系列相关产业的发展，实现地方经济的繁荣。

第二，内发性。地方文化创意产业的发展主要是依靠地方的人、文史、土地、产业、景观等资源，而这些资源无一不与当地的民众联系起来。地方的文化、传统、生活品质、生活氛围均由人来塑造、保存和传承，自然景观的保护也离不开当地人，可以说，地方民众是地方文化创意产业发展的内在动力。另一方面，生于斯长于斯的地方民众，对地方文化有着更深的了解和体会，以当地人为主体、外部力量协助发展地方文化创意产业，更能够深挖地方文化的内涵，产业也会因此具有更持久的生命力。所以，地方民众对地

① 转引自蒋玉婵．地方文化馆与地方文化产业之研究［J］．博物馆学季刊，2006（20）．

② 宫崎清．展开崭新风貌的社区总体营造［C］．文化·产业暨社区总体营造中日交流展研讨会论文集．“文建会”，1995．

方文化是否认同，是否自觉地参与到地方文化创意产业的发展进程中，是影响其发展好坏的关键。这就需要强调以地方民众为主体的内发性发展方式，即以地方民众为主体，从他们的需求出发，在地方原有条件的基础上，充分利用地方的特色，最终达到振兴地方经济和活化地域的目标。通过内发性的发展，可以凝聚民众的社区意识，重新唤回社区感，使其对本土文化产生更强的认可和自信，为文化的发展注入自主性的发展力量。

二、台湾地方文化创意产业的类型

台湾地方文化产品及服务根据不同的特质，可以划分为以下几种类型：文化观光、乡土文化特产和地方文化活动。

第一，文化观光。文化观光又叫文化旅游，是文化和旅游的二合一，强调在地方已有物质性文化资源的基础上，结合在地深度的历史文化内涵，以地方文化特色为卖点，给予游客深度的文化体验，从而达到提升观光附加价值的目的。文化观光产业可资利用的文化资源有：自然景观、历史遗产（包括传统村落、历史街区、特色建筑、寺庙、宗祠、古文物等）、地方文化设施（包括地方文化民俗馆、博物馆、文化中心、展示中心等）。文化观光产业的发展，与地方的文化积淀、地方居民的生活方式和文化活动等有着密切的关系。借由文化观光，可以活化地方文化，带动地方相关产业例如民宿、餐饮、娱乐业等的发展，具有较高的文化和经济价值。但也必须注意到，旅游是一个双向互动的过程，“牵涉到旅游和本地居民之间所进行的多种类型的、双向的文化交流，这些交流可能是积极抑或消极的”①，如果开发不当，有可能给地方带来负面的文化影响，例如游客规模膨胀给当地环境带来压力，文化遗址遭到破坏、过于商业化的旅游对地方民众文化价值产生消极影响等。因此，文化观光产业应该在重视本地文化的基础上进行合理、可持续的开发。台湾文化观光产业个案介绍如下：

① ［澳］戴维·思罗斯比．经济学与文化［M］．王志标等，译．北京：中国人民大学出版社，2011：140．

表 4-1　台湾文化观光产业个案介绍

名称	地点	特色说明
北投温泉	台北市北投区	北投因拥有丰富的温泉资源享有“温泉乡”的美名。近年来，北投温泉业者积极开创商机，提倡“泡汤新文化、健康新主张”，将珍贵的温泉资源改良成为休闲娱乐为主，附加健身、美容、养颜以及疗养等功能在内的休闲产业。同时通过举办温泉季活动，展现“温泉新故乡”的意象，使得温泉文化日益被重视，成为触发产业发展的新动力。  
通宵牧野陶趣	苗栗县通宵镇	通宵镇丘陵起伏，环境优雅，山明水秀，且窑业渊源久远，不少陶艺工作者被吸引来此成立陶艺工作室。长此以往，陶艺逐渐发展成为通宵的产业闪光点。当地农家把握机遇积极转型，发展农园、农场和主题餐厅等产业，将恬静的丘陵旷野营造成具观光休闲价值的新领域。  

第二，乡土文化特产。这类产品通常是地方民众在特定地域的生产和生活实践中发展出来的，蕴含着地方的人文生活特征，并可从中窥见先辈们的生活遗迹，是历史沉淀的产物。包括：1. 农特产品，各地方因气候、土壤等因素的差异，逐渐发展出适合当地环境生长的农产品，形成各地不同的产业特色，如台南白河莲花、新竹新埔柿饼、屏东椰子、新竹蜜饯等；2. 工艺产品，手工艺品是地方民众为提供日常生活或生产使用而创造发展传承而来的，这类产品浓缩了当地人的智慧和创意，是地方文化生活的反映，也代表着地

方文明的演进。例如高雄的美浓纸伞、苗栗的三义木雕、新北莺歌陶瓷、屏东三地门工艺、新竹玻璃等，均具有地方文化特质，是地方行销中富有魅力的名片。台湾乡土文化特产个案介绍如下：

表 4-2　台湾乡土文化特产个案介绍

类型	名称	地点	特色说明
农特产品	新埔柿饼	新竹县新埔镇	新埔的气候干燥少雨风力足，具备制作柿饼的良好气候条件。大自然赋予的完美气候配合客家人的勤劳能干，优美的地理环境加上肥沃的土壤造就出独特的柿乡地景，带来产业发展的契机。如今新埔镇已经发展成为客家文化和产业观光的代表重镇。  
农特产品	西螺酱油	云林县西螺镇	西螺酱油的酿制历史悠久，已长达上百年。得天独厚的环境、气候、水质，配以酿制酱油的传统且独特的手法，造就了西螺酱油经久不衰的好味道，成就了今日台湾的“西螺酱油王朝”。  

续表

类型	名称	地点	特色说明
工艺产品	莺歌陶瓷	新北市莺歌区	莺歌因陶瓷烧窑而闻名，窑炉薪传之火在此地延烧了两百年。在提倡地方文化与产业结合的相关政策辅导下，莺歌陶瓷一方面将创意理念注入陶瓷制造中，突破其本身所属的传统陶瓷高年龄层的消费市场，攻占年轻消费群体。另一方面，进行在地特色与工艺艺术的结合，促使陶瓷升级为艺术品。并融合艺术园区与文化观光休闲产业，莺歌由此转型为知名的创意陶都。
	三地门工艺	屏东县三地门乡	三地门拥有丰富的少数民族文化，自日据时期已是知名的旅游景点。但因部落靠近平地人居住区，长期与其频繁互动导致部落传统文化日益流失。为保留在地特色，当地艺术家与行政机构协力合作，以“文化造乡”为核心发展理念，逐步发展以“排湾三宝”为主的在地特色工艺，包括琉璃珠、木石雕等，展现少数民族特色工艺，塑造艺术文化之乡的形象，带动在地产业发展。

第三，地方文化活动。地方文化活动以“常设、永久性的建筑设施或仅以动态性场所为展演空间”①，其内容包括传统庆典、民俗庙会、“原住民祭”、

① 杨敏芝. 地方文化产业与地域活化互动模式研究——以埔里酒文化产业为例［D］. 台北大学，2002.

新兴节庆。传统庆典源自于神话传说或依托于自然节气；先辈们的宗教信仰、传统习俗、生活习惯或经验，经由时间的沉淀，演变发展为具有地方民俗文化特色的民俗庙会；“原住民祭”展现了少数民族的原生生活状态，实现了传统文化的保留；具备地方特质的文化或自然、产业资源，在融入现代性创意元素，并结合创新性经营手段之后，衍生出兼具文化、观光、休闲的新兴节庆①。地方文化活动是一种再现当地文化并塑造意象的有效方式。不同的文化活动各有讲究，其各个环节呈现了地方民众在具体实践中达成的文化共识，凝聚了历史记忆。游客在参与文化活动的过程中可以真实地体验当地的文化氛围，了解当地文化特殊和丰富的内涵，感受传统文化的魅力，文化活动塑造的地方意象也可由此深植游客心中。对于地方民众来说，地方文化活动以一种聚焦或放大的方式再现了当地文化，有助于唤醒或强化地方的集体记忆，同时它提供了地方民众聚集到一起的活动空间，在某种程度上拓展了它们的公共生活空间。当地人在这个空间的互动实践中，有了更多交集，人与人、人与环境之间产生了社会的和心理的联系，有利于群体意识的凝聚、地方认同感的增强，进而能够为地方文化的保存和延续注入动力。

台湾地方文化活动个案介绍如下：

表 4-3　台湾地方文化活动个案介绍

类型	名称	地点	特色说明
传统庆典	平溪天灯	新北市平溪区	平溪地处偏僻的山区，早期入山开垦的胡姓族人，在冬至收成富裕之际，为逃避山贼入村屠杀而躲藏至深山，待元宵节前夕危险过去才释放天灯报平安。久而久之，放天灯便成为平溪地区元宵节的民俗。为了扩大平溪天灯活动的影响力，1999 年，新北市政府主办第一届平溪国际天灯节，打响了天灯活动的名气，还带动了周边商圈的观光效益。如今平溪天灯节已发展为全台知名的活动。  

① 全球华文网络教育中心［EB/OL］. http：//media. huayuworld. org/lacal/web/Chinese/about. htm.

续表

类型	名称	地点	特色说明
民俗庙会	大甲妈祖进香	台中市大甲	每年农历三月期间，台中市大甲镇澜宫举行大甲妈祖出巡绕境，时间长达九天八夜，全程约200—300公里，均以徒步完成。2011年，台中市政府将大甲妈祖绕境活动命名为“台中大甲妈祖国际观光文化节”。文化节活动内容日益丰富，出现了祈福路跑活动、万人骑自行车、摄影比赛等新兴活动，活动的连带效应颇为可观。  
少数民族祭典	头社太祖夜祭	台南市大内区	台南市大内区头社里之“太祖夜祭”是台湾平埔族中西拉雅人的传统祭典，于每年十月中旬举办，具有少数民族丰年祭和汉人神明圣诞之特色。近年来原乡传统文化日趋复兴，头社里民以多元精致的文化视野，联合其他地方的平埔族人积极地推广“太祖夜祭”活动，并将之与地方产业结合，推出“大内产业文化节”，促进大内区的观光产业发展。  
新兴节庆	垦丁风铃季	屏东县垦丁	垦丁位于台湾尾端的恒春半岛，环境优美，且冬季有强劲的落山风。屏东县政府抓住这一天然的气候条件，结合当地旅游景点，推出“垦丁风铃季”活动，以风铃为主要意象，规划了“风铃主题馆”、“风铃迷宫”等富有创意的主题区，并搭配现代音乐表演，融自然、风铃与音乐为一体。垦丁的实践为各地创造性地寻求产业发展路径提供了良好的示范。  

三、台湾地方文化创意产业的资本运作机制

（一）文化资本

法国社会学家皮埃尔·布迪厄提出“文化资本”概念并对其进行不断完善和深化。他指出，人类社会是一部不断积累发展的历史，具有连续性的特征，要理解社会运行的内在规律，需要使用资本的概念。在布迪厄看来，文化不仅是一种资本，而且它也是用来追求其他类型的资本特别是经济资本的重要手段。文化资本与社会资本的提出使得之前仅用经济资本来衡量一切交换行为的局面被打破，文化领域的非功利神话也由此被消解。在布迪厄的分析中，文化资本以三种形态存在：

第一，身体化形态，指的是通过一定的培育而形成并内化于个人身体或精神的知识、教养、品位等，强调的是文化资本的具体化和实体化过程。在这里，布迪厄将身体化形态文化资本与习性联系起来，它是相对于具体的个人来说的，其形成需要耗费大量的时间，并投入个人的力比多，即这是一项长期的而且不是那么轻松的工作，在这一过程中，个人需要克服外部的诱惑，并且要忍受某种乏味；另一方面，身体化形态文化资本与个人在社会中所处的阶级相关，个人会不自觉地带有他所来自的某一阶级或地区的最初的印记，比如属于某一阶级的行为习惯或某一地区的口音等。在获取和传递文化资本的过程中，文化资本是作为一种象征资本起作用的，即它的资本属性并不被承认，被认可的是它所具有的合法能力或社会权威。这一象征逻辑实际上保护了大量文化资本的占有者的物质和象征利益。

第二，客观形态，即存在于客观实体中的文化资本，诸如书籍、艺术品、建筑、工具等文化产品。文化产品同时拥有物质性和符号性的特征，物质性的一面与经济资本相对应，符号性的一面则对应文化资本。文化产品所具有的这种双重特性，将其余普通产品区别开来。消费或使用普通产品仅仅需要花费经济资本，但对于文化产品，个人通过投入经济资本仅可以得到它的所有权，如果要显现文化产品的符号价值或使用它们，则需要运用身体化形态文化资本，也就是对专门化文化能力的要求。因此，客观形态文化资本的某些特征只有与身体化形态文化资本联系起来的时候才能够显示出来。这一特

性在客观形态文化资本的传递过程中同样可以被发现。例如，可以把艺术品一代代地传承下去，但是要看到，“可以传承的、只是合法的所有权……并不是对一种艺术品的‘消费’手段或对一架机器的使用手段”①。换句话讲，艺术品可以传承给下一代，但是随之传承的并不包括艺术鉴赏能力。诸如艺术鉴赏能力之类的专门文化能力之传承是依循身体化形态文化资本的传承逻辑。

第三，制度化形态，指个人所习得的知识、技能等得到学术认可，并以资格证书的形式予以制度化，隐含了一种社会公认性的权力。这里布迪厄主要是指教育文凭制度。它是身体化形态文化资本的客观化，可以脱离承担资本的个人而独立存在，具有一定的自主性；它不会受到资本拥有者的生物限制的影响，即它具有相对的稳定性，可以长期存在；与身体化形态文化资本价值的不确定性以及需要不断地去证明自身的合法性不同，学术资格证书是一种保障机制，给予其持有者一种惯例的、稳定的、有合法保障的文化价值；并且通过确保特定学术资本的货币价值，可以在文化和经济资本之间建立转换率②。

（二）台湾地方文化创意产业中文化资本的运作

台湾地方文化创意产业的发展一直遵循着“社区总体营造——地方文化创意产业”相结合的思维，可以说地方文化创意产业和社区总体营造两者最终目标是一致的，内容则息息相通。日本学者宫崎清认为，社区总体营造的内容可以分为五个方面：人、文、地、产、景。

“人”，指的是从社区居民的共同需求出发，以恰当合理的方式进行社区人际关系的经营以及居民生活福祉的创造。

“文”，指的是发掘地区独特的历史文化和个性，以经营艺术文化活动、节庆祭典等方式延续之，并提倡社区居民进行终身学习。

“地”，一指社区所在之地理区位特色，如地形地貌、景观特色等；二指在地特质，如人们的生活习性、风俗等。

“产”，指的是在地产品和产业。进行具有在地特色产品的创发和行销，

---

① 皮尔埃·布迪厄．文化资本与社会的炼金术［M］．包亚明译．上海：上海人民出版社，1997：198．

② Bourdieu，P. The forms of capital. In J. Richardson（Ed）Handbook of Theory and Research for the Sociology of Education［M］. New York：Greenwood，1986：51.

一方面有助于提高居民对社区的自信心，另一方面可促进当地经济的发展。

“景”，指的是社区景观，包括公共生活空间的塑造、社区环境的经营。

以上五方面内容有一个共同的特点，即它们都属于“文化资本”的范畴。地方文化创意产业运作的内容是“人、文、地、产、景”，其实质就是进行文化资本的运作。使用文化资本概念的好处在于，它明确了地方文化创意产业所经营的对象兼具文化价值和经济价值。如此，地方文化创意产业的发展既不会脱离社区总体营造的轨道，也能够成为检视社区营造成效的参考指标。

1. 导入文化活动——身体化形态文化资本的运作

地方的身体化形态文化资本表现为一种思想化、智力化的形式，既包括地方人所共享的语言、价值观、宗教信仰、文化风俗、习惯、行为方式等，也包括根植于个人的技艺技能、知识储备、经验等，还可以是地方在发展的进程中所产生的民间故事、神话传说、戏曲等。它们是地方民众历代积累下来的资产，构成了地方独有的文化内涵。这一形态的文化资本以地方民众为载体，它可以以文化印记的形式存在于个体中，并在个体社会化的过程中不断加深或淡化；也可以通过学习获得，但要内化为身体的一部分，必须花费大量的时间，并且与地方发生频繁的互动。最重要的是，它可以通过投资而实现文化和经济价值的增值，但如果不被重视的话，会伴随其拥有者一起衰落和消亡。

地方文化创意产业对身体化形态文化资本的利用可以借由导入文化活动的方式。地方文化活动的类型包括传统庆典、民俗庙会、“原住民祭”、新兴节庆等。地方文化创意产业导入文化活动需区分两种情况：一种是在既有传统节庆的基础上，运用现代创意的手段，寻求节庆活动与现代生活结合的路径，使其更符合现代人的心理诉求；另一种是开发新兴的文化活动，以当地的传统或文化为基础，恰当地运用当地的文化资本。

(1) 传统节庆活动的运作

传统节庆活动承载着丰厚的地方文化资本，在传承传统文化、丰富人们的精神文化生活以及增强社会的凝聚力方面，有着举足轻重的地位。例如，传统庆典作为一种重要的岁时节仪活动，是先祖们在日常的生产行动和生活中积累的经验法则，并代代相传至今，它一方面保存了传统的祭祀文化，人们寻求神明庇佑的愿望得到寄托；另一方面，它维系着社会的共同记忆。现代社会仍然延续着“每逢佳节必有节庆”的习俗，通过过春节、闹元宵等各种传统节日，情感得以抒泄，人与人之间的某种社会联系得以维系。此外，蕴藏于传统节庆中的神话故事还具有教育和缅怀的作用；民俗庙会则是先祖们的信仰、生活习惯、对土地的情感等，随着地域或环境的变迁，经由长期的演化而衍生出各具特色的地方风俗。它呈现了多元的人文特色和民众信仰，真实传达了地方民众的价值观，还具有教化民众、凝聚民心的功能。简而言之，传统节庆活动本身就是地方宝贵的文化资本，其厚重的历史底蕴和浓厚的人文特色是进行产业开发的丰富题材。然而，基于各种各样的原因，包括经费不足、人员外流严重导致人力不足、传统文化受到现代生活的侵袭等等，地方传统节庆活动要么就此夭折，要么断断续续地举办，昔日风光不再，它所承载的身体化形态文化资本的传承也岌岌可危。

为了避免如此宝贵的文化资本的消亡，可以从以下四个方面思考转型的可能：第一，将地方传统节庆活动舞台化，在传统文化的基础上加一些现代创意元素，思考传统文化与现代生活结合的可能；第二，整合当地的景观、产业、文化设施、特色建筑等资源，将节庆活动与其他产业联结起来，开发成具系统性的文化观光产业；第三，进行社区空间、交通、食宿等方面的设计安排，给予游客舒适的体验；第四，利用媒介进行广告宣传，提高活动的影响力。

（2）新兴文化活动的导入

“新兴文化活动”指现代社会中经由人为策划的文化活动，区别于从古流传至今的传统节庆。导入新兴文化活动所遵循的思路是：以最具在地特质的身体化形态文化资本为核心元素，结合其他地方文化资本，从地方民众的需求出发，经由专家和地方民众因地制宜地规划产生。在历史文明演化进程中所产生的大量的身体化形态文化资本，如民俗、民间故事、神话传说、戏曲、民间技艺、农事文化、产业文化等，都是可发展为新兴文化活动的元素。从规划思路来看，新兴文化活动能够有效地将地方的身体化形态文化资本运作起来，它如同一条长绳，将散落于民间各处的文化珍珠串起来。从效果来看，一方面它将地方传统历史、生活文化等以具象的方式呈现出来，能够加深人们对当地文化的认识；另一方面，它可以让地方文化创意产业美名远传，建立良好的口碑。

2．文化产品商品化——客观形态文化资本的运作

地方的客观形态文化资本包括自然景观，也包括人类的创意活动留下来

的物质文化资本，如历史古迹、建筑、园林、民间工艺品等。一方面，自然界在长期的历史演化过程中，形成了丰富多样的自然景观，不同地方因地貌地表的差异，拥有的自然资源明显不一样。一代代先辈们在某一特定地域的生活过程中，会跟当地的自然资源产生良性或恶性的互动，这都会对当前自然景观的质量和数量造成影响。另一方面，遗址、建筑物、艺术品等是人类在社会发展过程中留下的智慧的结晶，可以持续存在一段时间。客观形态文化资本是属于地方的物质财富，可以用于买卖，在市场流通环节会产生经济价值。如果投入资源进行现有客观形态文化资本的保护和再生产，那么其数量会增加。但如果忽视它或进行破坏性开发，那么其文化价值会遭到破坏，从而失去潜在的经济价值。

首先，应该厘清本地区拥有哪些客观形态文化资本，并进行归类，整合相关或系列资源，以实现相互补充和衬托，产生集群效应。客观形态文化资本的属性决定了要获得其所有权，需要投入大量的经济资本，所以对本地区现有的客观形态文化资本进行开发是最不费力的。如果无视之，反而去开发所谓更具有竞争性，更吸引消费者的文化商品，意味着要投入更多的经济资本，还不一定具有优势。因此在开发的过程中，要厘清本地区现有的客观形态文化资本，进行适当合理的开发，尽量利用已有的优势去创造更大的文化和经济优势。根据台湾文化事务主管部门的统计资料显示，台湾拥有丰富的客观形态文化资本，其中古迹 806 笔，历史建筑 1170 笔，聚落 12 笔，遗址 43 笔，文化景观 48 笔，传统艺术 245 笔，民俗文物 146 笔，古物 1347 笔①。这些都是可进行文化商品开发的重要资源。

其次，通过文化创意产业的运作，利用创意的手段，将客观形态文化资本所具有的文化内涵充分显现出来。文化商品之所以区别于普通商品，是因为它具有文化价值，例如某个遗址，若单从物质形态来看，它可能只是一座旧时的房子，一旦跟相关的历史背景联系起来，它就变成了地方历史记忆的见证。若从建筑构造和工艺来看，它又表征着当地的生活文化特色。地方文化创意产业在运用客观形态文化资本之前，要进行文化内涵的深挖，这样形成的文化商品才会具有丰富的文化特质，不易被复制。

① 整理自台湾文化事务主管部门网站［EB/OL］. http：//www. boch. gov. tw/boch.

最后，以适当的方式将文化产品推入市场。客观形态文化资本借助经济资本得以转换为文化产品，而要进一步实现文化和经济价值的增值，只有在市场流通领域才能实现。基于客观形态文化资本的符号价值要与身体化形态文化资本联系起来才得以展现，其市场化方式与身体化形态文化资本的运作是分不开的，可从以下四个方面进行思考：1. 充实地方文化设施：除了既有文化设施的专业化，还可以充分利用非文化空间，通过与地方文化资源结合，改造成有特色的文化设施。例如，法国巴黎的奥赛博物馆，原先是一座火车站，经由闲置空间再利用，成为艺术圣殿，每年吸引上千万人到此。2. 观光＋文化：将地方文化特色与观光旅游结合起来，以文化观光的形式吸引游客前往。3. 与文化活动配合：可以利用文化活动的影响力以及它所带来的人潮将文化产品行销出去。4. 同业联盟：同类产业联合起来，共同策划，形成彼此协力的行销策略。比如，将全台的地方文化馆纳入一个共同的网络，协力策划主题活动，扩大活动的影响力，提高效益。

3. 品牌策略——制度化形态文化资本的运作

制度化形态文化资本是一种得到制度认可的文化资本，以资格证书的形式体现出来。“这种形式赋予文化资本一种完全是原始性的财产，而文化资本正是受到了这笔财产的庇护。”① 对于一个地方来说，制度形态的文化资本包括：产品品牌、产业标识、地方特有的名称、地方所获得的某种得到社会广泛认可的称号等。

值得注意的是，在布迪厄的论述中，文化资本要转化为经济资本需要较长的时间，而这一时间是通过花费经济资本所购买来的自由时间。也就是说，在文化资本能够带来经济效益之前，需要由经济资本的支持来实现这种转换，而这种回报不是即刻就能显现出来的，要长时间后才能体现。这种特性决定了对文化资本进行投资有较大的风险，所以在前期，更需要对地方文化资本进行深入挖掘、分析和整合，进行合理的规划。政府在制定发展政策的时候，不能目光短浅，急于求成，需要从长远规划，这样前期的资本投入才会在将来的某个时刻带来文化资本的丰厚回报。另外，文化资本的生产与再生产均与人自身的活动有着密不可分的关系，只有当群体认同某种文化之后，才会

---

① 皮尔埃·布迪厄. 文化资本与社会的炼金术［M］. 包亚明，译. 上海：上海人民出版社，1997：192—193.

在日常实践中自觉地传承和推动这种文化的发展，文化才会拓展其价值。故群体对地方文化的认同感是推动文化资源资本化的动力。

第二节　案例分析：台南市白河莲花文化创意产业

明朝末年，来自漳泉的移民在白河北部的大排竹一带垦荒开拓，渐渐发展成村庄聚落。其后随着山产及农产的交易日益频繁，白河地区逐渐发展出街市，便有了“店仔口街”的称呼。1920 年，店仔口街被更名为白河庄，光复后，此一辖区被划归为隶属于台南县，即如今的台南市白河区。白河区是台南市的七大古镇之一，处于台南市的东北端，北连嘉义县水上乡，东与大冻山以及嘉义县的大埔乡、中铺乡相邻，南面是桶头山与东山区，西邻后壁区。

从地势上看，白河区处于嘉南平原和嘉义丘陵的交界地带，土地面积共 126.4 平方公里，其中平原和丘陵的面积各占一半。白河区的水源充足，境内共有三条河流和两个水库，另外南北分别与八掌溪和六重溪两河交界。其中流贯白河全境的溪水因富含石灰质而呈现乳白色，因此被命名为白水溪，白河地名也由此而来。白河区位于北回归线以南，夏季日照充足，年平均气温在 23℃左右，另外土壤大多是冲击层土壤，富含钙质，适合农耕，尤其利于莲花的种植。

一、白河莲花文化创意产业的发展历程

白河的自然环境条件适合生长莲花，尤其在白河区西北部遍布大大小小的埤池，北五里便成为早期莲花种植的主要区域。据文献记载，自汉人拓垦白河时期，已开始种植莲花，不过多为野生种植，并未用于经济用途。到了 20 世纪 60 年代，开始有农民将莲花当作经济作物栽培，又因为白河水库的修建改善了水利条件以及商家的采购形成了固定销路，莲花的种植量有所攀升，但仍旧属于少量且分散的种植，未形成规模。1983 年当地行政机构致力于发展精致农业，白河区农会推行稻田转作补助计划，鼓励种植莲花，激起农民

种植莲花的热潮，莲花种植面积大幅度增加，初期大约有200公顷，最高峰时发展到了460公顷，莲田主要分布在“北五里莲花聚落”，分别是玉丰里、大竹里、莲潭里，广安里、诏安里。这一时期，白河区的莲花产量为全台最多，有“莲之乡”的美誉，莲花的产业形态初步形成，不过产品还比较单一，仅限于莲子，仍有很大的开发空间。

1995年，白河农会为应对莲子滞销的困境，举办“莲花观光花季”活动，推出莲子产品品尝会，配合莲乡一日游，首度以文化创意产业活动的方式来包装和宣传推广农产品，此次活动吸引了大量游客前往，为当地带来了可观的经济收益。1996年，“文建会”在全台推广文艺季活动，白河被台南市文化局选为文艺季活动的主角，在台南市政府、白河区公所和白河区农会的联合推动下，第一届白河莲花节诞生。白河莲花节以莲花产业文化为主题，将文化、产业和观光联结起来，活动时间长达九天。由于活动由政府主导，经费充足，诸如莲花步行道、莲花产业文化资讯馆、赏莲亭等配套硬件设施纷纷建立起来。农会的莲农产销班则着手开发多样化的莲产品，推出了莲子大餐。一时之间大量游客涌入白河，据统计达到了二十万人次。白河借莲花节的举办成功地打造了白河莲乡的知名度，显著提高了莲花产业的经济效益，并带动了当地观光的发展，白河由此成为产业文化季的示范乡镇。1997年，台南市政府将白河莲花节的主办权交由白河区公所、白河区农会，以响应社区总体营造中对地方自主发展的要求。活动内容除新增了文化列车载客、莲花仙子选拔等十大活动项目，与上年大致相同。同时，相关的硬件设施如莲花公园、莲花产业文化资讯馆陆续投入使用。当地的艺术工作者林文岳所经营的工作室“向璞陶坊”更名为“白河陶坊”，设计以莲花为主题的工艺品。莲花节自是年起成为白河常态性的年度节庆活动，于每年的六月至八月莲花盛开期间举办。借由白河莲花节的举办，本来仅仅是农作物的莲花逐渐发展成为文化创意产业，其他相关的产业也被陆续地带动起来，如餐饮业、食品加工业、地方的休闲旅游、民宿、与莲花相关的艺术创作、具有地方文化特色的工艺品等等。

1998年，莲潭社区与白河区公所合力举办白河莲花节，同时，店仔口文教协会成立，地方团体开始加入文化创意产业的推动主体行列。“家乡人做家乡事”的理念进一步得到落实。这一年推进了“夜宿莲乡”的活动，一改以往莲乡一日游的来去匆匆，推出富有当地生活气息的民俗让游客体验地方的生活形态，将文化体验结合观光，开创新的观光方式，进而带动当地民宿的发展。1999年，白河陶坊的经营者林文岳推出“白河雅集”活动，对当地民众进行美学教育，从人的营造出发协助推动社区营造。白河莲花文化创意产业的发展，从最开始致力于开发多样化的莲产品，将莲花的意象融入相关硬件设施的建设中，发展民宿业以提供给游客当地生活和文化的体验，到白河雅集活动对地方文化人才的培育，产业与地方文化、生活的融合日益紧密，地方文化创意产业的形态渐趋成熟。2000年白河莲花产业达到了发展的最高峰，而此时产业环境正悄然发生变化。一方面是同类竞争性产业的兴起。在文化政策的支持下，各地兴起了举办地方节庆活动的热潮，白河莲花节因成功地带动地方经济成为了各地纷纷效仿的对象，例如桃源县观音乡也推出莲花季活动，营造赏莲景点，后来逐渐发展成为白河莲花文化创意产业的强劲对手，与白河齐名为台湾两大莲乡，有“北观音、南白河”之称。其他同质性产业还出现在花莲、嘉义水上乡、宜兰罗东等地。另一方面是进口的莲子、藕粉等农产品抢夺白河农产品的市场份额，并出现仿冒白河产品的恶性竞争现象。作为应对，白河区农会推出莲子、藕粉等农产品的专用包装袋。此外，对白河莲花文化创意产业造成最严重影响的当属大面积病虫害的爆发，直接导致莲田面积大幅度缩减，当时又正值白河水库整治，莲花灌溉出现困难，诸种困难导致莲农倾向于领取休耕补助。至2002年，莲田面积减少了大约一百多公顷。莲花节最具魅力的元素——莲田景观，在莲田面积减少的冲击下风华不再，直接影响了游客的数量。此后，白河莲花文化创意产业逐渐进入了衰退期。但是总体来说，白河莲花文化创意产业依然是台湾地区发展得较为成功的地方文化创意产业之一，它在带动地方经济、振兴地方文化方面均取得了较大的成效。另外，白河莲花文化创意产业发展至今，有较长的发展历史，产业操作经验和成果较为丰富。

二、白河地方文化资本运作动力的培育

身体化形态文化资本以人为载体，会随着个体生理性的衰落而消亡，它不可能通过赠送、购买或交换获得，只能由个人亲自投入创造。它同时也是使用客观形态文化资本的必要条件，即想要在形式和内涵上均占有文化产品，需具备专门的文化能力才能实现。身体化形态文化资本的以上特性决定了地

方文化创意产业的发展过程中，对“人”的营造相当重要。首先，地方的历史、传统文化、风俗习惯等是由当地人来保护和传承的，无法与之相脱离。其次，地方文化创意产业所发掘出来的客观形态文化资本也需要依靠当地人的实践才能显现出文化价值。可以说地方民众是地方文化资本保存、传承并实践价值增值的内在动力。因此，当地人对自身文化形成认同并自觉地维护和推动，是地方文化创意产业实现内发性发展的关键所在。这与社区总体营造的最终目标相契合，即营造一个新的“人”，这是社区总体营造的实质。根据陈其南的观点，“造人”分为两个层次，一是建立社区共同体成员对公共事务的参与意识，二是提升社区居民的美学能力，提倡终身学习。[①]

（一）家乡人做家乡事

自1997年开始，为响应社区总体营造提倡的“社区自主、居民参与、由下而上”的理念，白河莲花节的举办以公私协力的模式进行，交由白河区公所、白河农会主办，并联合民间团体和社区居民的力量。白河区原有的地方组织仅有白河大专青年联谊会、财团法人白河儿童文教基金会等为数不多的几个，莲花节的举办对地方组织的需求增加，公私协办模式的有效推进也激发了当地人参与发展地方文化创意产业的热情，“家乡人做家乡事”的理念在白河地区盛行。莲潭社区发展协会、店仔口文教协会、莲之村工作室、莲乡产业文化促进会等民间组织相继成立。这些地方团体开展的具体行动包括地方文史的调查整理、策划及举办社区活动、负责莲花节相关工作等等，丰富了社区居民的文化生活，也让居民更了解本地区文化，强化了在地认同感。

一方面，家乡人做家乡事是白河地方民众社区意识觉醒的体现，民间组织的一系列行动也有助于社区意识的进一步凝聚。另一方面，“文化产业根源于地域文化，需借由一特定地域居民的创新与实践，始可发挥其价值意涵”[②]。也就是说，家乡人做家乡事能够推动地方文化创意产业朝着更具地方特色、更具地方文化内涵的方向发展。究其原因，生于斯长于斯的地方民众对自己家乡的历史文化、生活形态的了解和体会要比外来人深刻。如果由外来人投

---

① 陈其南. 社区总体营造的意义［C］. “文化产业”研讨会，1995.

② 杨敏芝. 地方文化产业与地域活化互动模式研究——以埔里酒文化产业为例［D］. 台北大学，2002.

入地方文化创意产业创新工作，因他们“无法经历一段历史的沉淀，无法深入了解地方文化的深层结构，往往只是从民间社会中摘取片段皮毛放进文化殿堂，结果是在创制一些本地标签，更甚的可能只是多一点怀旧气息，无法展现深层的在地文化内涵”①。总而言之，家乡人做家乡事有助于社区意识的凝聚，从而集群体之力寻找社区失落的根，达成文化传承、经济复兴、社区再造的目标。

表 4-4　白河民间组织简介

组织名称	时间	组织成员	工作内容
白河大专青年联谊会	1984	返乡的学生团体	1. 返乡学生利用寒暑假为地方学校举办育乐营活动； 2. 参与筹备莲花节活动：文化解说人员、展览布置工作……
财团法人白河儿童文教基金会	1994	主要为教育界人士	针对学生需求举办活动； 参与筹备莲花节活动：儿童绘画展览、写生比赛……
莲潭社区发展协会	1996	莲潭社区居民	1. 开展社区日常工作； 2. 开办儿童读诗班，推动乡土教育；成立文史工作室，探究莲潭历史故事，出版社区刊物，乡志； 3. 开办妈妈教室，进行技能培训； 4. 参与筹备莲花节活动：游客导览解说服务、园游会、莲子大餐……
大竹社区发展协会	1996	大竹社区居民	1. 开展社区日常事务； 2. 办理社区活动、社区行销宣传、社区环境营造和维护……

① 杨敏芝. 地方文化产业与地域活化互动模式研究——以埔里酒文化产业为例［D］. 台北大学，2002.

续表

组织名称	时间	组织成员	工作内容
店仔口文教协会	1998	文化工作者	1. 进行地方文史资料的调查和整理； 2. 推动地方重要事务与活动，如定期开展“白河历史研读书会”“莲乡妈妈说故事”等活动； 3. 参与筹备莲花节活动：文化导览解说员培训、艺术文化展览……
莲之村工作室	1999	广安里居民	发掘广安里的历史文化并进行推广
莲乡产业文化促进会	2001	在地业者	进行产业辅导和异业联盟，是地方业者与行政部门的沟通平台

（二）社区美学教育

艺术家林文岳自1996年白河莲花节之后，即将精力从个人的艺术创作转向地方艺术文化的推广。其个人艺术创作工作室“向璞陶坊”于1997年更名为“白荷陶坊”，意在将陶坊与地方联系起来。在其后的发展过程中，白荷陶坊逐渐成为推行地方美学教育的主体。1999年，白荷陶坊推出“白河雅集”活动，以家庭为参与单位，活动内容有儿童读经、书法、演讲、插画艺术、音乐会等，大人和小孩在共同学习中丰富对地方艺术文化内涵的感知和理解。2002年至2003年间，白荷陶坊辅导成立两个技能培训班：白河陶技能培训班和白河莲花乡特色植物染技能培训班，在社区中推广工艺技能，充分利用地方特色原材料，创造具有莲乡美感的工艺品。此项活动不仅能有效地实现地方特殊工艺技术的推广和传承，还可以让社区居民在学习中加深对地方文化的理解和对艺术的感知，进而激发出保护地方文化和美化生活空间的意识。2003年，白河雅集活动转型为“莲田认养”，林文岳在竹门隧道附近承租了一大片土地，提供给单位认养来种植莲花。土地认养资金除了支付管理费、活动费等，大部分回馈给台南市家扶中心。由莲田认养还延伸出了一系列活动，比如提供学校生态教学的场地、莲花茶道活动、白河大青成年礼等。2005年，工坊与社区、学校联合推出社区工艺扶植计划，目的在于提供一种区别于传统学校的美学教育方式，以体验学习的方式让学生在实践中认识到艺术美感。

其突出的活动是打造“莲花诗路”，12 所学校的学生以莲花为主题写诗，林文岳则将这些诗词拓印在自己烧制的陶板上，架设于莲想梦工坊步道旁，构建出一条“莲花诗路”。盛开的莲花、步道、木造观景台、配合设计成莲花与荷叶形状的陶板，艺术作品完美地融入社区美学空间。莲花诗路现已成为游客到白河必访景点之一。

白荷陶坊多年的美学教育实践在厚植社区的美学土壤方面起到举足轻重的作用，培养了具有美感和文化能力的白河居民，让他们认识到自身文化的吸引力和独特魅力，从而更加认同地方文化创意产业的操作方式，自觉投入社区生活空间的美学营造以及生活环境的经营。

图 4-1　莲花诗路

第三节　案例经验：白河莲花文化创意产业的资本运作机制

地方文化创意产业具有地域依存性，是地方的历史、文化、生活的结晶，其核心价值即在于地方特质与文化特色。正如宫崎清所言：“地域乃是各自有其特有历史的人类生活空间，承继先人所建立且累积至今的生活文化，并逐渐孕育发展成地域的特性。”① 因此，发展地方文化创意产业重在对自身地域

① 宫崎清. 展开崭新风貌的社区总体营造［A］. 文化・产业暨社区总体营造中日交流展研讨会论文集.“文建会”，1995.

特色的考察和发掘，维护与发扬在地特质，让这些好的元素得以在新时代持续传承下去。根据宫崎清的观点，地域特色由地方的人、文化、土地、产业、景观构成，以布迪厄的文化资本概念来表述的话，可以区分为三种形态的文化资本：身体化形态、客观形态和制度化形态文化资本。下面将分别从这三种形态的文化资本出发分析白河莲花文化创意产业是如何进行地方的历史文化、传统习俗等文化内涵的发掘利用、文化氛围的塑造以及建立文化的区隔和保护。

一、新兴节庆活动的导入——白河莲花节

早期的白河只是个以农业为主的普通小镇，农作物以水稻为主，莲花仅少量种植。1980 年，当地行政机构在发展精致农业政策的指导下，鼓励乡民种植具有经济价值的莲花，大片莲田的种植开启了观光的契机。新兴节庆活动——白河莲花节的举办则拉开了当地文化创意产业发展的序幕，经由它，诸多地方文化资本的价值被重新发现，催生了新型的产业形态。一方面，白河的传统、历史文化、风俗习惯、农事文化、产业文化等身体化形态文化资本被发掘出来，融入产业之中，文化因此成为可以贩售的商品，文化的经济价值得以显现，文化的传承得以延续。另一方面，当地的客观形态文化资本在莲花节的推动下也陆续得到了发展。白河莲花节可以说是当地文化创意产业发展的催化剂。

白河莲花节的活动内容非常丰富，由一个个小活动组成。通过对 1997—2019 年白河莲花节活动内容的整理和剖析，细分出其中具有共性且较有特色的活动模式：产业文化活动和地方特色主题展览。下面将从这两类活动模式着手分析白河莲花节是如何利用地方身体化形态文化资本的。

（一）产业文化活动

一项产业的发展与地方的地理、历史、政治环境、经济环境以及地方民众的耕耘息息相关，并且会受到这些因素的影响而衍生出特有的产业文化内涵。产业文化内涵不仅与生产材料、机器设备、技术经验等相关联，还与地方的生活文化相互渗透。产业文化活动则运用创意手法对内涵各异的产业文化进行展示、再现，呈现某种聚焦效果。

自汉人拓垦时期，白河即有种植莲花的记载，如此悠久的种植历史衍生出的产业文化内涵也相对丰富。莲花一年四季景致不同，提供了多样的生活体验：初春栽植莲苗、盛夏悠游赏荷、秋凉摘莲蓬剥莲子、寒冬枯荷掘莲藕。白河地方文化产业则依循莲花的生长周期，推出了以下产业文化活动：植莲节、下田体验莲农生活、莲田认养、莲花茶道、莲子大餐、采莲、剥莲子比赛、莲藕节等。除了植莲节和莲藕节因受到季节限制，无法被纳入莲花节之中，其他的产业文化活动均是莲花节的特色内容。

1. 莲田认养

莲田认养是由白荷陶坊推出的体验活动。2001 年白荷陶坊经营者林文岳担任台南莲乡产业文化促进会理事长期间，即已着手推动此项计划，到 2003 年正式确立下来。那时候白河因为台风的季节性影响以及病虫害的扩散流行，莲产业收成不好，再加上外来莲产品对市场空间的挤占，白河本地莲产品卖价不高，就连莲花节举办期间价格也不见涨。种植莲花的经济效益差导致莲农种植意愿低落，有的开始转种植稻米等农作物。在这样的背景下，林文岳提出以莲田认养的方式保留部分莲田景观的特色。他在白河区竹门隧道旁承租莲田，命名为莲想梦工坊，希望关心这块土地的人能够加入认养行列中，协力将莲田发展为莲产业文化梦想基地。莲田面积大约有 2 公顷，可供 250 个单位认养。莲田必须种植莲花，也可根据个人意愿小面积种植其他植物。为了保护环境生态，种植全部采取有机方法，不喷洒农药、除草剂等。白荷陶坊还推出四季活动丰富莲田认养的人文内涵，分别为春季植莲节、夏日白河大青成年礼、秋时敬师茶会、冬季莲谊会。认养每一单位土地需缴纳一定费用的莲田认养资金，主要用于土地租金、管理费、人事费、社会济助金、四季活动费、莲想梦工坊基金等。

一方面，莲田认养活动为人们提供了亲近田园的机会，通过亲自下田体验莲花生产过程，体会莲花一年四季的自然生长之道，感受农耕之乐。这有助于对莲花产业文化产生深度的认知，由此对莲花产业衍生的情感便不同于一般的观光客。而且游客离开白河后仍有一份牵挂在，可以促使游客再次前往白河，从这个角度来看莲田认养是一种有效的行销手段。另一方面，在曲水流觞之间举办富有人文价值的四季活动，将莲花与文化融合在一起，建构出意涵更为丰富的莲花意象，提升了莲花的艺术价值，丰富了人们对莲花文化的感知。另外，部分莲田认养资金用于社会救济，莲田也成为当地小学的生态教学基地，回馈了社区。

图 4-2　莲想梦工坊——莲田认养耕作场景

2. 以农事活动为主题的趣味活动

莲子、莲藕、藕粉等莲产品的生产工序，蕴含了白河一代代莲农传承下来的技艺以及白河人特有的生活文化。莲花节通过举办剥莲子比赛、采莲活动、莲子大餐等趣味性活动，将这些产业技艺和生活文化体现出来。

以剥莲子比赛为例，剥莲子是白河人生活的一部分。每年 7—8 月莲子收获的季节，白河处处可见一家人聚集在一起剥莲子。因莲蓬一早采收之后就要剥莲子、去壳、去膜、除芯，才能赶在中午之前将新鲜莲子售出，所以需要大量剥莲子的人力。剥莲子的主力是当地妇女，老人小孩也会参与，在改善人手不足的同时赚取少量工资。一家人一起边剥莲子边话家常，白河特有的生活文化便于其中流露出来。对返乡学生来说，暑假在家剥莲子的生活体验更是其他地方少有的。剥莲子是一项辛苦的工作，掌握了一定的技巧才能剥得又快又好，白河妇女在长期劳作中积累了丰富的经验，逐渐发展成一项独特的技艺。而一种特殊的技艺通常是经过长时间发展孕育而成的，是人与自然环境不断互动的结果，有着丰富的历史文化底蕴。

于是，剥莲子比赛成了白河莲花节的常备项目。这种趣味性活动实际上是把分散在各家各户的剥莲子景象集中呈现出来，有一种舞台化的聚焦效果。

一方面，活动让游客享受到乐趣的同时，也让白河特有的生产和生活文化在游客心中留下印象。另一方面，原来只是作为谋生方式的剥莲子技巧变成了可以展示的文化，经由这种再现方式让地方居民体会或察觉到这种地方产业文化，可以增强居民对地方生活和生产文化的认同，还有增强集体记忆的效果。

图 4-3 白河家庭剥莲子场景

（二）地方特色主题展览

这一活动同时将身体化形态文化资本和客观形态文化资本联系起来，具备商品销售、文化学习、社区发展等多重功能。通过梳理 1997—2019 年白河莲花节的主题展览活动，根据不同的主题将其划归为以下几类：艺术创作展、白河地方展、农特产品展售。

莲花具有丰富的艺术文化内涵，能够为个人的艺术创作提供源源不断的灵感。以白河莲花为主题的艺术创作包括书画、摄影、陶艺、荷染等。莲花节则以主题展览的形式将这些融合了白河地方文化特色和个人创意的作品展出，包括：莲花摄影展、莲花书画陶艺作品展、画我莲乡写生展、彩绘莲花、莲花艺术创作展、荷染白河陶延伸产品展、江村雄荷摄展、国际莲椅创作展、莲蓬装置创作、儿童书画展、莲花书画创作展、儿童彩绘邮筒装置艺术等。

白河地方展包括：莲潭社区发展协会成果、产业文化资讯馆展示、莲潭社区总体营造成果展、台湾早期文物展、白河生活美学展览、白河老照片展、白河在地艺术家花婆婆作品展览等。

农特产品展售包括：大型香水莲盆展示、白河在地莲展、农特产品促销会、农村再生社区—农产品成果展示、假日农夫市集等。

艺术创作展将白河莲花融入艺术创作中，莲花的文化价值得到了进一步拓展，并由此成为一种可以被消费的文化符号。诸如陶艺作品、书画作品等都可以贩售，在这过程中，不仅文化得以传播，也给当地带来经济效益。白河地方展呈现的是地方的集体记忆，可以让老者回忆、少者学习，形成最好的交集。农特产品展售将在地研发的产品成果进行展示，有助于提高居民对地方产业的自信心，此外在行销产品方面也有较好的效果。

表 4-5　白河莲花节历年活动内容（1997—2019）

年度	特色/主题	活动项目
1997	自然·繁荣·如意	1. 产品文化体验类：剥莲子比赛、莲子大餐 2. 主题展示：莲花摄影展、画我莲乡写生大赛 3. 文化旅游：文化列车赏莲花、牛车赏莲花 4. 其他：莲花仙子选拔、天灯祈福、土风舞等
1998	白河莲花繁荣商圈	1. 剥莲子比赛、莲子大餐美食品尝会 2. 莲花产业文化之美摄影比赛、书法比赛、莲花陶艺作品展、彩绘莲墙、莲潭社区发展协会成果、莲花产业文化资讯馆展示、农特产品展售 3. 单车游莲乡等
1999	美丽·团结·生命	1. 剥莲子比赛、亲子采莲乐淘淘 2. 莲花之美摄影展、莲花书画陶艺展、五线谱莲花主题创作展、画我莲乡写生展、莲潭社区总体营造成果展 3. 莲乡邀约、寻访莲乡、独居老人赏莲一日游、单车游莲乡、夜宿莲乡 4. 莲花嘉年华会、社区土风舞展、莲乡之夜音乐会
2000	白河·莲花·如意	1. 剥莲子比赛、莲子大餐 2. 莲花书画陶展、摄影比赛、土风舞太极拳展等 3. 单车骑莲乡、莲乡农村生活体验营、民宿之夜等 4. 莲乡嘉年华等

续表

年度	特色/主题	活动项目
2001	白河·莲花·如意	1. 剥莲子比赛、亲子采蓬乐、莲子大餐 2. 彩绘莲花、大型香水莲蓬展示、莲花艺术创作展、台湾早期文化展 3. 文化列车赏莲、赏萤生态活动、莲乡定点解说等 4. 听奶奶的歌、阿公说故事、社区万人集莲字等
2002	莲花如意新生命	1. 剥莲子比赛、莲乡茶道、莲田认养 2. 农特产品展售、儿童写生比赛、林文岳书画展等 3. 亲子彩绘、七夕荷合心连心情人之夜、笛声莲乡音乐发表会等
2003	饮水思源心手相莲	1. 剥莲子比赛、莲花美食品尝、祈福宝莲折纸教学 2. 写生比赛、摄影雕刻展等 3. 单车游莲乡、莲乡一日游 4. 艺术人体彩绘、乡村爵士颂、自行车表演等
2004	新莲连年	1. 剥莲子比赛、莲田认养 2. 白河在地莲展、国际莲椅户外创作展、写生比赛 3. 怀古搭牛车赏莲、莲乡套装旅游等
2005	同心协力莲花再起	1. 剥莲子比赛 2. 白河生活美学展览、莲花茶艺暨花艺研习示范 3. 游园车赏莲、自行车赏莲、千禧龙赏莲导览列车、莲乡永续校园体验活动等。
2006	缘结莲开迎希望	1. 莲乡新情写生比赛、莲乡创意产业加值展 2. 校园体验系列活动等 3. 莲乡音乐、艺术表演、土风舞表演
2007	莲开耀白河	1. “粒粒皆辛苦”剥莲子大赛、莲子大餐品尝会、莲花餐创意赛、莲子快手夹夹乐、愿者上钩钓莲高手、莲花节 DIY 教学活动、外籍新娘莲子粽创意赛 2. 莲蓬装置创作、农特产品展售 3. 心手相莲踩街活动、永续校园体验活动、莲花生态体验营、单车游莲乡 4. 莲花笑话冠军赛、莲花杯网球邀请赛

续表

年度	特色/主题	活动项目
2008	欢喜莲莲 耀白河	1. 心手相莲体验活动、美食品尝会 2. 莲蓬装置创作、白河老照片展、儿童写生比赛、农特产品促销会 3. 恋恋莲乡白河深度之旅、永续校园旅游导览体验、单车游莲乡、踩街活动等。
2009	莲华耀动 情系白河	1. 欢喜莲莲剥莲子比赛、莲田采莲乐、莲子快手夹夹乐、愿者上钩钓莲高手、社区美食品尝、莲乡公仔 DIY 2. 爱莲画莲儿童写生比赛、莲乡画荷体验——彩绘生活、农特产品展售会 3. 单车逍遥游、心手相莲踩街活动、校园创意童玩体验活动等
2010	恋恋莲乡	1. 剥莲子比赛、莲乡公仔 DIY 2. 爱莲画莲儿童写生比赛、莲乡画荷体验、农特产品促销会 3. 恋恋莲乡深度之旅、文化列车、心手相莲踩街活动、校园创意童玩体验活动 4. 莲乡音乐表演等
2011	百莲好荷	1. 彩绘布袋戏偶展演活动 2. 儿童写生比赛、莲乡公仔 DIY 3. 莲乡深度之旅、铁马逍遥游、清净莲乡踩街活动
2012	花现新白河	1. 莲子大餐、剥莲子比赛、布袋戏偶彩绘、认识莲之食衣住行艺 2. 荷乐无穷·儿童写生比赛 3. 莲乡深度之旅、木球赛
2013	花漾莲华	1. 红龟粿制作、莲乡公仔 DIY 2. 小农市集、印象莲花行动壁画 3. 莲花季音乐会、儿童歌唱大赛
2014	爱恋 白河莲花	1. 莲粽周：好运莲莲包糕粽、白河莲花餐、莲花花茶宴 2. 文化展示周：白河在地艺术家花婆婆作品展览、儿童彩绘邮筒装置艺术、假日农夫市集、农村再生社区—农产品成果展示 3. 体验周：莲乡体验、农村再生社区深度小旅游；环保周：环保创意踩街 4. 运动周：莲花杯木球、网球赛；音乐周：街角音乐会及儿童歌唱大赛、莲乡新风情晚会

续表

年度	特色/主题	活动项目
2015	幸福莲花季	1. 幸福莲乡健走、剥莲子大赛、幸福传爱明信片 2. 莲乡嘉年华市集、花现幸福街角音乐会、定点导览解说服务、环保莲子宝宝公仔展 3. 莲乡之旅、来乡下住一晚农村小旅行、田园生活摄影展 4. 木球锦标赛、网球锦标赛
2016	快乐赏莲趣·白河乐悠游	1. 体验周：莲乡荷染 DIY、彩绘剥莲子 DIY、创意手作杯垫、歌唱比赛 2. 体育竞赛：木球竞赛、莲花杯槌球赛 3. 摄影比赛、定点导览解说服务
2017	台南尚青·为荷来	1. 心莲心乡村餐、花现幸福莲子风味餐宴 2. 白莲花季摄影比赛、荷染创意采摘体验活动、莲花文创 DIY 3. 莲乡文化导览解说培训、莲花季农村小旅行
2018	幸福白河	1. 食农教育；莲花播种体验 2. 稻荷加工坊手作荷染体验
2019	莲香四溢·可感白河	1. 赏莲 2. 采摘莲子 3. 剥莲子 4. 荷染 5. 风味餐莲香深度体验

二、传统文化活动风华再现

六重溪平埔夜祭是白河地区较为大型的传统文化活动，曾经中断了 50 多年，夜祭文化渐渐被淡忘。20 世纪 90 年代在台湾当局积极推动社区总体营造以及本土寻根活动兴起的背景下，平埔文化的保存和传承重新受到重视。传统六重溪“太祖五姐妹”祭典仪式在 1999 年得到恢复，此后于每年农历九月十四至十五日举办夜祭。传统的夜祭仪式如下：1. 太祖起驾、拜见清水老君；2. 献猪；3. 牵曲；4. 翻猪礼；5. 烧纸钱。由此结束漫长的六重溪夜祭。如今的夜祭活动在保留原有祭祀文化的基础上加入现代创意元素，呈现观光化的趋势。夜祭活动场所设在六重溪平埔公庙，活动内容包括：文化创意商品

(竹编)教学、平埔特色风味餐(茄苳叶番薯包体验 DIY)、民俗技艺团体表演、平埔夜祭头冠 DIY、平埔夜祭牵曲传承活动。

图 4-4 六重溪平埔夜祭

六重溪平埔夜祭文化在黯淡了50多年后,被重新发现其价值,现被列为台湾重要的文化资产,成为白河地方文化创意产业发展的重要项目,平埔夜祭文化由此风华再现。台南市政府将“白河六重溪平埔祭祀文化空间景观再造工程”列入2012年度城乡风貌计划中,对平埔夜祭场所“公庙”前广场、“六重溪亲水公园”这两处既有景点进行修缮整顿,改造内容包括基本灯光设备、空间绿化、观礼台、小学舞狮练习场等。[①] 软体文化活动必须依托于相应的空间和建筑,所以对情境的打造至关重要,由此才能与文化活动配合呈现出一致的协调性。台南市政府通过“再造祭祀文化场所”和“形塑水岸休闲空间”的方式,围绕一定的主题营造社区既有环境,并将其融入夜祭文化场所,不仅改善了当地的生活环境,还以平埔文化包装生活空间,带来了地方经济发展新的生机。此外,六重溪平埔文化园区也已建成并投入使用,园区内保留着昔日竹屋、古文物、茅草公庙、石庙、平埔精神牌楼等,呈现完整

① 杜尚泽.台南市政府再现六重溪平埔信仰空间[EB/OL].壹凸新闻.(2012-04-05)[2014-10-7].http://new.e2.com.tw/gb/2012-4/361425.htm.

的平埔风采。

图 4-5　六重溪平埔文化园区入口

图 4-6　六重溪平埔文化园区景点标示牌

六重溪平埔夜祭文化活动传达了地方民众的信仰和文化价值观，具有深厚的人文底蕴，凸显了地方的文化气质，也是非常好的历史文化和乡村教育教材。祭祀文化空间再造在改善居民生活环境，提升居民生活品质的同时，带来了地方文化观光发展的契机。

图 4-7　茅草公庙

图 4-8　石庙

三、文化商品开发与产业群聚

白河拥有得天独厚的客观形态文化资本，主要有莲田、竹门绿色隧道、关子岭风景区（包括关子岭泥温泉、水火同源、温泉源头旅社老街、大冻山、好汉坡、红叶公园、岭顶公园、碧云寺、大仙寺、福安宫等）、六溪及崎内两亲水公园、六重溪平埔族文化园区、白河水库、鹿寮水库等。在地方文化创意产业强调的“文化、产业、观光”结合的思维指导下，白河围绕“莲花”这一核心资源，进行莲花衍生产品的开发、白河的空间配置及文化氛围营造，将莲花的附加价值从农产品层面提升至文化、艺术、观光层面。而且借由产业间的联盟，将白河地区已有的观光景点、文化创意产业由点连成线，形成白河文化观光产业群。

（一）莲花文化产品的开发及公共空间营造

白河莲花在历史的种植过程中，分别被当作药材、经济作物来使用，直到第一届白河莲花节举办之后，白河莲花才被开拓出观光和文化价值。

1. 具“莲”元素之景观营造

莲田景观的开发是莲花产业转型为文化创意产业的一个突破口。1996 年第一届白河莲花节首先将一片片莲花池相接构成的莲花花海景观作为节庆活动的一大卖点。莲花本身因其清新脱俗的气质，历来被诗人或艺术家当作创作的对象，宋朝词人周敦颐就曾写过脍炙人口的《爱莲说》，盛赞莲花的美是“中通外直，不蔓不枝，香远益清，亭亭净植”。无论在古今，莲花都具有很高的美学价值、象征价值和文化价值。莲花花海则在形式上营造统一、和谐、能起到视觉震撼效果的莲田景观，再配合莲花本身所拥有的美学和文化特质，便能够传达一种形象、具美感的、和谐的美学印象，满足游客的视觉美学体验需求。这一做法取得了良好的效果，根据调查显示，大部分游客被吸引至白河的原因在于其莲海地景。如果说白河是借由莲花节的举办从一个无名乡镇一跃成为具有“莲乡”美誉的文化小镇，那么推动这一转变的引擎则在于富有视觉美感和文化内涵的莲田景观。

继莲田景观之后，白河进行一系列以“莲”元素为核心的景观和生活空间营造。在台南市政府的经费补助下，莲花公园、赏莲大道、莲花雕塑、赏莲亭、莲花产业文化资讯馆等与莲花相关的硬件设施逐步建立起来，以莲元素包装白河的生活空间，营造统一的文化氛围。

2. 莲花产业文化资讯馆

莲花产业文化资讯馆原本是白河农会玉丰分部的农仓，1996 年由“文建会”辅导建成。馆内的展示空间规划为意象展示区——莲的莲想、植物学展

图 4-9　莲田花海景观

图 4-10　莲花公园

示、农艺学展示、产业展示区、社区文化艺廊等，主要展示对象为莲花生态、莲乡特色、产业文化、莲之艺术品等。

地方文化馆的产制逻辑在于“希望经由地方原有闲置空间活化再利用，作为地方文化展示、交流与沟通的场域，带动观光产业发展以及地方经济繁荣”。[①] 莲花产业文化资讯馆作为地方文化馆类型之一，建立的初衷是将文化

① 蒋玉婵. 地方文化馆与地方文化产业之研究［J］. 博物馆学季刊，2006（20）.

与产业资源结合，协助莲花产业升级。馆内所设莲花生态及产业展示区可以让地方民众和游客了解莲花生态和产业形态，而社区文化艺廊及地方特色文物展示则提供了地方民众和游客了解地方特殊的风土民情和历史文化的窗口。

图 4-11　莲花产业文化资讯馆

图 4-12　莲产品采收生产器具

3. “莲”之艺术品

莲元素的应用还延伸至艺术设计领域。艺术家林文岳的创作工作室“白荷陶坊”于1992年成立于白河区崎内里，在1996年第一届白河莲花节之后，工作室开始参与营造社区艺术与文化，以莲花的意象作为创作主题。创作的作品包括书画、陶艺、荷染等。其中陶艺作品以植物莲蓬、石灰及白河浊泥温泉泥等在地材料制成，并搭配莲花意象，被称为“白河陶”。荷染是一种手工植物染，用植物染色于画布上，植物染料主要取自白河莲花以及当地的常见植物，创作主题围绕莲乡景色、莲花风情，也是富含地方特色的艺术作品。

白荷陶坊开设了教授陶艺、彩绘、荷染等技艺的研习教室，当地人和游客可以学习相关的技艺，或亲手制作相关作品，还可以将自制的作品带回家当纪念品。这些水墨画、陶艺、书法、荷染创作等都是以荷花意象与白河乡土为意涵，具有深化社区美学的价值。

图 4-13　荷染

4. 其他莲花衍生品的开发

白河民宿业的发展得益于1998年第三届白河莲花节推出的“夜宿莲乡”活动，当地的民宿以赏莲花为卖点，吸引游客留宿。后来民宿业者利用各种创意方式将地方生活文化内涵融入民宿的设计，转而以深度的农村生活体验吸引游客，具有地方特色的民宿也因此成为了文化观光景点。此外，白河农

图 4-14　白河陶

会与企业联盟，研发出莲花面膜、植物性洗发乳等莲花保养产品，进一步拓宽了莲花的经济价值。

（二）文化观光产业群的形成

白河莲花主要生产地和赏莲区（位于大排竹和诏安厝）的观光景点包括：莲花公园、九曲桥、木棉道、赏莲大道、小南海风景区、林初埤景观区、竹门绿色隧道、莲缘香水莲花园等，这些景点构成了白河观光旅游的核心区域，但远远不止于此。赏莲区以外的观光资源还有：竹门驿站、白河水库、鹿寮水库、西拉雅风景区、关子岭温泉产业、平埔文化产业、六溪影城、六溪温泉、乌树林糖厂、兰花科技园区、后壁火车站、土沟美术村等等。以上白河地区的观光资源各具特色，或是历史古迹、生态景观，或是生活工艺、文化产业，形成一片绵密的产业网络。正如 Jeffcutt&Pratt 指出，没有单一的文化，它经由聚合不同领域的创意所形塑①。白河莲花文化创意产业对内整合不同领域的产业资源，如景观、地方文化馆、艺术品、民宿、餐厅等等，对外也将同类或异类产业整合成聚集型的文化观光产业，借由策略联盟达到综合的效果，事实也证明，多元的产业元素对消费者更具吸引力。目前白河的观光产业群已经形成，主要有：莲花文化观光区（赏莲红线）、竹门驿站（生态

① Jeffcutt, J&Pratt, A. C. Managing Creativity in the cultural industries [J]. Editorial, 2002 (11).

蓝线)、关子岭温泉风景区(温泉棕线)、平埔文化产业园区(平埔蓝线)、土沟美术村等。

四、产品认证制度的建立

在布迪厄的论述中，体制化形态的文化资源，指个人所习得的知识、技能等得到学术认可，并以资格证书的形式予以制度化。学术资格和文化能力的证书提供了一种保障机制，隐含了一种社会公认性的权力。对于地方文化创意产业来说，诸如品牌、产品标识等均是得到相关部门或社会公共认可的，并以制度化的形式固定下来的体制化形态文化资本，可以借此建立起产品之间的区隔，加深消费者对产品的认知，确保特色产品的发展价值。白河借助在地莲子认证、莲乡民俗认证标章、莲乡地标等，试图建立白河的品牌形象，打造一个与众不同的莲花故乡。这种种实践均是对体制化形态文化资本的运作。

以白河在地莲子认证标识的确立为例。白河莲子品质佳，在消费者当中具有较好的口碑。但是早期白河莲子仅用简单的塑料袋包装，没有其他认证标识，导致一些不良商家用进口的廉价莲子冒充白河莲子，一方面价格上的恶性竞争导致白河莲农的利益受损，另一方面假冒的白河莲子品质不好，导致消费者对产品的信任度和忠诚度降低。为维护白河在地莲子的美誉度和莲农的收益，白河农会于2001年推出莲子专用包装袋，并进行辨识白河莲子的知识推广。但是仅在包装上做文章，没有配套其他的认证措施，效果并不好。市场上还是存在大量进口仿冒莲子，有的经营者甚至用购买来的白河莲子专用包装袋包装其他地区的莲子。后来，台南市农业局联合白河区公所和农会推出了“白河在地莲子”认证标章，向使用白河莲子的餐厅、特产店、民宿等核发标章认证书，后期还进行不定期查核，确保莲子货源来自白河。此外，农业局还辅导白河农会设计统一的莲产品外包装，相比之前有很大的改进：莲子袋上印有白河在地莲子的字样，并有莲农的住址和联系电话。外包装统一贴上激光标签，并在袋子封口处用铁线圈封住。更为精细的包装设计提高了消费者对白河产品的辨识度。2011年，白河农会还向台湾“经济部”智慧财产局提出申请产地团体商标，与白河莲产品的特殊包装一起构成了双重保障。

图 4-15　“白河在地莲子”认证标章

结　语

在全球经济背景下，地方文化创意产业已然成为台湾“改善城乡发展失衡问题、振兴地域、改善生活空间、寻求地方永续发展的重要策略”。[①] 台湾当局通过推行各类文化政策，辅导地方文化创意产业发展，使之呈现欣欣向荣的景象。在其发展过程中，积累了较为丰富的产业操作经验。

1. 善用地方文化资本，实现经济和文化双丰收

不同地方有其各自富有特色的文化资本，并由此形成独特的地域文化和氛围，是地方文化创意产业可资利用的重要资产。白河因成功地利用莲花这一具有地方特色的要素，结合具有特色的地方文化、自然资源等，将白河打

① 周锦宏. 社会企业观点下的地方文化产业发展：以台中县两个生产合作社为例[C]. 台湾公共行政与公共事务系所联合会国际学术研讨会，2008.

造成莲花故乡，由此享有“南白河”的美誉，即使后来桃园观音莲花产业成为白河的强劲对手，与白河齐名为“北观音”，但白河的特色依然存在，没有因同质产业的兴起而失去价值。其原因便在于白河对具有在地性、独特性、特殊性的地方文化资本的发掘和利用，这些特色是别的地方无法复制的。因此，在地方文化创意产业发展中，要特别重视地方已有的文化资本，集群体之力去发掘地方独特的历史、文化、建筑、古迹遗址、技艺、产业资源等，发展具有特色的在地产品，实现地方文化特色的保存和经济的振兴。

2. 导入多元文化活动，行销地方文化与产品

地方文化活动在吸引观光人潮和宣传地方文化方面发挥着突出的作用。白河莲花节的导入使白河一炮打响，并成为当地文化创意产业发展的催化剂，由此可见文化活动的魅力。不同类型的文化活动产生的效应有所区别，比如传统节庆本身承载着丰厚的地方文化资本，具有传承文化、凝聚社区意识、唤起集体记忆等功能。而新兴文化活动，因其更强调创意，与现代生活的结合更为密切，能够激发社区居民的创造力。但不同文化活动殊途同归，都能够起到行销地方文化和产品的作用。因此，在规划文化活动时，应根据地区的具体情况，在充分发掘在地特色的基础上，导入适当的文化活动模式，将文化资源所具有的文化内涵充分显现出来，并且，尽量打造多元的文化活动，展现丰富的地方文化，呈现地方充沛的生命力。

3. 实行产业间联盟，创造多元吸引力

同业联盟或者异业联盟都是可行的方式。同业联盟即同类产业联合起来，共同策划，形成彼此协力的行销策略，扩大产业的影响范围。异业联盟指地方文化创意产业可以联合其他相关产业，如工艺、观光、美学、设计等，“通过异业联盟与合作，带动多元化的产业发展，同时也使得地方文化产业能因具备丰富的文化底蕴而更具特色”。① 例如观光＋文化，将地方文化与观光旅游结合起来，以深度的文化旅游吸引游客前往，既可以让游客了解地方的独特文化，还能够为地方发展带来商机。

4. 强调公私协力合作，唤醒地方民众的社区意识

行政部门掌握着权威和资源，具有较大的资源动员能力，对地方文化创

① 王健全，等. 台湾开放地方特色产业经验探讨以及香港发展该产业之可行办法［C］. 财团法人中华经济研究院，2012.

意产业的发展起着重要的推动作用。台湾诸多地方文化创意产业正是在地方行政机构的政策支持、资金辅助、技术支持等帮助下得以发展的。但同时也要强调私部门的合作，一方面，地方文化创意产业的发展不可能一蹴而就，若过多依赖地方行政机构的支持，一旦地方行政机构退出地方产业发展计划，地方产业发展恐怕难以为继。另一方面，民间组织、地方业者、地方民众等对地方的资源状况有着更为深入的了解，由他们参与地方的发展，有利于激发由下而上的创造力，开创具有在地特色的文化创意产业。另外，强调私部门的合作，能够唤起地方民众参与社区事务的意识，形成强烈的地方发展共识，成为地方文化创意产业发展的内在动力。所以，应该强调公私部门合作，通过沟通协调，寻找最适合地方文化创意产业发展的战略，共同拟定发展计划。

5. 开展社区美学教育，培育地方文化人才

台湾学者沈清松指出，“一个生活团体不但要延续已有文化成果，而且要能够创造新的文化成果，如果只有延续而无创新，则此一生活团体的文化必至衰微；如果只有创新而无延续，则不能辨识该生活团体在时间中的统一性与认同的依据”。① 以上论述表明，文化的创新与传承并存，它需经由长期生活于某一地域的人来实现。而要实现文化的创新还需具备相当的文化能力和审美能力，这也是地方文化创意产业中“造人”的动机。首先，开展社区美学教育，可以加深地方居民对地方文化的理解和对艺术的感知，发现在地文化的价值，并在生活中自觉展开保护和传承文化的行动。其次，社区美学空间的营造是靠群体的努力一点一滴达成的，培育具有美学能力的居民，能够有效达成社区美学空间营造的目标。例如，白河的“莲花诗路”就是群体创造的成果。12 所学校的师生参与其中，用诗歌表达心中的莲乡意象，形塑了具有美感和诗意的公共空间。

① 转引自杨敏芝. 地方文化产业与地域活化互动模式研究——以埔里酒文化产业为例 [D]. 台北大学，2002.

第五章

台湾文化旅游产业研究

随着第三产业在经济结构中的比重逐年增长，大力发展文化产业成为世界各国、各地区保持经济增长的重要渠道。台湾地区从 20 世纪 90 年代开始着力发展文化创意产业，经过“政府”、“企业”和“社会”的通力合作，台湾创造出了一批极具代表性的文化创意产业项目。这些文化创意产业的开发计划往往通过跨领域、跨产业进行异业产品设计研发，媒合不同产业合作，兼顾“文化内涵”、“创意形式”和“经济效益”等多面向的考量，从而增加文化创意产业的附加价值，提升文化品牌的竞争力。文化旅游就是通过对旅游资源的文化理念挖掘、设计、包装等来提升旅游产品及服务的附加值，在满足和创造旅客的深层文化需求中实现市场交换的一种营销方式。①

第一节　台湾文化旅游营销的模式

现代都市生活的快速节奏，让无数颗拥有着文艺情结的心向往来一场“说走就走的旅行”。然而，在这样一种“说走就走”的情结背后，隐藏的是出行者对于目的地所展现的文化形象认同。文化旅游中的“文化”，主要是指产品的文化内涵和特点，是旅游产品提高市场占有率最核心的竞争条件。但是，在文化营销中，文化的理解还应当包括对旅客文化心态的把握，即审美

① 程艳. 旅游文化营销运作模式研究［D］. 华东师范大学，2005.

情趣、价值观、行为取向等深层结构部分，只有两种文化内容相互契合和认同，才能有效实现市场交换，创造最大经济和社会效益。所以，文化旅游营销是旅游经营业者通过对旅游资源的文化理念挖掘、设计、包装等来提升旅游产品及服务的附加值，在满足和创造旅客的深层文化需求中实现市场交换的一种营销方式。①

一、文化旅游营销的主要内容

文化旅游营销是一个层次递进，最终实现整体整合的过程，主要包括以下内容：

（一）建构核心意象

一个区域的旅游资源通常会表现出若干个特点，比如提及杭州，会立刻让人联想到丝绸、龙井茶、白蛇传等，但一句“上有天堂、下有苏杭”的评论将杭州的美景变成大部分游客前往旅游的关键因素。所以，深入挖掘旅游资源的地理和人文历史，并结合当下游客的文化需求提炼出自身最具优势的核心意象，是旅游业实现成功经营最关键的一步，围绕核心意象对旅游资源进行包装，才能产生聚集效应，彰显最大效度的吸引力，实现经济效益。

（二）产品整合

在确立了区域内旅游资源的核心意象后，就要对旅游产品进行文化内涵的细致挖掘和包装，形成与同质类产品的差异化。在这一过程中，需要设计统一的标识，将散落的产品整合起来，形成族群，便于之后的市场推广以及消费者认同。在整合和设计中需遵循两个原则：第一是围绕主题和特色；第二是站在区域和市场的角度。② 只有“好看”（具有视觉吸引力）又“耐看”（满足深层文化需求）的产品才能真正获得市场的认可。

（三）市场推广

利用媒体进行市场推广是旅游产品实现“走出去”的最重要步骤。现代

① 程艳. 旅游文化营销运作模式研究［D］. 华东师范大学，2005.

② 崔锋. 城市旅游文化营销研究——以宁波为例［D］. 华东师范大学，2009.

多元的媒体环境，几乎人手一个移动终端，为市场推广提供了多元的媒体战略，能够更好地针对目标消费者进行产品推广，增强消费者对产品的认知。

（四）用户体验及品牌形成

实现旅游产品文化价值、满足游客文化需求是文化旅游营销的本质目的，而要将这两者的效益和满意程度最大化地实现，最有效的途径就是文化体验。游客只有在游玩和消费的过程中，才能切实地感受到产品为其文化需求所带来的满足感，才能更准确地评估旅游产品的价值。同时通过对游客的满意度调查，经营者可以适时地把握市场脉络以及消费群体需求变化，对产品包装、定位以及传播策略进行调整，尽可能地保持产品与市场的契合程度。在这一过程中，旅游产品以一种整体的形象展示在游客或潜在消费者面前，逐渐形成品牌效应，被市场认可。

二、文化旅游营销的功能

（一）实现产品差异化功能

随着产品同质化与均质化现象的愈发突出，让消费者在性能上对产品进行区分已经越来越困难，由此，实现差异化便成为一个产品保证其市场竞争力的核心因素，旅游产品也不例外。在物质要素的差别日趋缩小时，一种非物质的因素就自然地进入了经营者的视线，即文化。文化营销恰好为这种差异化战略带来了更为广阔的创新空间。一种文化中所蕴含的知识、习俗、道德和情感，是其他文化所无法模仿的。因此，由文化创造出的产品差异独具个性又富含魅力。

（二）构筑核心竞争力功能

所谓核心竞争力，就是指本组织或产品特有、而别人所不具备的技术、服务和理念等能力。在确定了区别于市场其他同质产品的文化要素之后，关键还要落实实体产品的包装、质量以及加强经营者自身管理理念，这些要素都将成为产品能否实现市场认同的原因之一。在硬件方面旅游产品应结合自身条件，设计统一的标识，形成规模效应；在管理意识方面，作为服务行业，规范景区管理，注重人文关怀有助于提高旅游产品的社会美誉度，而良好的社会美誉度是企业和产品实现长久经营的必备因素。

（三）建立共同愿景功能

共同愿景功能就是指不仅组织成员可以共同分享的愿景，并且通过共同愿景的凝聚、激励、融合等功能将组织整合成一个积极进取的共同体，同时组织还可以将其内部的文化价值进行对外传播，使组织充分地与外部环境融合，最终形成一个组织内部成员和外部消费者所共同认同的文化价值。运用到文化旅游营销中，就是旅游经营者在文化价值上与消费者进行深层的认知沟通，使两者之间因强大的情感共鸣而产生凝聚作用，增强消费者对旅游产品的忠诚度。

（四）持续调适功能

在旅游文化产品推广的过程中，由于宗教、种族、语言等文化因素的差异可能会影响营销活动的顺利进行，此时文化营销的调适功能将有助于消减此类文化障碍。首先，文化营销主要针对目标消费者群体（市场）的文化特点来制定营销策略，以确保被目标消费市场的文化观念所认同；其次，市场的文化环境也是一个持续更新发展的过程，文化营销将有助于旅游经营者把握市场和消费者的文化变更走向，将组织核心价值观以一种更适合目标市场接受的方式嵌于其中。

三、文化旅游的基本运作模式

文化旅游营销是一种通过旅游产品及服务来连接经营者和消费者，在满足消费者的文化需求中实现市场交换的方式。在这一方式中，顾客的文化需求（C）、旅游文化产品及服务（P）和旅游经营者文化营销核心价值观（M）三个主体共同构成文化旅游营销的基本架构，由旅游经营者文化营销核心价值观形成的不同将基本运作模式分为两种：M－P－C（主导型模式）和C－M－P（顺应型模式）。

（一）M—P—C 主导型模式

M—P—C 主导型模式是旅游经营者为了适应市场和社会的发展、构筑企业竞争力而创造的核心价值观和经营理念，然后将企业价值观融合进产品和服务中，进而影响、引导、改变顾客的文化需求及消费行为。在主导型模式中，主要强调企业所“创造”出的核心价值观。该模式要求旅游经营者对市场的掌控力强，能够把握市场的文化需求和发展趋势，同时对旅游产品也有较强的控制力。一般而言，主导型模式中的旅游产品应是一个既有的文化资源或题材，经营者以此文化题材为出发点，通过进一步的创造衍生出新的、适合现代文化旅游市场需求的产品，这样才能不断且有效地满足消费者文化需求的同时引领市场。

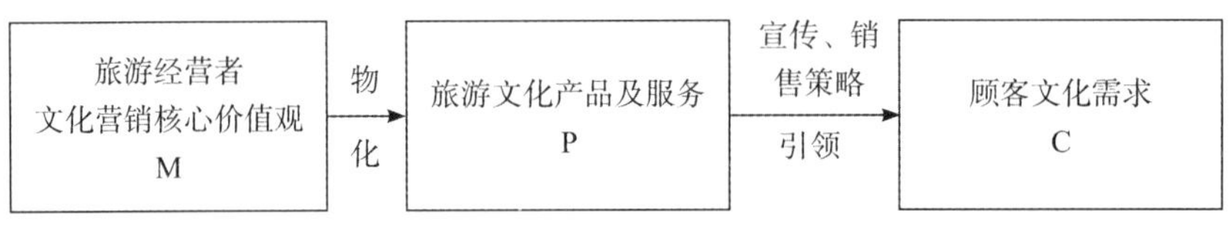

图 5-1　M—P—C 主导型模式

（二）C—M—P 顺应型模式

C—M—P 顺应型模式是旅游经营者通过市场调研，发现、甄别顾客的文化需求，进而形成企业的核心价值观（即反映了顾客文化需求的价值观），然后通过产品和服务最终使企业和消费者实现市场交换，满足消费者文化需求。顺应型模式更加强调以顾客的文化价值观为导向，同时，旅游经营者对市场和产品也需要具有一定的掌控力，但这种对产品的掌控是建立在旅游资源原本的基础上的。旅游经营者通过对资源的整合、包装使得产品适合现代旅游文化市场，进而吸引消费市场，最终将旅游产品推广出去的过程，但经营者无法改变旅游产品的文化本质。

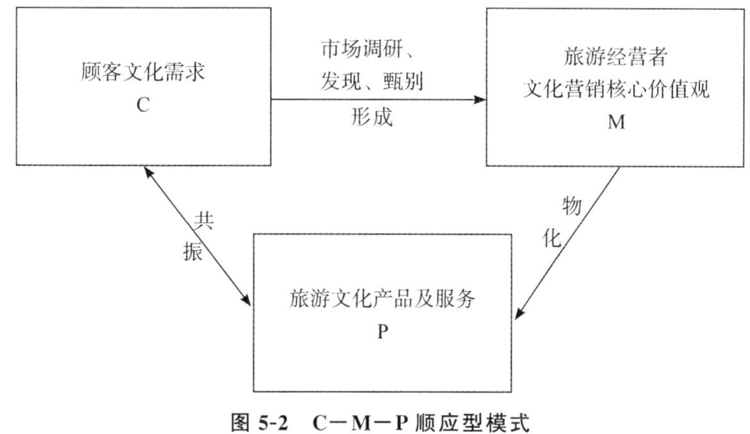

图 5-2　C—M—P 顺应型模式

第二节　案例分析：客家桐花祭

一、客家桐花祭：族群认同的产物

随着全球化的发展，世界各地区经济结构都处于转型之中，文化创意产业的发展占生产总值的比重逐渐增大，本地区的传统文化成为发展文化创意产业的重要资源。台湾作为一个有着多元文化的地区，其在地文化资源丰富。同时，由于岛内有强烈的“族群划分”传统，各族群文化之间存在一定的竞争关系，在这样的社会背景下，客家也开始强调其族群权益，争取“发声”机会。2001 年，台湾地区成立“客家委员会”（以下简称“客委会”）。“客委会”以“延续并传承客家文化”为宗旨制定相关政策，由此，客家文化创意产业逐渐发展壮大。

客家桐花祭是台湾北部客家文化创意产业的“明星产品”，从 2002 年 4 月第一届创办以后，每年定期在 4、5 月、桐花开花时节举办，通过一系列的产品、创意营销，“客家桐花祭”已经发展为几乎全民参与的节庆活动。

（一）桐花与客家

桐花即油桐花，每年三月底开始，在两个星期内迅速长叶、开花，最后白花簇簇，挂满枝头。放眼望去如同白雪覆盖山谷，所以桐花又有一个浪漫的名字——“五月雪”。

图 5-3　盛开的桐花

图 5-4　山林中开花的油桐树

“开山大林”是早期客家族群的普遍生活方式，捡拾油桐更是许多客家人的共同记忆。巧合的是，台湾客家人的居住区域与桐花的山林分布范围高度重合，加之桐花外来作物与客家外来族群的特征相似，使得“桐花”与“客家”有了一种特殊的“情愫”。

（二）客家桐花祭缘起

台湾“挑战2008计划”给客家与桐花带来了发展契机，“客委会”创造性地将“桐花”与“客家”的意象结合在一起，并于2002年4月27日在苗栗县创办第一届“客家桐花祭”。“桐花”作为在地文化的重要资源，成为了客家族群的最新符号，开辟出大众了解和体验客家文化的新渠道。

图5-5　苗栗客家桐花祭广告图

首次祭典在苗栗县公馆乡北河一处桐花林下的百年伯公石龛举行，“以樟脑、木炭、玉米、茶、香茅油等过去客家族群赖以维生的山林物品向土地、山神和天神祝祷祭告”①，以感念山林大地的馈赠，也提醒客家子弟谨记再造乡土和人文繁荣，故以“祭”字表达客家文化虔诚、肃穆和洁净的精神。自此，“客家桐花祭”正式展现于公众视野。

“客委会”希望通过桐花祭，给客家文化注入新动力，吸引岛内外游客一起前来分享客家的美丽、纯洁与文化。目前，客家桐花祭在多方合作经营之

① 张维尹. 桐花祭游客对桐花商品符号消费之研究 [D]. 台湾联合大学，2009.

下，已经发展成为台湾地区最具代表性的民俗旅游项目，创造了巨大的文化与经济效益。

二、客家桐花祭举办概况及营运框架

（一）客家桐花祭举办概况

“桐花”与“客家”的碰撞产生了美妙的火花，成为客家节庆发展的重点项目之一。2002 年第一届桐花祭的开幕活动及客家生态剧场吸引了 2000 多人次参与。2006 年是桐花祭举办操作机制成熟的关键年。在这一年，操作团队开始专业化；桐花意象商品上市，直接拉动了经济产值；在日本机场进行广告宣传，开启台湾地区之外的宣传活动。最终，2006 年桐花祭共举办 700 场以上的艺术文化活动，创造 50 亿元新台币产值。到 2010 年，桐花祭达到约 648 万旅游人次，实现总营业额 231 亿元新台币。[①] 2014 年，桐花祭在苗栗、基隆、新北、台中、新竹、南投、云林、花莲等 13 个县市中的 63 个乡镇，共举办 2552 场艺术文化庆典活动；与 18 个优秀的艺术文化团体合作，举办了 20 场中大型表演；“客委会”推出数百种文化创意商品，并全新推出 16 家客家美食认证餐厅、167 个桐花商品销售以及近 200 种优惠折扣和欢乐 DIY 活动。[②] 至 2018 年，客家桐花祭创造的产值已超过 800 亿元新台币。

可以说，客家桐花祭每年于 3 月到 5 月定期举办，成功地将客家传统文化与当下流行时尚相结合，以一种更为现代的方式推广出来，通过与“桐花”意象的结合，形成了一个完整的品牌效应，游客在桐花祭活动中观赏艺文活动、品尝客家美食和体验“五月雪”纯洁之美，享受身心愉悦的同时，也创造了民俗节庆活动的一个新乐章，至今已经形成了一个客家文化产业圈。

---

① 台湾“客委会”. 2010 客家桐花祭总体效益与影响评估. http：//www. hakka/gov. tw/dl. asp? fileName=0123168157. pdf.

② 太平洋新闻网. 2014 客家桐花祭即日起至 5/11 热闹登场. http：//www. pacific-news. com. tw/shownes. php?

（二）客家桐花祭营运框架

1. 客家桐花祭的目标愿景

客家桐花祭的成功并非偶然。“客委会”以“深耕文化、提升产业、带动观光、活化客庄”[①] 为目标愿景对活动进行策划，虽然每年桐花祭的主题不同，如2003年桐花祭的主题是“赏桐花、游客庄、聆听天地情”，2008年的主题是“春桐乐扬、创艺客庄”，2017年的主题是“花舞客庄·游桐趣”，但从这些主题中可以看出“客委会”在桐花祭活动中所一直坚持的举办宗旨，也正是目标愿景的历年贯彻，“桐花祭”才逐渐成为客家的品牌。

2. 客家桐花祭的经营模式

除了清晰的目标愿景，桐花祭采用的是“整体统筹、企业加盟、地方执行、社区营造”的合作经营模式，不同部分之间分工明确，各司其职。

“整体统筹”即由“客委会”进行整体筹划工作。在“客委会”内部成立“文教处”、“企划处”、“传播媒体中心”以及“筹备处”，[②] 并由这四个部门分别掌管“艺文活动”、“客家产业”、“整合营销”和“景点打造”的四项工作。不同部门根据其负责的具体职能展开筹划，构建起客家桐花祭活动策划与执行的整体框架。

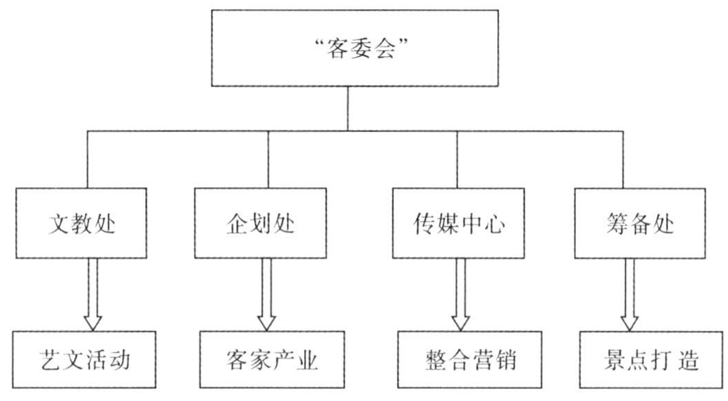

图 5-6　客家桐花祭整体经营框架

“艺文活动”主要包括大型艺术文化表演和展示等主场活动、桐花祭的主

① 王麒钧. 台湾节庆活动的设立与举办——从客家桐花祭谈起［C］. 2008第八届台湾乡镇观光产业发展与前瞻学术研讨会，2008.

② 廖美玲. 用故事打造节庆品牌的客家桐花祭之研究［D］. 台北教育大学，2010.

题网站运营、整体的文宣工作；“客家产业”包括桐花祭商品的设计、包装和销售渠道以及客家餐厅、客庄体验等；“整合营销”主要指台湾岛内和岛外的媒体宣传工作；“景点打造”主要指桐花步道的打造、维护等。

“客委会”的整体筹划与明确分工是客家桐花祭得以稳健推展的关键，在“客委会”的整体框架下，再纳入企业及其他专业团队和人才进行项目细节操作，最后落实到各地方和社区进行辅助执行。由此，客家桐花祭的合作经营模式成功运行，成为活动逐年壮大并取得成功的核心因素。

三、客家“桐花祭”核心意象建构

（一）以“桐花故事”建构意象

桐花原本只是一种普通的经济作物，种植油桐并非客家族群专属，可以说，油桐与客家并无必然联系。但客家桐花祭创办之后，“桐花”便升华为现代客家的象征符号。桐花与客家意象的结合，虽为偶然，却也存在着客家人成为“桐花故事”主角的客观条件。

1. 共同记忆开启文化悸动

在建构核心意象的具体路径中，以“意”为中心，以“象”为基础。在“象”的部分，客家拥有的地脉和文脉资源与“桐花”意象交相呼应。

首先，在地脉方面，满山油桐，多现客家。根据参加2002年第一届客家桐花祭试办的台湾地区客籍女作家张典婉的回忆，在与其他的文人朋友一起为桐花祭做策划案时，他们曾向苗栗的文化单位官员提议举办桐花音乐会，但当下便得到官员的回应：“桐花到处都是！有什么好看的！”[①] 可见，油桐在台湾地区的普遍。事实上，整个台湾岛由北向南，海拔1000米以下的地区都适合种植油桐，正是这种普遍性，让油桐花变成了许多台湾人共同的记忆，从而成为一种资源。而客家族群多居于山林的特征也正巧成就了油桐与客家的地缘，给“桐花故事”提供了一个美丽的起点。

其次，文脉方面，共同记忆串起文化认同。对“桐花”与客家意象的融合建构，是先从有着共同山林生活记忆的客家人开始，继而发散出去的。捡

① 廖美玲. 用故事打造节庆品牌的客家桐花祭之研究［D］. 台北教育大学，2010.

拾油桐子是曾经山林客庄生活的一部分，饱含着真实、苦涩和刻骨的族群记忆，看见桐花，便自然唤起客家人对过去岁月的感念，自此，桐花就产生了文化连接的意义，“桐花故事”出现了主角——客家。

“客委会”在创办客家桐花祭之后，积极运用文化方式连接“桐花”与“客家”。如范文芳的《桐花诗》就直观描述了许多客家人的亲身经历和回忆，在时空转变之后，是对过往的慨叹：

三四月间　油桐花开　花白如雪
八九月间　油桐落叶　叶黄如土
阿爸在世　满山种桐　桐子商人买
阿爸过身　满山桐花　桐花诗人惜

客家的地脉与文脉为“桐花故事”提供了主角和开始，“桐花故事”中“桐花”的意与“客家”的象得到融合，“意”与“象”之间互相作用，共生互补。但是，只有一个完整的故事才能建构一个完整的意象，所以，“桐花故事”需要一个诉说的渠道和故事继续发展的途径——节庆活动。

2. 节庆活动的象征意涵

“节庆具有社会功能和象征意义，都与社区认同的意识形态和世界观紧密相关，包含社会个体、历史延续、族群的存续等”，① 以文化为核心，将“桐花”与“客家”结合创办了“客家桐花祭”，随着活动每年定期举办以及规模的日渐扩大，客家桐花祭成为建构“桐花”意象的最佳平台。

从 2002 年第一届客家桐花祭开始至今，“客委会”每年都会提出不同的主题口号，透过主题口号，最直接地将“桐花”与“客家”意象连接在一起。

表 5-1　客家桐花祭历年主题口号

举办年份	主题口号
2002	看见桐花　看见客家
2003	赏桐花　游客庄　聆听天地情
2004	赏桐花　游客庄　盛绽客家情
2005	春白五月　人文客家
2006	春桐千姿　雪舞客庄

① 廖美玲. 用故事打造节庆品牌的客家桐花祭之研究［D］. 台北教育大学，2010.

续表

举办年份	主题口号
2007	白雪扬春　游艺客庄
2008	春桐乐扬　创艺客庄
2009	白雪纷飞　桐闹客庄
2010	桐舞春风　乐扬客庄
2011	桐庆 100　花舞客庄
2012	桐乐客家　花舞春风
2013	桐乐花舞　春游客庄
2014	桐游客庄　共下闹热
2015	花现客庄
2016	庄点花漾
2017	来去绕桐花
2018	客庄轻旅行
2019	赏桐　诚食　待客

通过表格看出，在桐花祭历年主题口号中，直接用“桐花”与“客家”的是第一年，主题口号简洁清晰，目标直指“桐花”与“客家”的融合；共同使用“桐花”与“客庄”为主题的有两年，分别是第二届和第三届桐花祭，目标在于加深“桐花”意象与“客家”的结合；在之后各届中，主题口号更讲求人文意象，但将“桐”字与“客庄”（或“客家”）并列使用的仍然有 9 年。主题口号对“桐花”与“客家”的极力融合将“桐花”顺利地升华为客家族群的新图腾。

游客在客家桐花祭一系列的节庆活动中感受和体验“桐花”与“客家”的文化符号，如到桐花餐厅体味客家美食，参加“桐花文学奖”征文活动或是聆听一场桐花树下的音乐会，潜移默化中，“桐花”意象建构完成。

（二）以媒体传播深化“桐花”意象

李普曼提出的“拟态环境”概念，是指“由媒介通过对客观世界的信息进行选择性加工和处理后向人们所展示的环境”。① 现代社会的纷繁庞杂以及信息更新速度之快，使得人们对于世界的新动向、新知识的了解在很大程度上必须依赖于大众媒介，在某种程度上，“媒介建构的世界是什么样，人们心目中的世界就是什么样”②。

在客家桐花祭的媒体传播和推广中，不仅有广告对于“桐花”意象的建构作用，新闻报道在传播信息的过程中，也助推了“桐花”意象的深入人心，因为“不管是对整个世界来说，还是对一定的社会领域和范围来说，相关的新闻符号世界是由所有媒介或者某一类别的媒介共同建构的”③。

媒体的报道方式不同也会对建构起不同作用，比如，报纸的版面越大，字数越多，代表越受媒体重视以及其所传达、建构的效益就越大；在消息的叙述方式上，不同的叙述方式也会产生不同的建构效果，如关于客家美食的新闻报道，一般多以“多好吃”为论述中心，除了详细介绍菜名和烹饪方法，还会借用典故来传达人文意涵，让消费者在品尝客家美食的同时更添一层族群想象：

> 罗文嘉说，客家咸粽不像闽南肉粽使用那么大块的肉，而是把肉切成了块状，一来节省食材，一来让食材充分被米吸取；客家传统粽展现了客家人“艰困刻苦，坚韧不拔”的个性。④

上述资料中，消费者不仅通过文章了解了客家传统粽，结尾处食物所展示出的客家人的个性，恰巧符合了“桐花”意象中所蕴含的客家人早年靠“开山打林”维系生活的形象，深化了“客家”与“桐花”意象的结合。

（三）以消费行为认同“桐花”意象

当代消费社会最主要的作用之一就是凝聚共识，通过共识产生新的共同体，最终达到取得认同的目的。桐花商品（包括实体商品和服务）的销售不仅创造了巨大的经济效益，消费者在购买桐花商品的过程中逐渐成为了认同“桐花”意象为客家符号的消费共同体。

---

① 张嘉玲. 新闻传媒拟态环境建构研究 [D]. 东北师范大学，2013.

② 杨保军. 论新闻的媒体建构 [J]. 四川理工学院学报（社会科学版），2008（10）.

③ 杨保军. 论新闻的媒体建构 [J]. 四川理工学院学报（社会科学版），2008（10）.

④ 林锡霞. 客家文化意象的想象与建构：以胜兴国际桐花村为例 [D]. 台湾联合大学 2010.

“桐花”意象与“客家”结合的建构过程就是创造一个与“桐花”有关的故事，根据客家的地脉和文脉，客家族群便成为故事里的主角，通过客家桐花祭将这个“桐花故事”诉说出去（即意象推广），在客家桐花祭的举办中，媒体建构出“桐花”与“客家”的结合意象，而消费者（目标受众、游客）通过购买商品以及接受媒体的拟态环境最终形成“桐花”意象的认同。

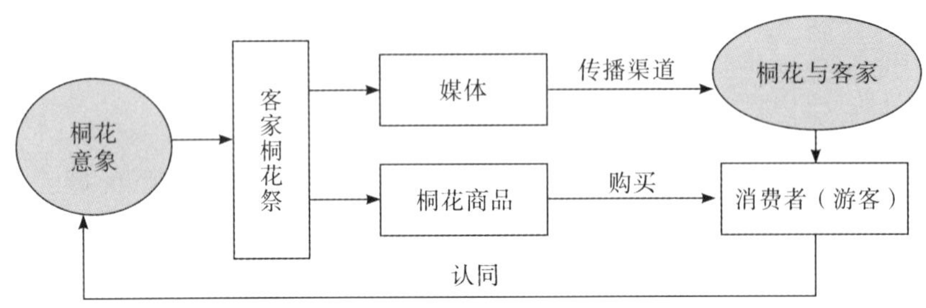

图 5-7 “桐花”与“客家”结合的建构过程

第三节 案例经验：客家桐花祭营销策略分析

旅游产品作为经营业者提供给游客（目标消费者）的一系列包括食、住、行、游、娱、购等的体验性产品，是旅游活动与游客进行正面接触的重要环节，其营销策略在某种程度上决定了产品能否符合市场需求的成败，围绕核心意象进行产品设计与文化包装，不仅提升产品的文化内涵，同时也助推了一个旅游项目所建构的核心意象。

一、客家桐花祭的产品设计与文化包装

（一）桐花祭的产品设计与文化包装

将一个旅游项目比喻成一个人，那标识就如同人的“脸”。成功地将企业（组织）精神、核心意象和时代个性融入企业（组织）标识，有助于消费者了解品牌内涵、加深品牌记忆。2006 年，“客委会”遴选台湾一些有潜力的客庄

经营者进行协助，并投入资金组成一个囊括了岛内顶尖设计师和各院校的设计团队，针对客家的文化意象进行产品开发及研究设计，“从产品外包装至产品内在本身重新定位其创意诠释”①。

桐花商品的标识设计基本遵循以真实桐花为基础的原则，由五片白色花瓣、粉色花蕊为原型，生动、直观地展现桐花纯洁的美感。如由台湾龙南漆器公司生产的桐花点心盘，盘底以红、黄、黑为单一主色，配以栩栩如生的盛开桐花图案，简洁又不失个性；台湾两相宜创意美学工作室设计的激光雕刻桐花笔记本，在封页上印出大小不同的桐花，清新雅致。

图 5-8 桐花点心盘、笔记本

（二）旅游产品文化营销策略

一般将旅游产品的种类划分为食、住、行、游、娱、购等六大类，这六种不同类型的旅游产品并不是割裂的各个部分，而是环环相扣，最终组成一次完整的旅游体验。以核心意象为中心开展产品的文化营销，不仅能在整个旅游过程中进一步加深核心意象，加深游客对旅游产品及文化意蕴的认同，也使旅游活动成为一个更完整的过程，最终形成品牌。

1. 美食中的“桐花”与“客家”

“桐花”与“客家”在饮食中的相遇时光不仅只有客家桐花祭举办期间，目前，台湾拥有众多以“桐花”为主题的餐厅，餐厅提供大量的以“桐花”或“客家”为意象的菜式，让消费者在享受美食的同时感受客家文化。

首先，饮食展现文化。桐花餐厅一般都会提供“客家招牌菜”以呼应其

① 陈启雄，周郁婷. 仿生设计应用于客家桐花商品开发之研究［J］. 工业设计，2012（6）.

"桐花"的核心意象。菜名有时会带"客家"两字，并在菜单上介绍菜式的做法或"故事"突出其客家特色。如"客家三拼"（即咸猪肉、四季肥肠和客家玉元宝）。

其次，餐厅从装饰装潢到菜单制作皆突出"桐花"意象。如台湾东海艺术街的桐花顺客私房菜，店内装饰尽显客家意蕴；台北桐花客家餐厅桃园店的店面招牌以黑色为底，"桐花"二字运用白色呼应桐花花色为白的特性，添加一条线条优美的桐花侧影，招牌现代气息浓厚，迎合当下审美观；在菜单设计上也同样表现桐花主题。

图 5-9　客家桐花创意餐厅

最后，餐厅经营业者对"桐花"的认同保证了桐花餐厅的经营活力。如台北桐花客家餐厅的经营业者向顾客介绍，店面喜欢以地址号码作为分店的代码，"譬如说桃园这间位于大兴西路一段 333 号，就成了桐花 333"①。

客家美食和餐厅从味觉和视觉上将"桐花"与"客家"意象融合一体。到 2010 年客家桐花祭举办时，主办单位已经能够结合 74 家以上的客家美食餐厅进行联合推广。当游客来到桐花餐厅便能有意识地知道店内提供"客家招牌菜"，就是对"桐花"与"客家"是一体的认同体现。

2.“桐花”旁的特色民宿

住宿是整个旅游过程中的重要一环，游客在良好的休息环境中恢复体力

① http://lemonadellen.pixnet.net/blog/post/41061658-%E6%A1%90%E8%8A%B1-%E5%89%85%.

才能更好地领略旅游项目带来的乐趣，提高满意度。在旅游目的地就近开设的民宿，除了拥有别致的景观，独特的风味，还能让游客体验到相较于一般连锁店之外的在地文化与人文风土。

台湾地区有众多的民宿网络提供民宿咨询。如“疯台湾民宿网”，提供台北、苗栗、高雄、宜兰等热门旅游地的民宿咨询。

位于苗栗县公馆乡福德村打鹿坑福德35-3号的“油桐花坊”民宿，民宿被油桐树围绕，桐花开放季节，整个院落都置于洁白的桐花之中。住宿房间内以木质材料为主，体现出古朴浓厚的乡村气息，落地窗视野极佳，窗外就是油桐树，让居住于此的游客全身心地感受桐花之美。

图5-10　油桐花坊院落

3.“彩绘桐花列车”开启“桐花”之旅

2012年“客委会”与台湾铁路局合作，开通桐花祭专线——“彩绘桐花列车”，游客可以在客家桐花祭举办期间，乘坐“桐花列车”由北至南直接前往客庄参与游览活动，领略桐花之美。列车主要分八节，每一节采用不同主题，如第一节车厢以可爱纯真的精灵登场，传达欢乐意象；第二节主题为“桐花树下赏桐花”，结合桐花祭摄影比赛活动让游客欣赏桐花之美。2014年，“客委会”更是打造全新的“客家之星”彩绘台铁列车，升级体验。

涂满带有桐花祭主题口号和意象图案的彩绘列车增添了桐花祭的节日氛围，专列的开通不仅方便游客前往目的地，同时，预热游客参与桐花祭的心情。主题列车也完善了桐花祭的整个旅游过程，也是桐花祭中一个具有代表性的产品。

除了桐花列车，各桐花祭的实地举办方也同样在交通方面尽力满足前来赏桐游客的出行需求。如2015年新北市客家桐花祭，由于新北市毗邻台北

图 5-11　彩绘桐花列车

市，大量由台北前往赏桐的游客可直接乘坐地铁抵达新北市区，新北桐花祭主办方即在地铁 3 号出口设置接驳车，方便游客一出地铁即可乘坐交通工具直达车程为 15 分钟的桐花祭会场。连贯的交通以及准确的信息标识，令游客感受到主办方的用心，有助于提升游客满意度。

4.“赏桐”路线自主选择

在短途旅行中，游客一般会选择在时间和地点上便于自己掌控的“自助游”，此时开设有“吃喝玩乐”专题板块的网站以及一些旅游日志就成为游客获得资讯的主要方式。如“客委会”以主办单位的身份在网站上提供认证客家餐厅名单，方便消费者自主选择心仪餐厅。在客家桐花祭的官方网站上，也开设了“主题推荐”的板块，内容主要是全台湾地区的桐花步道资讯，游客可以根据自身需求选择出游目的地。至今，客家桐花祭官方网站浏览人数已累计 1340 万人次。

几乎达到全民参与的客家桐花祭，由于出游人数众多，在餐饮和住宿方面旅行社拥有更多资源，也因其专业性为游客制定更适合的旅游线路。如 2012 年客家桐花祭期间，有旅游社推出优惠活动，前往苗栗赏桐花只要 52 元新台币，包含游览车交通费、保险和矿泉水。

5.“桐花”路上的休闲娱乐

除了游览桐花步道，客家桐花祭会场一般会设有相关的人文体验活动。如让游客现场体验制作具有桐花意象的杯子、盘子以及客家蓝布。每年，各地桐花祭主办方还会在现场设立临时邮局，让游客记录下当时的心情，或者与远方的朋友一起分享桐花祭的美丽。

图 5-12　客家桐花祭明信片

除了现场与桐花祭相关的休闲活动，由于台湾地区文创产业发达，在客庄附近，还拥有众多的文创体验项目，丰富游客出行可参加的旅游活动。如苗栗县有“薰衣草森林主题餐厅”，让游客体验薰衣草带来的浪漫；苗栗县三义乡的“丫箱宝”木雕体验店，为游客提供木雕及彩绘的体验项目。

6. 品类丰富的桐花商品和发达的购买渠道

首先，桐花商品种类丰富，文化创意引领市场。桐花商品除了运用“桐花”核心意象为标识，在产品的种类上屡创新高。2006 年，即桐花商品上市的第一年，“客委会”成功辅导 61 家业者，开发了 221 种桐花意象商品；2009 年桐花商品达到 400 项；2010 年向消费者发放 3 万张“好客卡”进行商品促销。如具有桐花意象的毛巾、水壶、茶杯、香皂等，种类丰富。

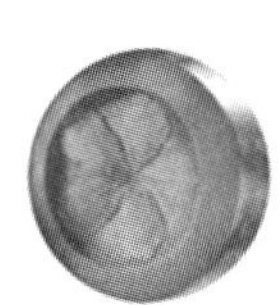
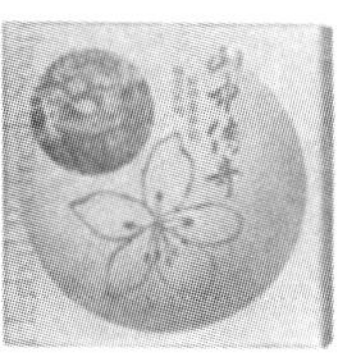

图 5-13　桐花伴手礼、手工香皂、手帕

其次，“客委会”积极开拓桐花商品的销售渠道。2006 年在台湾铺设了 25 个商品销售点，2007 年拓展到 60 个商品销售点，到 2010 年，桐花商品的

销售点已经达到106个[1]。除了线下的实体销售点，“客委会”还建立了网络销售路径，如“台湾客家等路大街网”，就是一个以辅导客家特色产业业者为对象，以推动客家特色商品、塑造整体客家产业优质形象、为消费者提供客家特色商品为目标的销售网络。

二、客家桐花祭的媒体策略

（一）桐花祭旅游广告定位与媒体整合推广

1. 桐花祭旅游文化广告定位

广告以最直接的方式传递出信息，广告的文化定位体现出桐花祭的主体形象和诉求，是桐花祭与游客在直面沟通前的序曲。广告文化定位的成功与否可能会影响游客的旅游需求。本文主要以“客委会”的电视广告作为分析对象。

（1）突出“桐花”意象，彰显“时空厚重”

在旅游广告的文化定位中，突出核心意象的主体地位是广告的基本原则。客家桐花祭的广告注重将“桐花”放于主体地位，在展现桐花之美的同时积极彰显时光与客家人生活空间的历史厚重感，这也是与族群有关的旅游节庆活动广告的基本诉求。

如2013年客家桐花祭30秒广告中，桐花纷扬落下的画面贯穿整支广告，“桐花”的核心地位明显；与桐花纷扬落下画面成比肩之势的是“下雨”画面，广告开场是一只冒雨从森林里走来的鹿，接着大量桐花飘落下来，鹿抖落身上的雨水；第二和第三个出场的分别是雨中的挑炭人和雨中的耕地人，接下去都是桐花飘落，挑炭人从古道缓缓走下，耕地人认真的脸庞彰显了客家人坚毅、吃苦耐劳的品格，由此便突出了“客家”的形象；最后出场的主人公是一位长相清丽打着客家油纸伞的年轻女孩，此处呼应“桐花”洁白雅致的形象。整支广告由笛子独奏开始，带出古朴的时光风韵，紧接着进入管弦乐合奏，乐调渐高、乐势渐涨，其中伴以“有一条小径，梅花鹿走过，挑

① 数据来源：廖美玲. 用故事打造节庆品牌的客家桐花祭之研究［D］. 台北教育大学，2010.

炭人踩过，老农辛勤耕耘过”的屏幕文字，在女主人公出现时同时发出温婉声音“2013 客家桐花祭，最美丽的身影”说出广告主题。整支广告基调缓和，渐次上扬，画面优美，桐花与雨齐落，既突出桐花意象，又仿若诉说着客家人曾经经历过的风雨岁月，历史感厚重。

(2) 强调客家主体地位

“客家桐花祭”的双主体即“客家”与“桐花”。虽然两者之间原本并无联系，但通过多年实践，“客家”与“桐花”已经融为一体，强调客家的主体地位，也能进一步深化桐花祭。如 2012 年客家桐花祭开花篇、2013 年客家桐花祭以及 2014 年客家桐花祭呼唤篇，在普通话版之外都拍摄了客语版，客语版广告在体现族群特色方面更具优势，也直接从语言的层面融合“客家”与“桐花”的意象。

(3) 广告诉述方式多为感性诉求

广告的目的就是引起受众的消费需求，因这一特征，广告必须带有诱导性以唤起受众共鸣。作为旅游广告的桐花祭广告，更为注重引发受众的心理诉求。这一特征主要表现在广告词中。如 2014 年的“桐花呼唤篇”的广告词是“倾听桐花的呼唤，2014 客家桐花祭”，“倾听”和“呼唤”即感性诉求。而同样是借助桐花意象和载体的广告片，2015 年讲述的是一对师生之间的情谊，2016 年渲染的是长辈与晚辈之间的亲情，2017 年的主角是一群青春洋溢的少男少女在朋友圈打卡桐花祭的故事。不同的广告片，满足了不同人群的情感诉求，力争将不同游客群体“一网打尽”。

2. 整合媒体推广

客家桐花祭的目标游客年龄层次跨度大、族群多元，几乎适合所有普通大众出游参加，故其媒体广告策略进行全方位、多渠道的推广，将信息传送到大部分的目标受众那里。媒体的主要类型包括平面媒体、广播、电视、网络媒体。

(1) 客家桐花祭广告的整体投放状况

根据“客委会”在其官方网站上公布的《“客家委员会”及所属办理政策宣导及广告明细表》(简称明细表)，可知近几年桐花祭的广告投放类型及金额。

表 5-2 2012—2017 年客家桐花祭广告明细（单位：次、万元新台币）

	2012		2013		2014		2015		2016		2017	
媒体类型	次	金额	次	金额	次	金额	次	金额	次	金额	次	金额
平面媒体	32	786.7	30	481.7	23	247.0	10	218.1	14	241.4	18	242.1
广播媒体	2	48.2	2	20.2	2	63.5	7	59.1	6	18.4	1	23.9
电视媒体	1	450.4	4	613.8	3	633.8	1	599.7	1	606.1	—	——
网络媒体	6	——	11	——	10	——	18	36.8	23	169.5	18	125.5
合计	41	1285.3	47	1115.7	38	944.2	36	913.7	98	1035.5	37	391.5

由以上数据得出，2012 年至 2017 年，客家桐花祭的广告总金额虽略有下降，但 2015 年和 2016 年“客委会”都加大了电视广告的投放次数及金额。在媒体运用的种类上都有覆盖，保证了对不同年龄和职业受众的消息接受，其中网络媒体因“客委会”建立了“客家桐花祭”的官方网站，故此处并无花费金额。而事实上，网络媒体的广告宣传作用同样显著，2017 年 8 月中旬，桐花祭主题网站拥有 108 万以上的点击浏览量，活动结束后的一个月后，搜索引擎以“2017 客家桐花祭”为关键词，可得 527 万笔资料①。

除了整体的广告投放次数以及金额外，明细表中还反映出各类媒体广告的基本刊登或播放对象：平面媒体包括报纸、杂志和导览手册、DM（邮寄广告）、海报、直式立旗、路灯旗、横式布旗；广播媒体即广播电台（包括客语电台）；电视媒体包括有线和无线电视频道；网络媒体包括网络广告、Banner（网站页面横幅广告）和电子报。

综上所示，“客委会”为桐花祭打造了一个全面的媒体推广平台，桐花祭游客数量和创收经济效益的连年增长中自有媒体的作用。

（2）客家桐花祭媒介推广延展

除了正式的广告，在文化和旅游项目的推广上，其他媒介或活动也有可能发挥出广告的作用，使推广得到延展。在客家桐花祭的媒体推广延展中，也不乏这样的例子。

首先，纪录片《看见台湾》。全片以鸟瞰视角为观众呈现台湾的高山、湖

① 部分数据引用自：廖美玲. 用故事打造节庆品牌的客家桐花祭之研究［D］. 台北教育大学，2010.

泊、森林、海洋、城市等景观，并获得2013年第五十届金马奖最佳纪录片奖。这样一部受到认同的纪录片开篇便介绍了“客家桐花祭”，从另一种角度看，也是对“桐花祭”的一种“广告”。

其次，新闻报道推广“桐花”与“客家”。新闻的客观性不能将其纳入广告的范围，但在一些传递正能量的新闻报道中，不免存在推广及建构正面形象的作用。如2011年在苗栗县政府的主持下举办了“客家桐花集体婚礼”，“正值桐花盛开，100对佳偶在美景中完成终身大事”。

另外，诸如前面所述的桐花APP，即运用移动新媒体，通过提供方便快捷资讯以及游戏与受众建立联系；“彩绘桐花列车”的开通，不仅博得了新闻媒体的报道，促进了“客家桐花祭”的曝光率，列车在铁路线上的运行本身就是一个巨大的移动广告，吸睛指数极高。

（二）客家桐花祭的媒体公关与互动宣传

媒体的作用不仅在于传递消息，现代媒介环境要求媒体与受众建立良好的关系，以培养受众忠诚度，巩固媒介的市场占有率。客家桐花祭作为一个全民参与的节庆活动，其媒介公关更是在媒介策略中占据重要位置。

1.“好客”客家

客家传统价值观中的待客之道是以客为尊、以诚好客，“客家”的英文翻译“Hakka”在读音上与“好客”接近，这似乎更增添了客家的“好客”形象。

客家的“好客”定位除了彰显具有族群特色的功能，还促进了“客委会”与“桐花祭游客”之间的互动，为了凸显客家人的好客本色与“好客情”，“客委会”于2010年推出“好客卡”，以实体产品推广客家人真诚待客的“好客文化”。“好客卡”集餐厅、住宿、购物、交通、休闲娱乐的门店优惠为一体，只要在“好客卡”特约店里，游客凭卡即能享受优惠。

“客委会”为了打造客家的“好客”形象，还推出了相关的短片进行宣传。如2012年发布的题为“HAKKA TAIWAN & HAKKA FOOD”宣传片，短片以“一切为客”为诉求。

“好客”的定位不仅为客家桐花祭打下良好的公关基础，同时也符合现代消费社会中以“顾客”为中心的价值观。

2.在艺文活动中“互动”

“客委会”、地方行政机构与社区团体在桐花祭期间以筹办形式多样的艺文活动促进与民众的互动，鼓励大家参与到桐花祭之中。如通过网络发布“桐花文学奖”征文活动、“桐花”歌曲评选活动、举办桐花祭音乐会活动等。在活动中，民众真正地参与其中，改变了传统游客虽“身临其境”却依旧“旁观”的游览模式。

三、客家桐花祭的文化体验与品牌营销

（一）客家桐花祭的文化体验

体验经济时代为旅游产业带来新的发展契机，“走马观花”式的旅游已经无法满足现代消费者，“体验”几乎成为旅游的关键词之一。作为文化旅游产品的客家桐花祭，除了带领游客“体验”桐花之美，“桐花”文学、“桐花”音乐、客家擂茶、客家“蓝衫”也同样能为游客带来一场视听盛宴。由客家桐花祭所打造的“体验之旅”有以下特点：

1. 深挖客家文化内涵

单纯的“赏桐”活动即使景色壮丽，随着时间的推移也无法避免游客的审美疲劳，只有不断发展活动内容和形式，将当下流行时尚和传统文化处于变动地融合状态之中，才能保证桐花祭带给游客的“观感”之享。客家族群的传统风俗习惯是客家桐花祭永续经营的文化基石，深挖客家文化内蕴能让游客更好地理解和感知客家文化，从某种程度上也是一种消解族群冲突的有效渠道。

经过多年经营以及各团体、部门的共同努力，桐花祭活动内容已经丰富多彩，其中不乏既注重文化内蕴又颇具体验感的活动。如新竹县湖口乡八角楼客家文化馆，游客在参访文化馆中领略客家传统建筑之美；由“哈客剧团”带来的“桐花秘密基地”客家童谣教学班，参与者在学唱客家童谣之中体验客家的传统文化。

2. 注重人的参与

桐花祭的成功举办和永续经营不仅需要游客的持续热情，更为重要的是在地居民对桐花祭的归属感，所以两者的重要性难分伯仲。

桐花祭期间举办众多的音乐会或音乐活动，以音乐的形式吸引民众（包

括游客和在地居民）参与到桐花祭中。如2012年桐花祭期间桃园龙潭客家文化馆以“春来桐花现，客进桃花源”的主题举办音乐会。音乐会主要由桃园知名乐团进行表演，为观众呈现客家乐曲。

值得一提的是，许多地方会组织本地小学进行“唱童谣”、“桐花”接力赛等活动。学生在桐花祭期间参加活动，能加深其对“桐花祭”的认同，也是日后桐花祭永续经营的重要力量。

除了学生，举办方还重视让在地居民参与桐花祭，如新北市桐花祭组织中老年人为游客进行脸部或手部的桐花彩绘，既让游客感受到桐花之美，又充分调动了在地居民的力量，深化其认同感。

（二）客家桐花祭的品牌营销

根据台湾《远见杂志》调查显示，“客家桐花祭”荣登“最能代表台湾精神和文化”第七名（前十名大都是具有千百年历史的节庆活动，如“妈祖”、“元宵”、“中元”等），且为新兴节庆的第一名。可见，“客家桐花祭”已经获得台湾地区大部分人的认同，足见品牌效应。在打造“客家桐花祭”品牌过程中，以下策略发挥了重要作用。

1.“感知历史厚重，共享欢乐时光”的品牌定位

客家桐花祭的文化背景生成路径属于“创造式”，“桐花”与“客家”原本并无关联，“客委会”通过对客家文化资源的综合分析，创造性地将“桐花”与“客家”融合，并用“桐花”意象表达客家人曾经为生计开山造林而形成的吃苦耐劳、勤俭持家的族群形象，为客家桐花祭打造出颇具历史厚重感的品牌形象定位。

同时，为了符合现代市场追求轻松、愉悦的消费者心理需求，客家桐花祭还将“欢乐”作为品牌的另一形象定位。从客家桐花祭历年主题口号的分析中可以得出，2008年的“春桐乐扬，创艺客庄”、2009年的“白雪纷飞、桐闹客庄”、2011年的“桐庆100，花舞客庄”以及2014年的“桐游客庄，共下闹热”，主题口号都使用了蕴含欢乐、轻松、愉快等氛围的字，如“乐”、“闹”和“庆”。

客家桐花祭“感知历史厚重，共享欢乐时光”的品牌形象定位获得了市场的广泛认同，不仅成功融合“桐花”与“客家”意象，更创造了巨大的经济效益。

2. 深化目标消费群体认知

客家桐花祭目标消费群体范围较广，因其赏桐花、游客庄、体验客家美食等旅游内容，大部分的消费者都属于其目标消费群体，故客家桐花祭使用了比较全面的媒体广告投放渠道，将信息传递至各类消费群体。在建构目标消费群体对品牌的认知过程中，通过“桐花”商品和“桐花”餐厅体验客家文化、认知加深，在消费者心中形成一个整体的“桐花”品牌。

3. 易于传播、彰显内蕴的品牌命名

“客家桐花祭”用最简洁的五个字表达了节庆活动的主题与内蕴。“客家”两字让目标消费群体了解节庆活动主要是以客家族群和客家文化为背景，支撑整个节庆活动的内蕴。“桐花”体现了节庆活动的核心意象以及主要的游览内容。“祭”字彰显了节庆活动严肃、厚重的历史感。“客家桐花祭”的品牌名称易懂易记、简洁明快、易于传播，同时暗含追忆往昔、体验历史的意蕴，并与“桐花”的标识意象相互呼应，推动品牌获得市场认同。

4. 突出标识作用

客家桐花祭注重强调“桐花”意象。在“桐花”商品的设计和包装上均体现“桐花”形象，或以桐花图案作为外包装，或以桐花形态设计产品等。

除了在产品和广告中突出“桐花”意象，为了拓展“桐花祭”，建立“客家品牌”，“客委会”注册了多个商标：“Hakka TAIWAN 台湾客家”、“客家美食 HAKKA FOOD”，以及“客家文化重点发展区”形象标识。

图 5-14 “Hakka TAIWAN 台湾客家”商标

图 5-15 “客家文化重点发展区”形象标识

“台湾客家”商标以客家英文“Hakka”为标识主体，在字体颜色上呼应桐花为白色的特征，同时使用大面积的蓝色为底色，呼应客家“蓝衫”的形象代表，在整体上突出客家的形象特征。“客家美食”商标基本与“台湾客家”商标呼应，使用同样的颜色，标识形状选用客家代表性美食“玉元宝”的轮廓，底部用简洁线条勾勒出碗的形状，体现餐饮特点。在“客家文化重点发展区”的商标中，直接运用桐花图案，突出桐花作为产业形象代表的特色。

5. 建立“桐花祭”品牌网络

客家桐花祭拥有自己的主题网站，网站中包括“桐花活动快报”、“桐花景点步道”、“开花情报”、“推荐行程”、“桐花文化”、“好康餐厅”和“客庄等路”等板块，内容几乎涵盖了旅游活动中的六大主题，游客访问网站便能在整体上了解“桐花祭”，掌握资讯、实现活动参与。

6. “客委会”的主导

以“桐花祭”的规格、覆盖的区域以及其为“主导型”营运模式衡量，台湾“行政部门”的统筹具有全局意义。

首先，“客委会”是一个以族群事务为核心的机构，虽然以建构“快乐、自信、有尊严的客家认同”为目标，但简单的文字难以让民众理解政策理念，所以，通过举办节庆活动，将“客家”融入民众的生活和休闲娱乐活动之中，从而形成认同，是桐花祭发展为品牌的政策上的需求。

其次，“客委会”积极开展营销活动，从桐花祭的文化背景定位、意象选择、节庆名称再到产品营销、媒体推广等方面做了大量工作，为“桐花祭”的品牌营销打下坚实基础。

另外值得一提的是，“客委会”不仅主导着“桐花祭”的策划、实施和管理，还积极打造客家族群形象。如投放微电影《客家好爱你》，用影音方式展现客家“好客”形象。客家族群形象的提升，也从侧面助推“桐花祭”的品牌打造。

“客委会”在客家桐花祭的品牌建构和发展过程中，起到了主导全局的作用，可以说，没有“客委会”也就没有“客家桐花祭”。

结　语

自2002年创办第一届客家桐花祭至今，“客委会”“深耕文化、提升产业、带动观光、活化客庄”的目标愿景，通过桐花祭的多年营运取得显著成效，并将本无历史关联性的桐花与客家成功串联成一个整体。客家桐花祭的成功，不仅收获了巨大经济效益，在防止传统文化流失、保护族群文化多样性方面亦成效显著。客家桐花祭已然成为台湾 21 世纪最成功的节庆活动之一，其经营模式和营销策略值得探讨。

1.“桐花”意象的凝聚作用

台湾客家桐花祭创造性地将“桐花”与“客家”结合，使“桐花”成为客家族群的新标识以及客家商品和品牌的标识。在客家桐花祭的整个营运过程中，“桐花”意象始终居于主体地位，节庆活动根据“桐花”所蕴含的美丽、纯洁意象开展，最终将客家桐花祭定位成“赞美景”、“欢乐游”和“趣体验”的节庆形象。可以说，“桐花”意象是客家桐花祭的灵魂。“桐花”意象的灵魂作用充分体现了文化营销中核心意象的中心地位，只有“神”聚才能更好地将“形”散演绎出来。

2.“客委会”全局统筹

作为台湾整个地区性的节庆活动，客家桐花祭的举办和营运，要求一个对全局拥有掌控力的组织来操作才能顺利进行。作为主管客家事务的“客委会”首先拥有职权优势，能够调动较多经济、文化和人力资源筹划和举办客家桐花祭。同时，“客委会”积极寻求与其他部门的合作，如与交通部门合作开通“桐花”专列。从统筹、举办、营运到升级，“客委会”支撑起了整个活动的进程，是客家桐花祭名副其实的“神经中枢”。所以，一个能够运筹帷幄的组织是文化营销成功的保障，它为文化营销提供方向、动力和资源，确保营销活动的顺利进行，在旅游或节庆活动中，主办方是否能够根据市场和自身情况组织活动，从很大程度上决定了活动的成败，因为即使拥有了“灵魂”和故事，还需要表述出来，主办方就是核心表述方式之一。

3. 多方参与、分工明确的经营模式

客家桐花祭采用“客委会”整体统筹，并之以企业加盟、地方执行和社区营造的合作经营模式。企业在“桐花”商品的设计、生产和销售中具有先天优势，而地方部门和社区在打造桐花祭具体活动中更能发挥其主导作用，推动桐花祭活动的多元发展。因此，联合不同职能部门进行分工明确的经营，是客家桐花祭成功举办多年，并获得台湾大部分民众认同的关键。所以，在文化旅游营销中，应充分发挥不同部门的作用，调动最广泛的社会资源和力量，寻求多元联动的和谐与成功。

4. 营销策略的成功践行

媒介发达的现代社会，媒体已经成为现代人获得消息的主要手段，媒体所建构出的拟态环境甚至成为现代人无法逃离的“现实”。商品只有通过成功的营销手段才能引起消费者注意，进而实现市场交换的目的。客家桐花祭十分注重营销环节，从产品设计和包装、媒体推广以及体验营销各方面打造“桐花祭”品牌。营销策略的成功践行不仅为桐花祭赚得人气，更实现了巨额的市场经济效益，实现了文化和经济的双赢。

在文化与经济双赢的同时，客家桐花祭也显示出有待升级的方面。如从2006年“桐花”商品开始在市场上贩售至今已有十余年，商品种类开发上升到饱和状态，消费者对“桐花”商品的审美疲劳无法避免。突破“桐花”商品的局限是文化产品“创新”的要求，也是桐花祭实现永续经营所不能回避的问题。另外，台湾地区文化创意项目和节庆活动众多，由于文化旅游活动的特性，在具体的活动内容上难免相似。近年来，一些地方部门更是为了经济和政绩目的，恶意相互模仿造成资源浪费和市场混乱，也使得文化旅游市场更令游客眼花缭乱。如何在这样的市场环境中区别于同质类节庆活动以保持优势，是客家桐花祭必须思考的问题。

第六章

台湾节庆产业研究

台湾的节庆文化从传统“迎神赛会”、“过年过节”而来，以“社”、“祭”为核心，所属社群形成生活空间与祭祀、表演空间结合的社会网络，具有一定的时间长度与空间广度。而大约从 20 世纪 80 年代开始，台湾逐渐在传统庙会之外，发展出一种展演内容较多、时间较长、空间较大的包裹式节庆活动，并冠以“艺术季”、“文化祭”、“国际双年展”之类的活动名目。在借鉴了欧洲各大著名城市文化节庆活动的成功经验后，“文建会”于 2000 年提出《各县市小型国际艺术节》计划，鼓励各县市发挥产业特色，通过节庆活动的举办带动地方产业发展，以期提高城市的知名度。随后，台湾各地吹起以“节”、“季”、“祭”为名的现代节庆活动潮流，每年举办的节庆活动不下百个，有一次即告终者或连办几年停歇，也有停办若干年后又突然冒出来者，包括宜兰童玩节、屏东黑鲔鱼文化观光季、花东丰年季、客家桐花祭等节庆活动，台湾由此成为了“节庆岛”。

对于所有亲身参与过节庆的人都不可否认，节庆文化的传播实则是一个体验、理解与共享意义再把它反馈出去的过程，这其中，符号承担了一个意象传播的媒介作用。台湾现代节庆同样具有鲜明的“符号化”倾向，节庆活动的主办方，凭借地区特色产业的内涵和文化元素，不断将其转变成为视觉、听觉符号，结合艺术展览、行销、表演等形式反复再创造、再生产，形成独具台湾风格的节庆风貌。通过这些活动的举办，彰显了该地区的精神和魅力，那些伴随节庆而形成的景象、感受、味道及氛围，成为这个地区社群的价值、道德与审美指标，是让民众经历丰富多样的文化洗礼，确认文化主体，重新认识城市及习俗的重要载体。如今的台湾，每个城市都有自己独一无二的节庆活动，找寻该城市民众的集体记忆植入节庆之中，传达出城市特有的“味道”。在节庆中，人们往往很愉快地把注意力集中于能够显现他们参与社群活动的具体符号，借以表达自己对此社会的认同与忠诚。

第一节　台湾节庆的历史嬗变

节庆起源于远古时期，是人类随着季节更迭产生的因地制宜、世代相传的社会活动。因此，节庆根植于一个地方的自然与社会环境，反映当地人的生活习惯和文化特色。在台湾历史发展的不同时段存在过多种节庆活动：从早期的当地人仪式，到后来随迁徙而流传过来的传统节庆活动，再到特殊时期渗入百姓生活的政治节庆……无论是已在历史的长河中湮灭的，还是具有广泛文化性、一直传承至今的，都在台湾的文化图景中留下了重要的记忆。

一、传统社会与传统节庆

每个人都以其所处的社会群体特有的时间轴为依据进行生活作息，维持着特定的社会秩序。中国传统社会同时存在着三种不同的时间轴：一是“日常时间”，主要是百姓日常工作、生产的时间，用以规范传统农业社会一切活动有效地进行。二是“节日时间”，如根据太阳和月亮的运行规律而制定的“二十四节气”，农民用它指导农事，帮助耕种与收割、休养生息、消费欢庆等活动，如春节、清明、端午、中秋等。三是“神诞时间”，产生于民间社会大众因对神明的信仰与祭祀而发展出的重要时刻，既具有祭祀、斋戒、劝善教化等宗教祭典的神圣性，又不失游神绕境、看戏、游艺等休闲娱乐的狂欢性。在传统中国社会中，这三种时间轴平行发展，其间又偶有交错，三者一同构架起一整套相对稳定的民间社会生活规范网络和日常生活节奏。

17 世纪以来，福建、广东移民大量迁移到台的同时带去了传统的节日时间与文化，这些节庆内涵大体相同，仅部分活动形式因地域不同而略有差异。《重修台湾府志》卷七《风土志・岁时》中提到：“正月初一春节、正月十五元宵、二月初二春龙节、四月初八佛诞节、五月初五端午节、七月初七七夕节、七月十五中元节、八月十五中秋节、九月初九重阳节、腊月廿四送神日、腊月廿八日岁除日，凡此岁时所载，多漳、泉之人流寓于台者；故所尚，亦大概相似云。"① 以此可知，台湾的传统节庆体系与福建漳州、泉州基本相同。

与大陆地区一样，台湾传统节庆通常有祈福、消灾、团圆等意涵，多以祭祀、庙会、集市、游览和宴席等方式呈现，体现出传统节庆兼具神圣狂欢特性的"热闹"气氛，如元宵节的台北灯会、端午节的庆端阳龙舟赛、中元节的基隆国际鬼节嘉年华等。除了大陆迁移入台的传统节庆外，台湾少数民族社会也存在各种民俗节庆，如兰屿达悟人飞鱼祭。少数民族传统节庆除了表达对神灵的崇拜与敬畏之外，也通过节庆仪式的演绎感谢祖先的庇佑，并祈求来年风调雨顺，吉祥丰收。

1895年日本占领台湾，引进现代西方和日本的"节日时间"，每年有十天的"祝祭日"，在1926年又增加了一天大正天皇纪念日。② 除了1937至1945年"皇民化运动"时期，台湾民众被迫要求进行这些节庆活动外，其余的大部分时间，日本节日虽为台湾地区的节庆文化注入与众不同的元素，但台湾传统节庆活动与文化却没有动摇改变，不仅一如往昔地进行着，反而更加牢固且丰富。日本人铃木清一郎曾在其著作中感慨，"在日本统治台湾近40年的时间里，日本对台湾年节祭祀、丧葬冠婚、迎神赛会和聘金制度等'劣俗陋规'的'改善'远远不及其在政治、产业、教育等方面的表现"。③

二、官方角色与政治节庆

早已有大量的研究者认为节日或节俗的创造者是官方或官方代表人物，如西汉皇帝与元宵节的起源密不可分，唐朝官方创造了清明节赐新火活动。在传统社会中，官方对于传统节庆基本上是采取认同与参与的立场，开始主

① 转引自张士闪，李世伟，等. 关于台湾地区传统节日传承与变迁的考察报告（1945—2010）［J］. 艺术百家，2013（4）.

② 日本的祝、祭日包括元始祭、春季皇陵祭、神武天皇祭、天长节、秋季皇陵祭、神尝祭、台湾神社祭、天长节祝日、新尝祭等。转引自吕理政. 水螺响起：日治时期台湾社会的生活作息［M］. 台北：远流出版社，1998：59.

③ 铃木清一郎. 增订台湾旧惯习俗信仰［M］. 冯作民译. 台北：众文图书公司，1994：8.

动或被动地参与到各种节庆民俗活动中来。然而，为了维持社会秩序，官方在尊重传统节庆的基础上开始逐步对其加以控制。如在元宵节期间，百姓点灯赏灯，营造了普天同庆的狂欢之喜。但到了明清时期，为了维护地方和百姓安全，官方开始控制赏灯规模，派官员维持现场秩序，以导演者、控制者、参与者的多重角色加入到元宵节庆的行列之中。① 尽管如此，早期传统社会中官方与民间在节庆问题上一直保持着协调共融的状态，然而这样的关系在近代发生了根本性的变化。西方自启蒙运动以来，“现代性”思维开启了人类把传统事物整合转向现代化的事业，于是，传统节庆被认为是现代文明的对立面②，那些与宗教崇拜有关的种种节庆均被视为违逆现代理性文明的落后文化而受到清理与消除。当然，仅告别传统仍然是不够的，近代民族国家为了维护自身政权的正当性，凝聚国民集体意指，还需要创制出一套新的具有鲜明政治色彩的纪念日，建立新的符合国家治理需要的国民意识。1945 年日本战败投降，国民党当局收回台湾，为了消除原有日本节庆给台湾民众带来的影响，对传统节庆进行管控与改造的同时，也设立了相关的纪念性节庆，由此创造出另一类新型的“政治节庆”。到了“戒严”时期，台湾先后经历了朝鲜战争、越南战争等重大政治事件，台湾社会笼罩在严密的政治气氛之下，人们的日常生活隐含着各种政治元素，相继出现了如纪念黄花岗烈士的“青年节”、庆祝抗日战争胜利的“军人节”、“台湾光复节”、纪念孙中山的“伟人纪念日”等节日，以强化民众的政治认同。政治节庆，成为国民党当局统治和思想规训的政治工具。

另一方面，官方还在传统节庆的改造中加入“政治元素”。以端午节为例，为了纪念屈原投江，传统民间社会在每年阴历五月初五都有包粽子、划龙舟等节庆活动。然而现在的端午节早已脱离了传统民俗文化的脉络，主要突出屈原“爱国诗人”的形象。台湾官方的宣传册上有一段这样的描述：“像屈原这样一位爱国诗人，为祖国忧劳而不惜一死，他的人格和精神，永远值得我们同情和尊敬。”③ 言下之意是希望广大民众以屈原为榜样，见贤思齐，

① 陈熙远. 中国夜未眠——明清时期的元宵、夜禁与狂欢［C］. “中央研究院历史语言所”集刊，2004（6）：283—316.

② 南方朔. 节庆、狂欢消费、民间文化［M］. 台北：前卫出版社，1994：118.

③ 转引自张士闪，李世伟，等. 关于台湾地区传统节日传承与变迁的考察报告（1945—2010）. 艺术百家，2013：4.

尽心奉献。端午节的政治化改造同时也在军队中开展。军方在部队中组织划龙舟比赛，在节庆场合中柔和地展现军人的体能和技能，达到与民同乐的效果。军营中也展开“爱国文艺活动”，效仿屈原忧国忧民的人格，实现爱国精神的传承。在此意义上，端午节提供了一个极佳的“政治话语”的展演舞台。再者，官方权力深入民间最明显的就是“统一传统节庆的祭典时间”等，民众被笼罩在威权统治之下，传承悠久的传统节庆已置身于“现代性”的氛围之下。

随着冷战结束，戒严解除，国民党当局的管理从刚性政权转型为柔性政权，社会环境逐步开放与自由。此时官方对传统节庆及民间文化的管理定位再次由管制者、改革者转向朋友型的协助者、参与者，其中最具特征的变化就是政治性从传统节庆中退位，其标志就是2007年8月30日，官方正式废除“蒋公纪念日”。在对传统节庆的参与和协助过程中，不论是主动策划还是被动赞助，近年来，各级地方行政机构与政治人物参与传统节庆活动者已不胜枚举。单以2017年中秋节为例，各级行政机构主办的“中秋节”活动主要有：

表6-1 2017年中秋各级行政机构举办活动

主办单位	活动内容
苗栗县	中秋晚会、歌舞戏剧团演出、烟火秀
新北市	芦洲中秋晚会
新竹市	中秋团圆会（邮寄传情）
台南市	中秋博饼

从活动内容可知，现代传统节庆已融现代于传统之中，兼具传统与现代两重性。中秋活动既有赏月、祭月、喝茶等传统环节，但更多的是歌舞表演等现代形式，传统与现代的碰撞使节庆的热闹气氛更佳。这类将现代艺术元素融入传统节庆祭典的模式颇具艺术效果，这些改变也预示了一个现代节庆世代的到来，为台湾节庆文化增添了新的光彩。

三、社会变迁与现代节庆

为台湾地区现代节庆带来发展变化的，除了来自官方势力的介入干预外，急剧的社会变迁也是其中的关键因素。政治解严后，逐渐成熟的工商业社会，兴起的消费风潮以及复苏的个人主义意识，创造了台湾社会的开放新貌。影响所及，节庆也在这股浪潮的影响下日渐都市化、商品化和观光化。如以往年末除夕，民众将亲手制作的食物、礼品馈赠给亲友，其目的是联络感情，表达情谊。但在如今的现代社会，快速发展起来的商业足以让家家户户在商店、超市就能选择购买包装精巧美观的年货商品。于是，同质化的商品取代了传统的年节物品，差异性不再而标准化随处可见。发达的商业社会为人们提供了异常便捷的生活服务，同时也为民众带来了新的年节与文化体验。

身处现代化的台湾工商业社会，紧张繁忙的工作成为生活常态，于是休闲观光的服务业应运而生，甚至成为官方与民间共同倡导的重要产业。以此为背景，现代节庆堂而皇之地与观光活动相结合。如元宵节期间，台湾各地竞相举办活动：新北市平溪乡放天灯，台南市盐水镇放蜂炮，台东县炸寒单，以致近年有“北天灯、南蜂炮、东寒单”三足鼎立之说。每一项节庆活动都吸引数十万人参与，人潮汹涌，全台湾俨然成为了集体庆典之中的观光舞台。

普遍苏醒的乡土记忆同样带来了日益扩大的传统节庆规模。20 世纪 80 年代后期，在戒严威权时代饱受压抑的乡土意识得以释放。人们倡导将当地最富特色的乡土文化进行再诠释与再创造，试图重新唤起当地失落已久的集体记忆，如宜兰头城的中元抢孤活动在中断了 40 年之后于 1991 年得以复现，重新肯定了对开垦此地的英雄人物及众多先民的贡献。民众借节庆进行社区改造获得乡土记忆的强化往往能达到一定效果，至少在节庆品牌的巩固与宣传下，地方知名度大大提升。尽管如此，在经过了时间流转与历史洗礼后，节庆依然出现了部分的流失。原本在台湾各地普遍存在的中元抢孤活动，官方以其危险性、影响社会秩序为由加以取缔而中断了数十年，如今仅有宜兰头城、恒春率先恢复了此活动并加以宣传。

20 世纪 90 年代以后，为了顺应现代节庆热潮，加速台湾各地节庆活动的宣传与推广，台湾交通部门将 1990 年定为“观光元年”，研订“21 世纪台湾发展观光新战略”，提出“富丽农村”政策。全岛各县市纷纷配合“一县一特色，一市一特产”的文化方针，有系统、持续性地兴办产业节庆活动。如宜兰县三星乡以葱蒜为农业支柱产业，便以此开发出了“三星葱蒜节”，除参观葱蒜产业园，还邀请游客品尝众多葱蒜食品，进行葱蒜种植大赛等，营造出独具特色的产业氛围。

就此，台湾现代社会中呈现出一幅五彩缤纷的节庆奇观：少数民族节庆、改良推新的传统节庆、观光节庆、产业节庆等风起云涌；规模有大有小，时间有长有短，形式包罗万象。内容囊括艺术、文化、历史、产业、宗教、休闲、观光、饮食等各个方面的台湾现代节庆，让当地民众和外来游客应接不暇。

第二节　台湾现代节庆的时空分布与特征

为了初步描绘出台湾现代节庆的整体谱系，利用网络新闻检索系统、台湾“博硕士论文知识加值系统”，以“节庆”、“节”、“嘉年华”、“季”、“祭”、“博览会”为关键词进行现代节庆的搜索统计。同时，以台湾文化、交通主管部门等网站、台湾远足文化出版社《台湾的地方新节庆》《台湾的节庆》二书作为样本的辅助资料。在时间轴方面，以2016年6月至2017年5月的12个月期间，作为本研究的搜寻范围，再通过人工辨别资讯的内容是否符合所定义的节庆活动，然后整理成包括节庆名称、举办地点、举办时间、内容概述的基本表格。

一、裂解生活的现代节庆时间分布

据不完全统计，台湾一年约有154个节庆，从月份来看台湾现代节庆的时间分布，节庆最多的月份是十月份，约占18.18%；次多的月份是八月，占10.39%；最少的则是一月，占1.95%。整体来看，七月至十二月的下半年合计约占全年节庆数量的六成（58%）。节庆集中暑假和秋季的主要原因是八月份正处学校放暑假期间，较容易吸引游客参与节庆活动；十月份正值天高气爽，最适合出游，也是许多地方产业收成的时候。天气寒冷的十二月、一月份以及横跨梅雨季节的五月、六月份，虽然有除夕、春节、元宵、清明、端午等重要传统节庆，但整体节庆活动的数量相对较少。由此可以看出现代节庆与传统节庆之间的逐渐分离。

从现代节庆的整体时间特性来看，它脱离节气循环的自然时间规律，转而依附在现代社会以新历月份为单位的制度时间之下，甚至跨越月份的限制，逐渐打破白天、黑夜的时间逻辑，弥合了过去“特殊的节庆”与“平凡的生活”之间天数的悬殊，转变成为节庆与生活相互渗透，融合亢奋与单调于“节庆生活”。

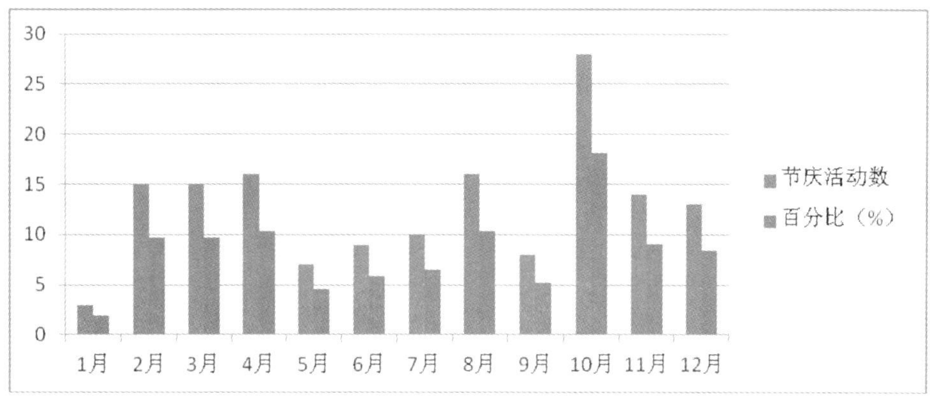

图 6-1 台湾现代节庆活动时间分布统计

二、遍地开花的现代节庆空间分布

从区域上看，分布在北部和南部地区的现代节庆多达 80 多个，占到全部节庆活动的近六成（56.5%），主要原因是北部和南部地区集合了众多的政治、经济和人口优势。中部地区的节庆数量只有 33 个，主要因为中部既被北部与南部瓜分了部分资源，又必须同时与二者抗争，可谓腹背受敌。相比之下，东部和离岛地区，前者地处台湾山脉的另一侧，后者远离政治中心，两个地区皆受到地形的影响，交通不便、人口分布少、资源缺乏，导致节庆数量少于其他地区。

从空间面向来看，台湾 20 个县市平均一个县市一年举办近 8 个节庆。其中台南市独占鳌头，达到 21 个；次多的是台北市（18 个）、新北市（12 个）和高雄市（10 个）；最少的县市是新竹市（2 个）、基隆市（2 个）等。其中，台中市是比较特殊的例子。按理说台中市作为中部地区的主要城市，应该有较多的资源举办各式各样的节庆活动，但是台中市长期以来都有“文化沙漠”的恶名，这点也反映在节庆活动的数量上。

就城乡分布而言，台湾现代节庆有明显的城乡差距。尤其是现代都市的

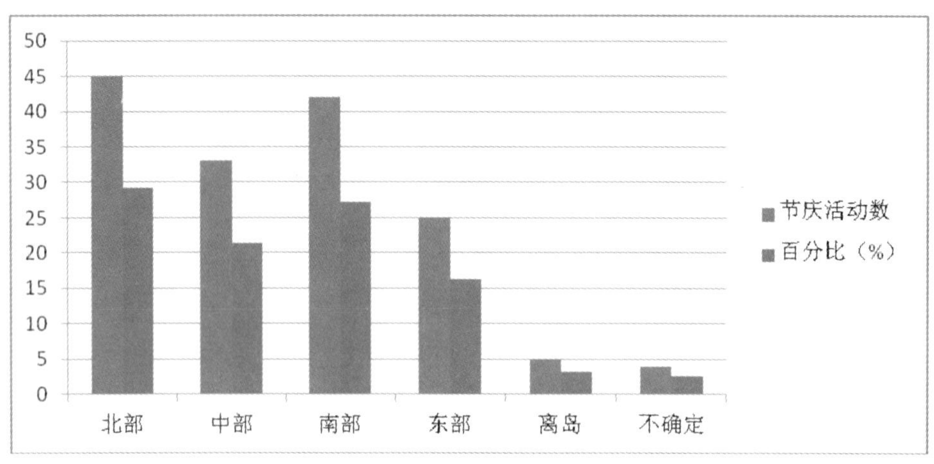

图 6-2　台湾现代节庆活动空间分布统计

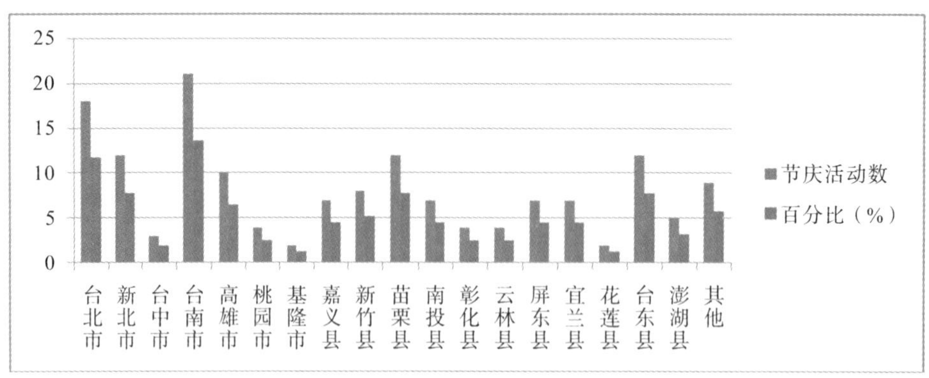

图 6-3　台湾现代节庆活动空间分布统计①

代表城市——台北市，节庆活动数量更是其它地区平均节庆数的三倍，称它为“节庆之都”一点也不为过。另一方面，台南市、高雄市等南部城市的节庆数量合计占全台湾节庆数量的 20%，显示出台湾现代节庆南北对峙的空间特性。

三、琳琅满目的现代节庆类型

不同时代的节庆活动，因为特殊的社会背景渗透呈现出不同的类型特征。

① 由于新竹市与新竹县、嘉义市与嘉义县比邻，且许多节庆活动合办成一体，故此处将新竹市与嘉义市的节庆囊进新竹县与嘉义县。

当代台湾的现代化发展速度高于以往任何时代，并且更加多元化、复杂化。多样的社会环境酝酿出不同类型的台湾节庆活动共生共存，描绘出现代台湾琳琅满目的图谱。台湾现代节庆大致可分为三种类型：

1. 艺术文化节庆：以艺术展演和文化活动作为节庆主轴，内容包括音乐、戏剧、舞蹈、电影、绘画等展演艺术。这些节庆纷纷以制度化的模式结合行政部门和民间的力量，并且寻求国内外和城乡之间的交流合作，形成一种以文化艺术为核心的现代庙会活动，如贡寮国际海洋音乐祭、澎湖国际海上花火节、嘉义国际管乐节等。

2. 产业促销节庆：为了促销当地产业，以地方特色景观、农林牧副渔产品、手工艺品或工业产品为内容，透过文化叙事和包装来进行品牌化的经验消费，从而带动地方产业与观光旅游，如大溪陀螺节、观音莲花节、客家桐花祭、北埔膨风节、官田菱角节等。

3. 创新传统民俗节庆：将传统节庆进行“旧酒新瓶”的改造，让传统节庆重新融入现代社会生活，如高雄内门宋江阵嘉年华、台东炸寒单爷民俗节等。在全年 154 个节庆中，创新传统民俗型节庆数量最多，可见台湾对传统文化保存的重视。

类型	艺术文化节庆	产业促销节庆	创新传统民俗节庆
节庆活动数	24	57	73
百分比（%）	15.58	37.01	47.4

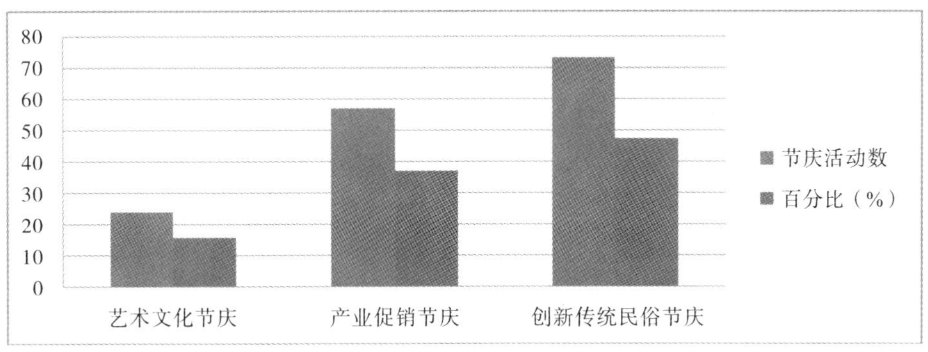

图 6-4　台湾现代节庆活动类型统计

当然，对台湾现代节庆的分类并不十分符合科学分类的互斥性原则，三种类型只是代表节庆诸多构成面向中最突出和最关键的几种范型，且这三类节庆类型的界限亦非完全准确，某种节庆可能同时具备好几个类型的特征。这些不同的节庆类型，让现代社会的日常生活产生缤纷有趣的各种变化，而其在时间规律与生活空间上大量穿透生活的特殊景象，也共同创造出台湾作为一个节庆之岛的现代奇观。

第三节　案例分析：高雄国际货柜及钢雕艺术节

高雄国际货柜及钢雕艺术节是台湾产业促销型节庆中的佼佼者。2001 年，高雄市政府思索落实“文化产业化、产业文化化”政策，推出第一届“高雄货柜艺术节”，隔年推出首届“高雄国际钢雕艺术节”，以突出高雄在地的产业特色，从此形成轮流举办的“双年展”。

一、高雄国际货柜及钢雕艺术节介绍

高雄国际货柜及钢雕艺术节主办方邀请本地及世界各地知名艺术家，围绕不同主题，以钢铁或各类技术材质作为主要创作素材，将钢铁、货柜产业与艺术创意结合，创造出各式各样的艺术作品，以展览的形式呈现给大众观赏。市民与艺术家共同创作的互动概念以及现地创作的突发奇想，将货柜及钢铁的运输承载、物流经济的原始功能转化为艺术创作的媒介于文化交流层面，让货柜、钢雕艺术作品融入更深厚的在地情感，成为市民生活的一部分，从而构筑市民对高雄的认同与骄傲，建构出一个文化艺术与休闲娱乐并重的环境。例如 2014 年的钢雕艺术节，以“无限上钢”为主题。传统意义的“无限上纲”，是指政治批判过程中夸大事实的思维与手段，高雄国际钢雕艺术节改“纲”为“钢”，扭转了其原有的负面意涵，重写创造了钢铁的美学内涵。而 2010 年，艺术家陈恺璜创作的“千犬计划之打狗为快”，其创作思路源自于高雄的历史符码“打狗”，多只金属犬造型的装置艺术品融入了高雄的在地情感，形成了高雄在地文化认同。

表 6-2 历届高雄国际货柜艺术节概况表

	举办时间	举办地点	活动主题	参展作品
第一届	2001 年	高雄港驳二艺术特区	关于货柜的第一百零一种想法	世界 36 位艺术家所创作的货柜皆为各航商所报废的货柜。
第二届	2003 年	中油高雄炼油厂成功厂区	后文明	活动共有世界近百位艺术家参与创作，共组“国际货柜艺术村”。
第三届	2005 年	高雄市立美术馆	Gbox—童趣货柜	美国、奥地利、德国，中国台湾、香港等地的艺术家，现地创作出 12 件精彩作品。
第四届	2007 年	高雄市立美术馆园区、高雄内惟埤文化园区	永续之城：生态货柜创作计划	包含了英国、法国、日本、俄国、澳大利亚、以色列、泰国和中国台湾等地 20 多位艺术家参与，共 14 件作品。
第五届	2009 年	高雄港驳二艺术特区	迈向理想城市的N种想法	来自全世界各地共 16 件作品参加了展览。
第六届	2011 年	高雄港驳二艺术特区	新式幸福风	实体货柜共计 12 组，来自西班牙、德国、意大利、美国和中国台湾的优秀作品参加了展览。
第七届	2013 年	高雄港驳二艺术特区	可以居	邀请多组国内外建筑师与空间设计师提案并进行原型实作的可居货柜空间。
第八届	2015 年	高雄港驳二艺术特区	方舟	试图展开对居住与环境的探讨，邀请建筑师将货柜打造成一艘承载内省及希望的方舟。
第九届	2017 年	高雄港驳二艺术特区	银闪闪乐园	回应台湾高龄化社会，艺术节创意演绎与改造超过 20 个货柜，推出集合共老宅、高龄实验室、爱叮当乐龄健身屋等，作为宣示高雄迈向创意乐龄友善城市的一大步，并为当代世界提出来自这个城市的主张。
第十届	2019 年	高雄港驳二艺术特区	陷阱	艺术节以“陷阱”为主题，是间接对现代人的一个提问。通过虚拟/架构一个山林原野与都市丛林的对话，艺术家以货柜来表达对山林、海洋、原初生活形态的咏叹与回应。

表 6-3 历届高雄国际钢雕艺术节概况表

	举办时间	举办地点	活动主题	参展作品
第一届	2002 年	高雄市文化中心	钢雕城市·雕塑希望	以钢铁产业为主题，世界 12 位艺术家参与创作。
第二届	2004 年	高雄港驳二艺术特区	飙焊·跨界	邀请了来自美国、德国、拉脱维亚、日本以及中国台湾的 10 位艺术家参与，并鼓励民众参与体验。
第三届	2006 年	高雄光码头	金属风	邀请了德国、日本及中国台湾的艺术家共计展出 10 件作品。
第四届	2008 年	中都唐荣砖窑厂	金属光·城市的温度	共 10 位艺术家参与设计创作。
第五届	2010 年	高雄港驳二艺术特区	钢钢好	来自全世界各地共 16 件作品参加了展览。
第六届	2012 年	高雄港驳二艺术特区	大恋钢	网罗了亚洲顶尖雕塑家与台湾当地新锐创作者等 16 位艺术家参加作品设计与展览。
第七届	2014 年	高雄港驳二艺术特区	无限上钢	邀请意大利、俄罗斯、日本以及中国台湾等 6 位超重量级国际钢雕艺术家进行现场创作。
第八届	2016 年	高雄港驳二艺术特区	嬉型钢	来自中国台湾和印尼、日本、美国的 9 位艺术家，齐聚位于高雄港的驳二艺术区，进行现场创作，以“嬉”代表“C”，借由“嬉型钢”的命题，转化 C 型钢所代表的工具理性，探索体现“无用之用”的游戏美学，从不同的文化视角展示金属雕塑与城市空间的关系。
第九届	2018 年	高雄港驳二艺术特区	换帖/幻铁	解放钢铁元素，导入石、木、土多元想象，邀请来自日本、荷兰等地共 8 组 9 位艺术家，以复合媒材开创另类艺想，钢雕幻铁新视界。

从两个节庆的举办概况来看，每年钢雕艺术节的举办思路、创作风格一般延续上一年货柜艺术节的艺术思路，邀请的艺术家、活动形式、作品类型皆一脉相承，故将两个活动作为一个整体叙述文本进行研究。

图 6-5　高雄国际货柜艺术节作品（一）

图 6-6　高雄国际货柜艺术节作品（二）

图 6-7　高雄国际钢雕艺术节作品（一）

图 6-8　高雄国际钢雕艺术节作品（二）

高雄国际货柜及钢雕艺术节中，各种艺术品开放性地展览给所有在场的参与者，在节庆的语境中这些艺术品首先被当作创作者与欣赏者之间最坚固和稳定的联系，其次则被看作是弥散现实与意义的呈现："他人"的制品也属于我们可以指望的最"客观"的材料之列，根据它们就可以进行对艺术乃至文化的解释工作。这些艺术品的价值不仅在于美学的欣赏，更重要的是它们被赋予的意义——它们被编码的方式。

开放性展览为大众提供了检验意义制造的一个最好的场所，这些艺术品成为文本被连接起来以创造一个错综复杂的和受到限定的表征体系。在这个体系中，每个物品都通过其特有的标签得到了解释。从这个层面上讲，开放性展览是整合内部各种分散却又密切相关的一种意义生产实践活动，使各组成部分有序并相互配合地进行着，① 于是便产生了特有的展览情境。所有处于展览空间内的艺术品都被摆在了一个"舞台"上，呈现为一种情境，供所有参与者观赏、凝视、欢笑、思考……如此看来，开放性展览并非单纯的展示，而是"赋值"，这种"赋值"更偏重于意义的价值。

二、高雄国际货柜及钢雕艺术节的符号分析

既然我们一直强调在节庆这个仪式场域中最重要的是其能够生产、传播意义，那么究竟意义生产于何处？霍尔认为："正因为符号能够代表或表征我们的各种概念、观念和感情，所以在共享的文化背景下，别人可以使用与我们大致相同的方法来读解、阐释其意义。"② 人类学家维克多·特纳则进一步指出："仪式中存在'象征符号'，它是仪式语境中具有独特结构的基本单位，保留了这个仪式行为的属性。"③ 也就是说，我们可以对节庆仪式中的符号进行分析，诠释仪式，传达节庆意义。

① ［英］斯图亚特·霍尔．表征［M］．周宪，许钧，译．北京：商务印书馆，2013：169．

② ［英］斯图亚特·霍尔．表征［M］．周宪，许钧，译．北京：商务印书馆，2013：7．

③ ［美］维克多·特纳．象征之林［M］．赵玉燕，欧阳敏等，译．北京：商务印书馆，2012：23．

（一）支配性象征符号

依据《简明牛津词典》，“象征符号”指的是因其与某些事物在品质或思维等方面有某些程度的类似性，故被理所当然地认为是那些事物的典型代表物体。人们看到“象征符号”就会联想起另一些物体。我们在节庆中观察到的象征符号，指的就是仪式语境中的物体、关系、行动、体态和空间环境①。在节庆中，象征符号成为社会行动的一个因素、行动领域的一股积极力量，它与人们的利益、意向、目标和手段密不可分。

节庆中的象征符号类型多种多样：活动者的表情、动作、服装、语言，节庆中的物件、图腾、颜色、音乐等内容均有各自独特的象征意义。它们共同构成一个节庆的符号场域。象征符号的地位涉及它在整个仪式中与其他象征符号的关系，展示了仪式的隐藏意义。拥有多层意义的象征符号在一个既定的仪式中可能只强调一个或少数几个意义。因此，一个象征符号只有在不同仪式表演的其他象征符号的关系中才能充分展现其意义。

然而，节庆仪式的象征符号最简明的特点就是浓缩——用一个简单的符号表示许多事物和行动。仔细观察节庆仪式过程发现，在同一场合语境中，除了象征符号之外，还形成了一个由多种象征符号的意义凝结并聚焦在一起的、统领整个仪式过程的“支配性象征符号”。特纳指出：“支配性象征符号在仪式语境中能够统合迥然不同的符号所指，或者支配着整个过程，或者支配着某些特殊阶段，其意义内容的表达在整个象征系统中具有高度的持续性和一致性。”② 也就是说，支配性象征符号占节庆仪式符号场的主导地位，支配和影响着其他符号之间的相互关系和作用的产生，其所蕴含的指示意义也趋向于辐射整个仪式单元。根据特纳的这一概括，可以提炼出高雄国际货柜及钢雕艺术节的支配性象征符号，并对其展开符号学角度的阐释和论述。

1. 货柜：运输工具、城市特色

支配性象征符号不仅支配着传统节庆的整个仪式，也存在于开放式展览的产业促销型节庆之中。高雄国际货柜艺术节以货柜为载体贯穿整个节庆的

---

① ［美］维克多·特纳. 象征之林［M］. 赵玉燕，欧阳敏等，译. 北京：商务印书馆，2012：23.

② ［美］维克多·特纳. 象征之林［M］. 赵玉燕，欧阳敏等，译. 北京：商务印书馆，2012：4.

始终。货柜是具有实际运输功能的人工产物，不仅可以运输各类产品、装卸船只，还可以代表高雄港口。它是节庆中的基本结构要素，全面承担着由日常生活情景向节庆语境过程转化的主导作用，故货柜是货柜艺术节的支配性象征符号。在国际货柜艺术节中，货柜不是一个单独的货柜符号，而是一类具体的“符号群”形象。这里的符号群是一个数量群，每一届艺术节都有数十个货柜展览，成为节庆的主体内容和艺术的主要载体。

2. 钢铁：支柱产业、经济来源

在高雄国际货柜艺术节中，钢铁实际并不存在于节庆的场域中，但它与货柜却是共生共存的。首先，货柜本身是由钢铁铸造而成，钢铁实际上是节庆中最小的符号单元。其次，这些废旧的货柜，早期均是用于运输、装载钢铁，所以当人们观赏货柜艺术品时，自然联想到此空间曾满满装着钢铁。再次，高雄市政府为突出“钢铁”这一重要结构元素，举办“高雄国际钢雕艺术节”，钢铁以实质材料出现，艺术家利用生硬的钢铁为原始材料创造出具有美感的艺术作品，跨越钢雕艺术给予人刚硬、粗犷、巨大、工业文明象征等界限，将其融合进艺术，多元展现钢铁的艺术文化气息。在高雄国际钢雕艺术节中，钢铁作为支配性象征符号与货柜的符号类型及意义表达方式相差无异。

3. 港口：贸易聚地、城市窗口

纵观历届高雄国际货柜及钢雕艺术节，活动举办地多位于高雄港码头驳二艺术特区。就节庆的符号场域而言，港口是货柜符号的归属地，一方面框定了节庆符号的空间语境，同时又进一步强调了符号意涵。从高雄的海港及产业发展来看，高雄港口的发展支撑起高雄市的历史、经济发展。货柜在港口实现其装载、运输与卸载的功能，而海港的建立亦是为了扩大产业规模及输出量——港口是货柜意义的二次生产。

（二）支配性象征符号的兼职性

货柜、钢铁、港口，是日常生活中随处可见、真实存在的自然景观和工业物体，它们最初存在的形态是可观可感的，并且大部分时间是以最初的形态和功能存在。但是，为何我们仍能将其称为“象征符号”？

一方面，支配性象征符号体现了符号的“兼职性”。陈宗明曾在《符号学导论》一书中提出，可以根据象征符号不同的创建方式将其分为人工象征符号和自然象征符号①。自然象征符号是指人们可以利用现实世界中原有的事物作为符号形体，该事物与所表征对象不存在肖似或因果邻近的联系，它们之间的关系是靠人为约定实现的。自然象征符号具有“兼职性”的，也就是说这一类象征符形不是为表征符号对象专门创制的，而是利用现有事物人为约定的，该事物作为符号形体的表征功能是它的“第二职业”，不是它的主要功能。

另一方面，支配性象征符号唯有在国际货柜及钢雕艺术节这个特定的语境中才成为符号。诚如巴赫金“狂欢理论”所说的，节庆仪式中人们扮演着现实生活中距离极为遥远、并且永远不可能接近的角色；那些在日常生活中不能超越或反抗的官方符号系统，在节庆的“狂欢性”中被摧毁、颠覆和破坏。节庆的狂欢精神，打破日常生活和节庆仪式的时空界限，人们可以抛弃日常的束缚，完全投入到以节庆内容为主导的语境中，享受节庆提供的话语、符号、行为和事件等。在高雄国际货柜及钢雕艺术节中，货柜、港口和钢铁作为自然物的功能与职责——货柜用于装卸货物，港口用于贸易航运，钢铁用于冶炼生产——被消解。节庆营造了一个由“钢铁、货柜和海洋港口”组成的世界，在这个节庆场域中，物体脱离了原本的自然属性，被赋予了浓重的符号意味，不断重复、再现节庆的主题内涵。

在日常生活中，物体的实用功能比意指功能更重要，而在节庆的超脱性质中，人们集合到相对静止的符号时空中，日常性消失，此时物体的意指功能远比实用功能更重要，一场符号的狂欢盛宴正在上演。当节庆活动结束，物体就恢复了实体功能。支配性象征符号这种“兼职性”决定了它的临时性，消除了符号在时间维度上的“意义蔓延”，反而在周期性的重复建构和销毁中开启—关闭连接日常与节庆之门，完成特定的意义转化功能。

三、高雄国际货柜及钢雕艺术节的符号意指系统

仪式的基本单位——支配性象征符号，浓缩了带来这种变化的整个仪式过程的主要特点。支配性象征符号能将社会的道德、法律规范和强烈的情感刺激紧密相连并嵌入其意义框架内。索绪尔的“能指＋所指＝符号”只构成

① 陈宗明，黄华新. 符号学导论［M］. 郑州：河南人民出版社，2004：97.

了符号第一层表意系统（巴尔特将其称为直指系统），而这个系统的符号可以作为第二层表意系统（称为涵指系统）的能指，指向一个新的、更深层的所指，形成一个新的、更广义的符号，即直指系统本身可以变成涵指系统中的单一成分，延伸而得涵指系统。正如同巴尔特所重视的一样，仪式场符号中的涵指系统在层层剥落后仍是一个个能指与所指紧密结合的意指体系。以下分析在对高雄国际货柜及钢雕艺术节进行符号拆解后，再依据符号学的概念将繁杂的文本抽离出有关“建构节庆神话”的文本。

（一）符号直指系统

高雄国际货柜及钢雕艺术节的各个支配性象征符号之间的意指关系是既有层层递进，又有互相影响、双向互动的关系，所形成的涵指系统贴近现代城市的文化意义。

首先，在符号学维度下，货柜、钢铁各自形成不同的直指系统。在货柜艺术节中，每一件展览作品的原始容器是货柜，货柜是较小单元的象征符号（称为 E_1），每个货柜的形状、内容、装饰、色彩都不相同，通过不同的外观包装，每个货柜都通过不同的意指方式（称为 R_1）承载着设计者所要表达的所指意义（称为 C_1），构成了第一个直指系统（称为 A）——表达式为 $E_1R_1C_1$。不同的所指意义凝集成整个节庆中货柜群体的内容（称为 C_2），形成第二个直指系统（称为 B）——表达式为 AR_2C_2，这个货柜集群的意义总和则为整届节庆的主题。如下图所示：

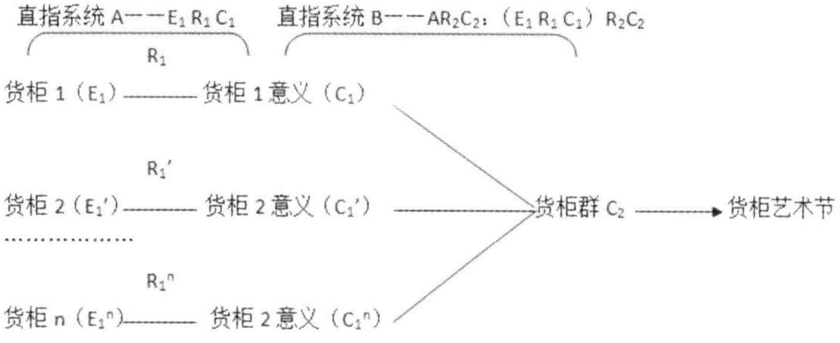

图 6-9 高雄国际货柜节直指系统

同样，在钢雕艺术节中，“钢铁”是节庆中的第二个支配象征性符号（称为 E_2），通过创作者的精心设计，原本仅是工业材料的钢铁被赋予了不同的形状、颜色，表达出不同的意义（称为 C_3），所形成的直指系统（称为 D）表达式为 $E_2R_4C_3$。这些钢雕作品的意义共同集结成为钢雕群体内容（称为 C_4），构成它的第二个直指系统（称为 F）——表达式为 DR_4C_4，这个钢雕集群的意义就体现了整届钢雕艺术节的主题。如下图所示：

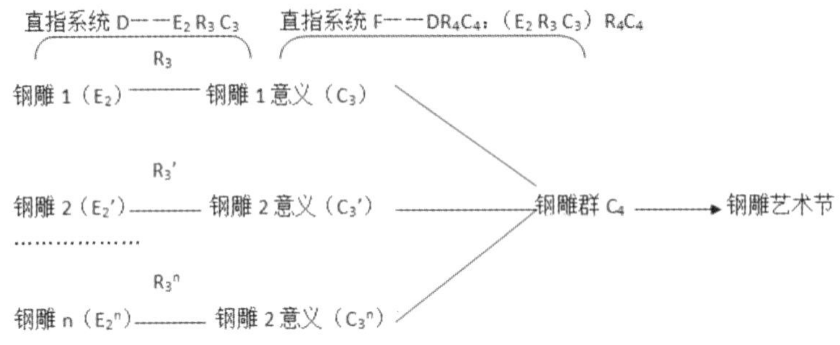

图 6-10 高雄国际钢雕艺术节直指系统

综上论述可知，支配性象征符号——货柜及钢铁最后都直接指向艺术节的主题意义。事实上，高雄国际货柜及钢雕艺术节是一个综合体节庆活动，单年举办货柜艺术节，双年举办钢雕艺术节。虽然举办时间不同，但却在时间整体上保持连续性。而货柜和钢铁二者在各自形成直指系统之后，并不仅仅是相互平行的关系，而是层层叠加的关系。在这个互动关系中，两个直指系统联合背后的社会意识形态和文化背景，形成整个艺术节的涵指系统。

进一步探究三个符号间的结构关系，可发现三者传递意义的方式是层层递进的。港口的空间规模最大，可容纳下数以万计的货柜；而货柜的空间范围居于第二，其装载了上千吨的钢铁。故从空间范围来说，港口包含着货柜、货柜包含着钢铁，所以港口也同样包含了货柜与钢铁所承载的意义：既包括承载于货柜与钢铁之中的货柜及钢雕艺术节的节庆意义，也包括了货柜与钢铁作为自然物质本身属性的意义——工业、装载、产业。此外，无论在日常生活中还是在节庆符号场中，货柜、钢铁和港口都有密切联系，人们很自然看到其中任意一个符号，就联想到另外两个符号。所以从符号意指角度看，这三者之间的意指关系是相互的，钢铁可意指货柜，货柜亦可意指港口；钢铁可意指港口，港口也可意指货柜。

（二）符号涵指系统

布迪厄在社会实践理论中指出，解释社会事件或者社会样式时，不能单

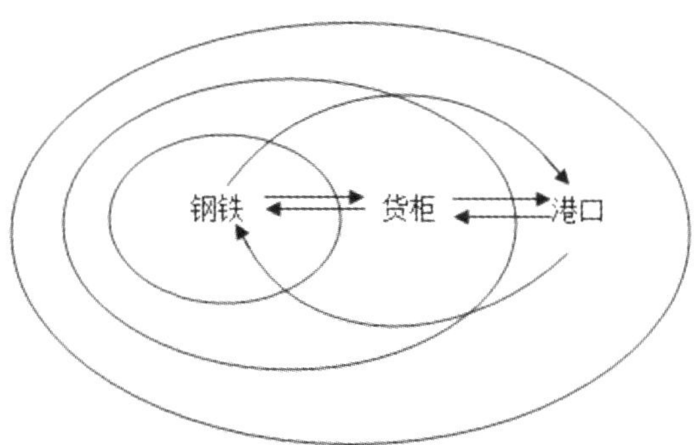

图 6-11　支配性象征符号的互动

独地隔离社会形构和所处的社会世界的结构及条件。故在讨论高雄国际货柜及钢雕艺术节的涵指系统前，必须先探讨货柜及钢雕对台湾高雄人而言具有的重要意义，而这意义价值的体现，必须追溯至高雄的产业历史与人文气质。

1. 货柜与高雄

货柜与高雄，可谓命运共同体，货柜是高雄不可或缺的经济命脉。早在台湾经济发展的初始，高雄港就有货柜运输了。1945 年台湾光复，战后的台湾满目疮痍：沉船处处，设施被破坏，港埠功能尽失。同年 12 月，国民党当局成立高雄港总务局，致力恢复高雄港工作，打捞沉船、清理航道、增添设施，至 1955 年才恢复港口正常运营，次年高雄港总务局开始扩港计划。1966 年以后，前镇加工出口区、楠梓加工出口区及临海工业区相继成立，1973 年十大建设的钢铁、石油、造船等重化工业进驻，繁荣了高雄港。随着经济的起飞，高雄港货柜装卸业务日益增加，故自 1980 年起增建中岛新商港区，先后开辟了四个货柜中心。到 1996 年完成第五货柜中心的建设后，高雄港营运货柜能力已达到 4900 万标准箱的货柜装卸能量。高雄港货柜数量扶摇直上，港口贸易突飞猛进，人口急速增长，此时的高雄跃升成为台湾南部最大的都市①。在不断的扩建、发展与激烈的国际货柜运输竞争中，高雄港于 2009 年居世界第 12 大货柜港。

“沿着高雄港区海岸线，来自全世界各地的大型船只和上万个货柜川流不息地进出码头，各种处理厂中的货柜堆积如山，数万吨的货轮用吊杆将货柜

① 杨玉姿，张守真. 高雄港开发史［M］. 高雄：高雄市文献委员会，2008：126—145.

吊得比邻蓝天，工人在烈日下忙碌于货柜的装卸……”这些港口景象塑造了高雄鲜明的都市景观，也连带影响着高雄市的繁荣与富庶。

2. 钢铁与高雄

高雄钢铁工业的兴起可追溯至日据时期。1895年至1918年间，由于全台糖产业的蓬勃发展，高雄不断进行维修与制造制糖设备，于是1917年在新滨町与盐埕埔交界处设立台湾制糖会社铸物工厂，成为南台湾最大的钢铁工厂①，并于1919年设立台湾第一家铁工厂——打狗铁工厂，从此高雄与钢铁结下了不解之缘。1940年高雄成立了第一家以钢铁加工为主的民营唐荣铁工所，从此奠定台湾民营钢铁工业的重要基础。日据末期，日本殖民当局于前镇戏狮甲设立“台湾制铁”。

另外，新兴工业不断涌入高雄也相继促进了高雄地区钢铁工业的兴起。1945年太平洋战争结束后高雄兴起了拆船业，大林蒲、大仁宫、红毛港等码头相继被开辟为拆船码头。沉船拆解后的废钢材料成为钢铁业原料的来源。到了1975年，高雄港第二港口的竣工更促成了台湾及高雄钢铁工业的成长。②

在台湾钢铁产业发展过程中，除了民间钢铁厂商的发展外，行政机构影响力同样扮演了重要角色，其中以公立钢铁公司的建立为关键。因钢铁公司的成立，台湾的钢铁工业才脱离了以往完全以废钢炼钢或拆船轧钢的时代，使高雄真正成为一个钢铁城市。过去台湾的经济动脉是钢铁，钢铁的历史则在高雄。③ 高雄拥有全台湾最多的钢铁厂及钢铁产量，其对于台湾工业的整体发展自有不言而喻的重要性。

3. 港口与高雄

从明朝至现代，高雄港口紧随历史洪流的进程不断发展，而海港的壮大，也象征了台湾经济腾飞的缩影。高雄港有记载的历史可追溯至明朝，当时的高雄港只是一个小渔村。1624年，荷兰人占领澎湖，并在当地建立贸易站实施殖民统治。荷兰人称当时已经是台湾南部重要港湾的“打狗港”为

---

① 张守真. 高雄市钢铁工业发展回顾（初探）[J]. 收录于蔡顺美. 2002高雄国际钢雕艺术节：钢铁城市·钢雕希望[M]. 高雄：高雄市文化局，2002：112—115.

② 叶景雯，等. 飙焊·跨界——2004高雄国际钢雕艺术节[M]. 高雄：高雄市文化局，2005：92.

③ 吴连赏. 高雄市产业发展与钢铁产业文化特色[J]. 收录于蔡顺美. 2002高雄国际钢雕艺术节：钢铁城市·钢雕希望[M]. 高雄：高雄市文化局，2002：102—103.

"Tankoya"。清朝以后，伴随着全球贸易的盛行，"打狗港"的优良特性开始受到国际强权的注意。天津条约后，清政府于1863年颁布《暂行章程》，正式将"打狗港"开放通商，"打狗港"正式跃上国际舞台。[①] 开放后的打狗港逐渐显现出优越的地理优势，并受到当时政府的注目，先后在"打狗港"架设台湾第一个电报线路，修筑炮台和灯台。

1895年甲午战争后，台湾成为日本殖民地。日据时期，高雄港一直作为日本当局向南洋侵略的"南进基地"，基于军事、经济考量，日本人开始在高雄港开展大量的改造活动：修筑铁路、建设港口、兴建火车站、进行城市规划，并引进炼油、机械、造船、水泥等。由于高雄港的有利条件和日本人的积极建设，使得高雄港以崭新的姿态出现，为日后发展成为大都会奠定了深厚的根基。至日据后期，高雄港已经具有现代化工商大港的规模，与基隆港并驾齐驱，成为台湾最主要的商港之一，高雄也一跃成为全台湾第二大都市。[②]

1945年日本战败，此时的"打狗港"已更名为高雄港。随着台湾经济发展，高雄港原有港埠设施已嫌不足，政府开始实施"十二年扩建工程"。1958年此项工程的完成为高雄港提供大量的工业用地，设立临海工业区及加工出口区，从此奠定高雄港发展的根基。1962年后台湾产业开始腾飞，钢铁需求增加，拆船业规模急速扩张。到了1966年，高雄临海工业区及加工出口区第一期工程已经顺利完成，就此奠定了高雄市的产业发展基础，成为城市变迁的巨大推动力。

时至今日，高雄市的历史发展与高雄港的发展有着密不可分的关系。城市发展的主要动力来自高雄港的不断扩建发展。高雄港除了为台湾主要货柜转运枢纽港外，亦为台湾南部主要的货物进出口港埠，其交通、贸易带动了高雄市的商业发展。再则高雄市是一个浓厚移垦性格的都市，钢铁和货柜与地方发展历史、高雄的产业、市民日常的城市经验也是密切相关。高雄有一半的领域是港口，一座应海港而生的城市，港口必定成为社会生活、人类记忆不可抹去的印记。

---

① 张守真，许一男．高雄港纪事［M］．高雄市中正文化中心，1996：23—25．

② 参见高雄港务局全球咨询网络。

4. 港口、货柜与钢铁的共同指涉

高雄国际货柜及钢雕艺术节在时间整体上保持连续性，货柜和钢铁二者在各自形成直指系统之后，并不仅仅是相互平行的关系，而是不断积累的关系。在这个互动关系中，两个直指系统联合背后的社会意识形态和文化背景形成整个艺术节的涵指系统。

首先，钢铁是高雄城市重要的经济支柱产业，通过社会发展历史脉络的传承方式意指（称为 R_5）指向“高雄”城市（C_5），构成了第一层涵指系统（称为 G）。其次，货柜是高雄城市特有的运输工具和运输产业，通过历史沉淀的联想方式意指（称为 R_6），“高雄”（称为 C_5），形成了第二层涵指系统（称为 H）。再者，第三个支配性象征符号港口在货柜及钢雕艺术节中成为一个空间场域符号（称为 E_3），港口是城市地标性场所，是城市物质性意象的重要组成部分，这一意指（R_7）再次明确而直接地指向“高雄”城市这一意义内容（C_5），形成第三个直指系统（称为 I）。而货柜及钢雕艺术节的成功举办，使其成为高雄地区重要的节庆活动。这四个涵指系统互相作用，共同组成了一个复杂而庞大的涵指体系。

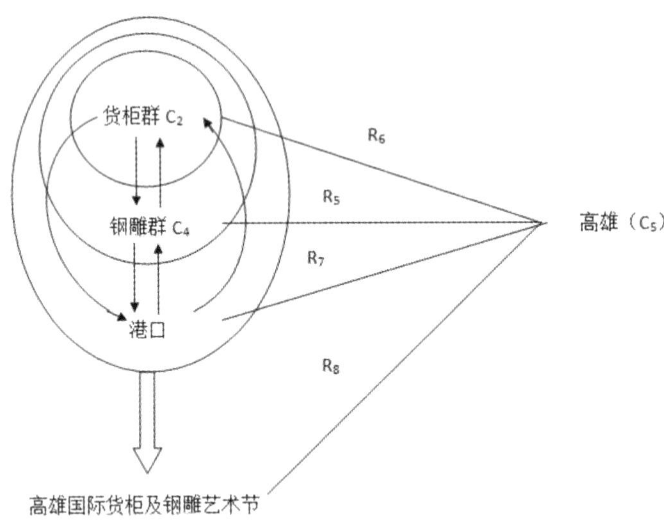

图 6-12　高雄国际货柜及钢雕艺术节涵指系统

三个支配性象征符号作为群体记忆、心理认同和社会生产等多种意象承载者的方式产生，均以象征的方式指涉相同的主体——高雄，意指意义形成一个扇面，共同聚焦同一个所指对象，并以此辐射到与人们的情感体验和生产经验相关联的多个角度，见证着当地人的生活、生产和群体规则的凝结。在由自然物向具有象征意义的符号转化的过程中，象征性符号的功能特性发挥了重大作用：港口、货柜、钢铁的历史发展均带来了高雄的经济繁荣，给人们带来生活的富裕和生活质量的提升。就象征符号的展现形式讲，因为没有具体的指称实物，符号的意义是抽象的意象凝结而成的，当地人将其连结起来的依据来源是“城市产业”。货柜是高雄城市街道上奔驰不息的景象，它不仅代表了“流通”、“移转”、“交换”的经济效能，也蕴涵了生命的迁徙、文化的交融、承载的媒介、存在的多样性等重要的隐喻。从城市的发展历史看，“打狗港”优越的港口条件吸引了各地移民来此定居，包括大陆移民、澎湖及台南嘉义等周边的移民、花莲台东屏东等地的少数民族和野心勃勃以此为南进基地的日本人，这些人在不同世代纷纷选择“打狗港”落脚，为这个港口注入了多元化的移民文化与风貌①。来自各方的新移民，追逐着各自的梦想和希望，凭借着勇往直前的热情和坚毅无比的信念到此奋斗，也因此成就了高雄人奋勇向前、开朗包容而爽直的形象。“钢铁”是高雄市最重要也是赖以为生的经济命脉，更是高雄市民热情澎湃的形象。节庆中的支配性象征符号通过不断地意义累加，象征了高雄城市。正如索绪尔所说：“象征的特点是它永远不是空洞的，不是完全任意的，它在能指和所指之间有一种自然联系的根基。”②

第四节　案例经验：国际货柜及钢雕艺术节城市意象书写

通过分析高雄国际货柜及钢雕艺术节支配性象征符号的意指系统分析，我们发现台湾现代节庆中的象征符号所指的不是具体的呈现物，而是人们的想象化存在。人们将一种存在于意念中的印象、记忆、意象固化在可见、可感、可参与的城市之中。说到城市，人们会想起这里每年举办过的节庆；聊

① 王时诗．看见高雄人［J］．高雄画刊，2005（11）：1．

② ［瑞］索绪尔．普通语言学教程［M］．高名凯译．北京：商务印书馆，1980：104．

起节庆，人们会回味它传达给我们的城市意象，人们便在没有意识到符号虚构的情况下产生对其的认同，并将这种感知一直沿袭下来。

一、城市意象：符号化的读解

城市常常被视为一种人工化的自然界。城市是人为的，也是其与生活在其中的居民相互共存的整体。也就是说，城市不仅是人们可以安居乐业的场所——我们离开所居住的城市叫“外出”，回到这座城市叫“归来”，它更是人们脑海中的一种感觉和想象，一种近似于家的归属，“归来”即是回家。这种“家园”意识成为生活在这个城市里的所有居民的“集体无意识”。所以，城市之于居民不单单是冰冷的街道、建筑、桥梁、广场、公园等实体物质，更是可感可知的“温暖”，是潜移默化的生活集合。诚如美国城市学家刘易斯·芒福德在《城市发展史——起源、演变和前景》一书中所说：“城市不只是建筑物的群集，它更是各种密切相关并经常相互影响的各种功能的复合体——它不只是权力的集中，更是文化的归极。”① 城市是人类生产力发展、社会分工细化和生产关系变革的产物，是世界中人类社会纷繁复杂社会系统的有机分子。人类从远古走来，从荒野、蒙昧走向聚居、理性，走入由城市建起的现代社会，可以说，人类所有的文化都是由城市产生的，城市是人类文明进步的跨越。

城市意象是在对意象论述的基础上形成的，由美国学者凯文·林奇创见性地提出。林奇提出“城市意象”的概念时首先基于“城市与人”的前提，专指城市居民通过大脑想象可以回忆出来的城市印象，包括周围环境、整体印象和主观感受等内容，是人对所处城市直接或间接的经验认识。也就是说，城市意象是通过观察者对城市的观察、感应和认知过程后所形成的关于城市的印象，它是观察者与城市空间环境之间双向互动的结果，它既包括城市的特色与结构，也包括城市的意涵与内涵。凯文·林奇将城市意象可感知的元素分为物质性城市意象元素和非物质性城市意象元素：

物质性意象元素包括视觉可观的路径、边界、地域、节点、路标等城市

① ［美］刘易斯·芒福德．城市发展史——起源、演变和前景［M］．宋俊玲，倪文彦，译．北京：中国建筑出版社，2011：116.

标志性建筑，而非物质性意象元素主要是指城市活动、风俗民情、产业文化、历史事件等可感的城市风情。节庆活动是城市意象的非物质性意象元素，通过节庆的举办，可以不断强化人们对城市认同和记忆。对于一个城市而言，非物质性意象所形成的是城市的人文意象，代表着人们对城市的感受、经验、记忆，以及所有人文沉淀的联想和想象。这些片段化的经验和记忆被整合在一起，将城市的历史文化精髓渗入人们的心灵，与人们自身的文化储藏融合一体，升华成一种难以言表、不易传达的情结，从而形成个体自我精神世界所绘制的城市美学——包括城市特色、城市个性和城市精神。这三个方面互相依存、不可分割的部分，是构成一个明确的城市意象所不可缺少的。城市意象传播的意义就是要在公众心目中树立良好的城市形象，也就是要通过符号的解释而更好地体现城市意象元素。

表 6-4 城市意象构成元素

<table>
<tr><td rowspan="15">城市意象元素</td><td rowspan="11">物质性城市意象元素</td><td rowspan="5">结构性城市意象元素</td><td>路径</td></tr>
<tr><td>边界</td></tr>
<tr><td>地域</td></tr>
<tr><td>节点</td></tr>
<tr><td>地标</td></tr>
<tr><td rowspan="6">独特性城市意象元素</td><td>自然环境特征</td></tr>
<tr><td>历史环境特征</td></tr>
<tr><td>城市格局</td></tr>
<tr><td>建筑风格和色彩</td></tr>
<tr><td>城市轮廓景观和标志性建筑</td></tr>
<tr><td>独特的公共空间和设施</td></tr>
<tr><td rowspan="4">非物质性城市意象元素</td><td>城市活动</td><td></td></tr>
<tr><td>地方传统产业</td><td></td></tr>
<tr><td>风俗民情</td><td></td></tr>
<tr><td>历史人物和历史事件等</td><td></td></tr>
</table>

符号作为信息传播最重要的工具，广泛存在于大众传播、组织传播、人际传播乃至自我传播中。而构成意象的过程是在观察者与被观察者之间的双向过程，所以可以借助象征符号，接收者的反复训练或重视某一环境去增强

城市的形象。[①]“有一点是无可争辩的，在现代社会中，符号是最重要和最现实的需要”[②]，对于城市形象传播而言，亦是如此。正如上文所提出的，意象的理解具有因人而异的“飘忽性”，那么，一个城市的意象形成并不是简单地停留在城市符号的涵指层面，还需通过对意义的解释通达到对客体的意象理解，才能形成较为固定的、被居民和大众所明确感知到的城市意象。在这里，需要更大层级的“表征”体系建构起对意义“神话”的理解。

二、高雄国际货柜及钢雕艺术节的神话体系

巴尔特把“神话”称作第二级符号语言，这意味着它与常规语言相反，它并不以能指和所指之间任意的、动机不明的关系为基础。“神话”中总有某些形式的“动机”，即某些目的、意图和根据，作为其使用的基础。“神话”最具有说服性的话语来自它本身的目的的“自然合法”：人们赋予“神话”一个看似很遥远的位置，将其按照必要的规定进行生产或使用，而“神话”则将一个仿真的自然世界回报给人们。

（一）节庆神话创造

高雄国际货柜及钢雕艺术节，以重要的支配性象征符号为主导，支撑起整个节庆的意指系统。节庆自身依靠象征符号维持着各自的仪式性和象征意义，并完成了日常生活与节庆仪式场之间意义的转换与嫁接，但唯有通过政府部门、主办单位、公关企业、新闻媒体和民众的建构，才建构起节庆关于城市特有的符号意义和意象。

在节庆的符号神话系统中，第一层是所有参加节庆的货柜及钢雕作品；第二层系统就是进入“书写”的符号系统，即“能代表高雄的最出色的货柜及钢雕作品”；而进入第三层，也就是加入了“官方的节庆”的体系化，获奖胜出的作品变成了“官方”的意涵，被认为具有代表官方的意义；而最后的第四层，也就是经过完整的“节庆神话”洗礼过后的节庆，其意义就已经是

① ［美］凯文·林奇．城市意象［M］．方益萍，何晓军译．北京：华夏出版社，2001：9．

② 戴元光，金冠军．传播学通论［M］．上海：上海交通大学出版社，2007：221．

“被贴上标签的高雄节庆”。

Ⅰ.真实货柜及钢雕节符号	能指：参加过高雄货柜及钢雕艺术节的作品	所指：货柜及钢雕作品展演			
Ⅱ.书写货柜及钢雕符号	能指：货柜及钢雕作品比赛		所指：高雄国际货柜及钢雕艺术节		
Ⅲ.高雄货柜及钢雕艺术节的含蓄意指	能指：评选出的出色的货柜及钢雕作品			所指：被评选出的能代表高雄的作品	
Ⅳ.对于高雄货柜及钢雕艺术节的修辞系统	能指：1.艺术节是高雄的现代文化 2.媒体对货柜及钢雕艺术节的叙述				所指：货柜及钢雕艺术节是高雄造出的独特的节庆文化

图 6-13　高雄国际货柜及钢雕艺术节神话体系

（二）空间与意象神话的修辞模式

节庆与其举办地点相互连结，构成了一个结合的场域空间。高雄货柜及钢雕艺术节举办地特地选在了高雄港，再次制造了一种“空间符号”。节庆的参与者通过旧地重游，产生浓厚的怀旧气氛，将自身与“海港文化”联系在一起，产生潜意识里集体记忆的意义。这种记忆，亦将节庆与所处的地区或城市联系起来。

空间为城市提供了神话的居所，而从节庆内容如何转化为城市意象的传播，则需要借助罗兰·巴尔特在《流行体系》一书中借由服饰的体系解释了符号语言的三种转换语，即“从真实到意象”，“从真实到语言”，以及“从意象到语言”的三种层次，将其运用于节庆符号与城市意象的抒写，可认为节庆是一种本文，三种转换语也就是从节庆内容转化为符号结构，从符号的表象转换为城市叙述，从神话的叙述转译为意象的传达。对于第一种转换，就是城市符号到节庆符号，基本的转换语是节庆主题的策划及整个节庆环节的流程；第二种转换，就是符号内容的叙事，基本的转换语就是节庆的展示和举办过程；第三种转换，就是符号的意义与人类认知的连结，形成主体对客体的意象感知。这里可以将三种转换分为三种分析方式：

1. 修辞的：城市里的节庆都是以货柜、钢铁为主要内容。

2. 象征的：货柜及钢雕艺术节意指高雄。

3. 伪真的：货柜·钢雕·海港═高雄。（符号解释："═"等于，"·"关联性）

（三）节庆场域与城市意象

一个城市的整体意象，从产生意象到稳定意象、更新意象这一过程是相当漫长的，少则二三十年，多则上百年，甚至上千年，所以城市意象在时间上的延续，或者说意象与历史和现代的统一显得相当重要。在庞大的高雄节庆群落里，高雄国际货柜及钢雕艺术节是从早期历史岁月中流传至今的高雄城市文化意象元素，是高雄的产业代表，最能体现高雄城市特色的符号。对于不同的观察者，高雄的城市意象或许有些不同，但不同的意象面不断汇聚相交成为一个城市立体的意象。

现代节庆，鲜明地将城市特征融入节庆，借以符号的操纵影响参与者对城市意象的感知内容，并且转而成为一个具有集体共识、媒体流行的文化体系，再借由神话体系的书写与建构，达成其商业行销的目的。一个高度意象的城市，一看艺态，清楚明了，生动可喜，令人产生好感，似乎接近一种完好的组合，使得视听五官大有裨益。在这种环境下，所获得的感受并不是单纯的理解，而且也引人深思。节庆利用在地认同与本土产业特色，将城市特征融入节庆符号元素，又由符号的表征建构起城市意象。综合而言，艺术文化节庆活动不但具有促进观光、推动地方产业之效益，同时也蕴含了社区营造与城市文化形象的精神。正如城市社会学、芝加哥学派创始人帕克认为的那样，"城市决不仅仅是各种物质性的基础设施的聚合体，也不是分子化的个人集合体。城市，它是一种心理状态，是各种礼俗和传统构成的整体，包含着各种礼俗并随传统而流传至今的统一思想和感情"。[①]

三、构造城市意象的"天堂"

任何一个城市都有一种公众意象，它是许多个人意象的叠合；或者说，

① 转引自蔡禾．城市社会学讲义［M］．北京：人民出版社，2011：67．

一系列的公众意象，每个意象都是一定数量的市民所共同拥有的。意象是观察者与他的被观察对象之间双向过程的产物。城市意象，是一座城市在经过发展、蜕变之后仍保存下来的品质，对城市观察者而言，城市意象是对城市的记忆和整体感知。在意象元素被传播之后，观察者从自身的感受中获得意义的检验。但是，镶嵌在节庆中的符号元素经过意指系统的建构之后，形成了一个节庆的“神话”体系，那么这个神话体系如何进一步经由“表征”关联起城市意象的文化共享呢？

（一）文化表征系统

霍尔曾经用生产、消费、规则、表征、认同几个关键词构建起文化的循环系统：

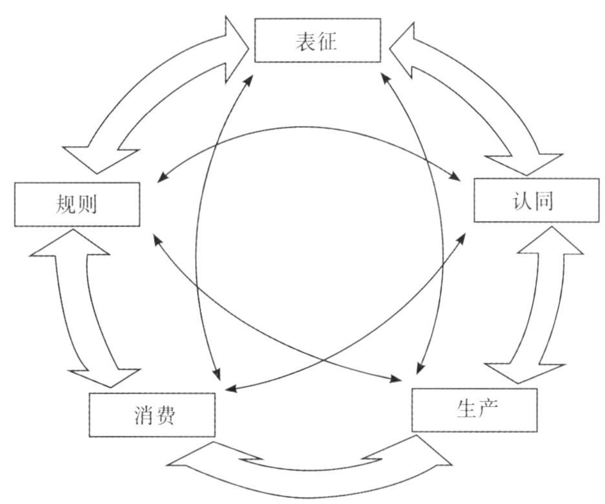

图 6-14　文化循环系统

如前所述，节庆的实质是一种仪式，在这个仪式场域中充盈着各种符号的意义。文化实践理论中布迪厄认为“场域”是由附着在某种权力或资本形式的各种位置之间的一系列客观历史关系所组成的。在继经济资本、文化资本、社会资本后出现了第四种资本，即符号资本。符号资本可由文化资本和社会资本转换而来，也可称为象征资本。① 如此说来，节庆不是简单的狂欢，而是由一股社会力量组织和构造成的符号体系，形成节庆的符号意指系统，

① 转引自杨慧，赵玉中，等．迈向实践的人类学［J］．西南民族大学学报，2008（3）．

从而建构起节庆的“神话天堂”——这个天堂就是这个城市的文化力量。也就是说，社会资本运筹帷幄了城市的文化资本，从而将文化资本转换为符号资本，经由符号资本进一步巩固了社会资本。所以符号视角所关心的是如何生产意义——即符号的“政治学”。那么通过霍尔的文化循环论，我们就可发现逃离不开官方角色渗透的台湾现代节庆，经由生产符号达到大众对符号的消费；于是在仪式所创造的规则笼罩下无意识地遵循仪式场放射出的意义，不断强化自身对城市的记忆和认同——这就是节庆符号的表征系统，也是城市意象得以实现的过程。

（二）仪式与城市权力

节庆自其出现的那一刻起就注定了它的周期性与非日常性。现代日常生活具有官方生活的刻板、严肃，也就是韦伯所说的“铁笼”性质。在这个“铁笼”里，到处充斥着目的理性，试图通过外界事物或其他手段来实现自己合乎理性的目的。为了摆脱理性带来的规则和压抑，人们努力创造各种不同的休闲方式，如节庆、艺术等，通过参与其中以进入到一个隔离于日常生活常规状态的场域中，获得休闲、放松，甚至狂欢和解脱。但如今，节庆从部落、乡村走到城市空间之中，城市精英除了仰仗国家机器外，开始借助节庆进一步巩固自己的地位：政府出资举办节庆，甚至将希望市民认同的意识形态融入节庆之中以愉悦百姓，巩固现存权力。而市民在这样的“神话”天堂中也乐于以难得的城市主人身份参与其中表达情感，城市权力和市民社会在这样的仪式中交互作用，各有所得。但问题在于，当代社会的节庆活动在被严重仪式化、符号化的过程中早已失去了自身的自由性和创造性。因此，节庆从此进入到从生产到消费的商品化的关键环节，成就了官方的目的理性，并再也难以与日常生活区分开来。于是就构成了“节庆的技术统治”的吊诡，即我们试图通过节庆摆脱日常生活带给我们的理性与束缚，但是符号化的节庆却让我们进入了一个幻觉性的颠倒领域——一个虚假的世界——这个世界同样被官方所控制和重塑，我们在节庆里休闲与狂欢只不过是包裹着糖衣的“冷笑”。节庆与官方相互制约、拉扯，试图争夺大众真正的狂欢。

回忆是过去的，传统亦是过去的。现代节庆从现在的片断和过去的碎屑中，把新的结构和意义结合在一起，它们很有说服力，并必然具有伪装，因为它们是被当作事实来解释的。但这一点必须很清楚：如果大众选择了把节庆当作一种神话结构，那么符号的权力就不是一种选择，而是一种必然！

结 语

节庆活动一直被视为个人成长、城市意象塑造不可或缺的元素和特定的表征。自1851年伦敦万国博览会在海德堡公园盛大开幕以来，节庆活动就被视为展示人类文明、促进社会发展的重要平台。它被视作社会事件的一种独特机制，而不是一种真实的生活。节庆被符号化，意味着其被用于某些特定的功能和目的而存在。通过对节庆符号化的分析或许可以让我们用一分为二的态度来清晰地看待现代节庆的纷纷扰扰。

首先，透过节庆来理解城市，被看作是人类用来考察城市的文化现象。现代节庆鲜明地将城市产业进行文化包装，间接地融城市意象元素于节庆之中，使其成为节庆的主题及艺术思想源泉，创造出另一种风格的节庆形式。而隐含在节庆中的城市意象，既是参与者对城市地区或活动的期望，又是参与者的信仰、思想及印象的总体表现。实际上，城市意象更是一种认同，而认同是一种必须借助"他者"的概念结合才能形成的东西，也就是说，没有形象的传播行为，认同无法产生。我们通过节庆传播的行为，对有关城市的一整套象征符号进行具象呈现和意义生产，不断形成或巩固民众对现有城市意象合法性的认同。在这里，城市不只是物质的存在，还包括经验、集体记忆、被想象成拥有独特性格、认同的心灵。节庆是"带有回家感觉"的活动，它就像写作，帮助我们找到回家的路。

其次，节庆被城市管理者注入了官方色彩，下意识地影响着城市人的无意识。布希亚的后现代主义"符号决定论"认为，后现代社会凸显了文化、意识形态与符号在社会结构和日常生活的作用，强调的大众传播媒体、时尚、艺术和技术等均是当代资本主义社会中的商品化形式与消费系统。文化经济时代的来临，重点是以"意义"与符号化取代以往的生产模式，消费东西实质是消费符号及符号背后所象征的意涵，而非物品的实用性价值。大众正以符号价值取代使用物质的交换价值。在节庆中，首先要将日常生活中的物质变成一种"符号"，以符号之名进入"商品"体系，变成消费的对象以供社会大众进行消费，融合于消费社会的运作系统，才能创造出其符号价值。“物质”与“节庆”本属于两个不同层次的语言符号，但在后现代思维弥漫的氛围里，透过结构和重组，“节庆”这个词语的意义被瓦解了，它已不再是人们认识的那种传统味道的周期性庆典活动。

第一层面的理解或许可以从对文化顶礼膜拜的萨林斯的观点中得到肯定，他认为，节庆仪式本身的文化理性应该受到足够的关注，尊重文化本身的象征图式是我们保留文化本真最优质的选择。而在功能主义的逻辑框架下，后一层面的理解则突出强调了目的理性的作用，认为所有的节庆仪式都传达着利益信息，都是参与者精心策划、励精图治的结果。可以说，文化理性与目的理性在现代都市的节庆仪式展演中是并行不悖的两种逻辑，它们随着城市地域背景和社会背景的专业而呈现差异的格局。

现代节庆贯穿了公众的整个日常生活，它为民众带来集体狂欢，唤醒集体记忆，并起到了整合社会的作用；但同时民众似乎只能无奈地接受意识形态带来的繁华，再也想不起曾经清晰的那个自我主体。

第七章

数字时代台湾书店产业研究

在台湾文化创意产业的四大类中，数位内容产业基础比较薄弱，近几年的营业额、企业家数也增长最慢。而媒体类产业中，出版产业近几年也呈现不断下滑趋势。但是在台湾，有一个出版业的“神话”——诚品书店。诚品书店利用信息技术和数字技术创造的资源和机会，开展数字时代的创意行销，催生了数字生活空间的形成，提供同时承载促进销售与品牌建构需求的行销传播的广阔空间，这不仅让数位内容产业寻找到新的产业合作出路，也为实体书店寻求积极转型突破。诚品书店历经三十多年的发展，创造了年营业额不断攀升、年客流量不断上涨、分店数量不断增加的“奇迹”。诚品书店不但成为台湾的文化地标，还将发展的触角伸向整个华人市场，全面启动台湾地区之外的扩张计划。诚品书店的经营特色在于，以“书籍”深耕阅读文化市场，以文化创意作为核心竞争力，由单一的书店经营发展为复合式的跨界经营模式。如今的诚品，营运范围拓展到多个领域，形成综合性的文化创意产业，实现了品牌资产增值。诚品书店多年来持续深耕阅读文化的品牌形象深入人心，成为书店业极具影响力和典范作用的成功品牌。

第一节　台湾书店行业的生存状况

从20世纪80年代末开始，随着数字技术尤其是网络技术的广泛运用，人类进入了传播史上的一个崭新的时代，即与信息社会相适应的数字化、网络化的传播时代。数字技术的发展，形成传统媒体和新兴媒体融合的全新媒介景观。数字化、网络化的传播方式既具有传统媒体的优点，又克服了它们的弱点，使文字、声音、图像、动画等通过数字传播技术得到大融合，把图书、报纸、杂志等第一代载体和广播、电影、电视、音像磁带等第二代载体数字化，将它们之间的界限完全打破，使其差别变得模糊而不可辨认。同时，数字传播技术把延续了几千年的单向传播变为双向传播，变更了传统传播者和接受者的角色定位，把传播者和接受者的地位相对化，实现了传播者与接受者的深入互动。数字传播技术全面地改变了人们的思想观念、生产方式、生活状态和行为特点。而互联网突破空间和时间的界限，将地域的区隔磨平，使人们的生活范围扩大，在网络世界生活在同一空间，依托同一个时间维度。因此，数字化开辟了一个新时代，网络化造就了一个新世界。

一、数字传播对出版产业的影响

正像人类历史上蒸汽机和电力的发明曾经改变世界一样，数字传播技术的出现和广泛应用正在使世界发生根本性变化，一个全面数字化的时代正在来临。出版业也不例外，出版的形态正在被数字传播方式悄然改变，出版业也被认为是受到数字传播冲击最大的行业之一。

（一）出版形式立体化、多元化

建立在数字传播技术的基础上，出版形式走向立体化、多元化发展，构成出版产业的新格局、新环境。多元化是对现代社会需求个别化、多元化的适应；立体化是对媒介和时空范式的整合。在现实的出版格局中，网络出版和数字出版的出现，充分印证立体化、多元化的发展路径。

网络出版一改传统出版以文本传输为主的方式，转向文本、动态图画、声音等综合传输。图书、杂志、报纸、电视等都可以借助网络进行展示，文字、声音、画面的内容及功能被有机地整合到一起，克服了声音、画面不易保存和不可复制的缺陷，大大扩展了出版的边界。同传统出版相比，网络出版还实现了时空上的范式转换：克服了图书等与其传播对象在空间上的共存缺陷，使其得以传之宽广；克服了电视、广播等在时间上的共存缺陷，使之得以传之久远。立体化的传播方式使得任何人在任何时间、任何地点都可以向任何对象传递和获取任何信息，从而极大地促进了社会生活方式的转变。①

与此同时，依照不同媒介功能特点和表现手法不同，传播形式也出现了多元化、细分化的趋势。数字传播技术的不断发展使出版领域的变革进入了一个新的阶段：出版产品本身从有形实体向虚拟数字化内容转变，产生了一些新的出版模式和出版技术，如手机出版、电子书的发展孕育的新型出版载体等，以适应现代人便捷、高效、个性化的生活需求。数字出版按需出版的模式日益强盛，显示出极大的优越性。

（二）阅读需求个性化、数字化

技术进步与出版发展的互动，在形成网络出版和数字出版的同时，也使读者个性化、数字化的阅读需求空前加强。读者作为出版传播的受众，其需求变化直接关系着出版消费环节的变局，又反过来影响了生产的布局。在数字时代，互联网的深刻影响使出版产业赖以生存的内容聚集起来，各种出版活动越来越受制于互联网的发展，导致一种新的“市场霸权”的形成。各种图书和服务都集中地摆放在所有的读者面前，接受他们的选择，商品的特殊性往往会被消费者的个性化所代替。② 主要表现在三个方面：第一，读者的选择权进一步增强，数字传播技术的发展不断革新出版形态，直接造成读者可选择的出版媒介形式和出版内容形式日益多元化，读者可以根据自身的情况和需求进行个性化阅读；第二，读者的阅读习惯发生变化，随着数字技术的广泛运用，读者的阅读方式明显具有后现代特征，娱乐化倾向增强，比以往更希望能够从文字以外的媒体符号如声音、视频等来获取信息，对于能够自由地在不同媒体间切换、跳跃的期望较以前更强烈，同时读者获取信息的技能也发生了改变，选择新的出版传播媒介进行阅读的可能性更大；第三，读者的阅读需求也发生变化，在数字化出版形态不断涌现、各种出版形态的市场占有率发生改变的出版环境中，读者的阅读需求和消费趋于个性化、细分化，对出版业的格局产生深刻影响。

---

① 周蔚华. 数字传播与出版转型［M］. 北京：北京大学出版社，2011：15.

② 贺耀敏. 数字化生存与数字出版——我国出版产业的发展思考［EB/OL］. http：//www. sinohook. com/press/newsdetail. cfm? iCntno＝520，2007-07-20/2013-06-01.

二、数字时代的实体书店

（一）书店形态

随着社会经济、文化的发展和科技的进步，书店的形态和风格不断发生改变。从早期的传统书店，到现在类型多样的书店，每一种书店都有独特的风格和经营理念，呈现出各具特色的阅读文化。经由资料查询，配合数字时代的书店发展现状做出整理，将书店的形式区分如下：

表 7-1　书店形式

传统书店	纯粹以贩卖图书和文具为主的书店，通常由一个店主、两三个店员来处理店内所有的工作，一般设立在学校周边或闹市区，不太注重广告宣传，采用静态地等待顾客上门的被动式经营方式。
连锁书店	以连锁形式经营的书店，各个连锁书店具有统一的形象特征和经营理念，规模较大，多采用复合式经营，兼具行销与服务的挂念，例如香港的三联书店、台湾的诚品书店等。
专业书店	专门从事某一特定行业书籍的销售和服务的书店，提供该领域多角度全方位的书籍及资讯，专业性较强，专精尖是最大特色。书店自由度较大，可充分体现业者个人的意愿和态度。
主题书店	在书籍种类或者经营模式上独辟蹊径，自成一家的书店，以销售特定类型或主题的出版品为主，内容多集中在生活、人文、时尚等领域，因风格独特拥有忠实的拥护者与追捧者。
特价书店	采取较为优惠甚至低廉的价格进行销售的书店，基本为中小型的综合类书店，图书包括常规图书、过期图书、二手书等，类型汇集各个领域，主要以低价的特点吸引顾客并刺激消费欲望。
氛围书店	经营图书等产品，并为顾客提供舒适的阅读环境的书店，以休闲娱乐类的书籍杂志为主。在某种程度上更像是一个书吧，将读者阅读体验的舒适度放在首位，注重阅读氛围的营造。
网络书店	利用互联网进行图书销售的虚拟商店，是电子商务应用于图书发行领域的产物，利用网络技术开辟一种新型的顾客服务模式，结合了互联网与传统图书交易手段的优势，呈现出诸多显著特征，给实体书店带来划时代的挑战。

(二)台湾实体书店

台湾实体书店的发展经历了几个阶段:一是传统经营期,20世纪80年代以前的台湾书店主要是传统形态的书店,如小型书店、书报摊等,规模不大,服务人员较少,多以销售参考书籍、文具类产品为主。二是连锁经营期,80年代台湾经济发展渐趋稳定,开始追求有品质的生活,书店业逐渐转型,进入了连锁经营期。新学友书店、金石堂书店、诚品书店以及何嘉仁书店等中型连锁书店陆续设立,重视装潢,增加服务项目,书店的形式走向企业化的管理。传统书店因受到挤压而接连关闭,连锁书店更加蓬勃发展。三是复合经营期,90年代以后,连锁书店进入百家争鸣的时代,各个连锁书店品牌竭力拓展经营领域,加强促销,扩大连锁书店的版图,并朝着更具质感、深度且复合式经营的模式发展。

进入21世纪的台湾实体书店面临着生存与发展的问题。从2000年开始到近年来受到数字技术和网络书店的蓬勃发展影响,实体书店销售直线下滑。加上人力、房租、水电等成本急剧上涨,实体书店加速崩盘,在短短时间里,接二连三倒闭关门。许多台湾老牌书店,如曾希望转型为有书香咖啡屋特色的建弘书店,曾引领风骚的品位桂冠书店,承载着许多人成长技艺的东方书店、新学友书店,以及大型连锁书店金石堂等等,纷纷面临着熄灯打烊、缩小营业面积或是转而经营网络书店的命运。

(三)实体书店衰落的原因

实体书店的发展困境是全球性的,其衰落是世界范围内的问题。实体书店被视为一座城市的文化地标,出版文化被看作城市文化的重要组成。然而,书店所象征的文化意义正在数字化的大潮中被逐渐冲刷。出版文化与城市形象之间不以凝固不变的实体形态发生关联,而是一个在技术推动之下不断被建构的关系。当下,数字技术革命以及媒介传播方式发生的变化,正深刻地改变着社会文化生产、消费以及社会组织结构的方式。技术变革导致实体书店的式微、数字阅读与网络书店的兴起,同时也催化和推动着基于新媒介技术的文化价值与形态的重新建构。实体书店的文化功能和影响正逐渐发生变化,但新的价值认同还未被重新建构完成。当数字阅读与网络书店越来越吸引人们的目光时,实体书店的消失伴随着传统购书习惯、态度和价值的改变。

为了探索实体书店未来发展的道路，必须探究实体书店衰落的原因，并重新定义实体书店的行销战略。

1. 阅读方式数字化

随着数字化资源的日益丰富，网络阅读、手机阅读、平板电脑阅读等新的阅读方式悄然兴起，逐渐改变着人们的阅读习惯，日益挑战传统的纸质阅读方式。与纸质阅读相比，数字阅读更加经济、方便。网络内容产业的蓬勃发展和终端阅读产品的不断丰富为消费者提供了资源丰富、新鲜、优质的电子图书资源。电子书阅读器的面市和日趋发展，加剧了实体书店的困境。以亚马逊 Kindle 为代表的电子书阅读器不仅极大程度地降低了阅读成本，而且更加符合年青一代的阅读习惯。实体书店的产品优势正被数字化替代，读者社区正被虚拟化替代，消费者阅读方式数字化彻底颠覆了传统图书零售的消费习惯和消费模式，给实体书店带来的冲击不容小觑。

2. 购书渠道网络化

在实体书店衰落的同时，网络图书销售市场规模却不断扩大，迅速崛起的网络书店成为实体书店最强劲的竞争对手。相较于实体书店，网络书店拥有明显优势。首先，网络电商采取低价折扣策略，一方面是基于买断或包销的进货方式，出版社提供更优惠的折扣，另一方面可以从其他非图书商品销售获得利润补贴。其次，网络书店不需要负担房租、货架等成本，运营成本比实体书店低很多。最后，网络书店还拥有 24 小时运营、图书信息大、分类精细化、关联性展示、低折扣以及无购书区域限制等诸多优势。网络书店吸引着越来越多的消费者，“直接网络购书”、“书店看样、网络下单”成为消费者的习惯，这种消费习惯正以不断加快的速度蚕食着原本属于实体书店的市场份额。

3. 阅读环境浮躁化

读者阅读取向和社会环境的急剧变化是实体书店难以存活的又一原因。据相关阅读调查结果显示，超过半数人不满意自己的阅读数量，而“没有时间”成为许多人不读书的最重要理由。在有限的人均购书中，教辅书籍占有很大比重，功利化的阅读取向成为普遍现象。同时，凭借便捷、有效、即时交互、多媒体结合等特点，数字化阅读受到越来越多人的青睐，成为“全民阅读”的新趋势。以往较长时段的“完整阅读”正在被“碎片化阅读”所取代，与人们越来越快的生活节奏相适应。

4. 经营成本高额化

面对激烈的竞争与恶化的经营环境，实体书店命运迥异。多数民营实体书店生存堪忧，纷纷陷入经营困境，出现了批量倒闭潮。绝大部分实体书店，特别是民营实体书店，都是自主经营，依靠自有资金生存，在缺少政策与资金扶持的情况下自负盈亏，受到市场因素的影响较大。相比当当、卓越、京东等网络书店的低价策略和多品种多类型的长尾竞争，持续上涨的房租、急剧上升的人力成本、高额的日常运营成本、资金短缺、规模的限制等种种原因，都限制着实体书店的发展。尤其是中小型书店的生存问题更加突出，业务规模小，营收来源少，竞争能力低，生存压力大，出现亏损成为常态。

三、书店产业的创意行销

创意行销是以创意为核心驱动力的行销理念，通过不同寻常的沟通、特殊的公关活动及其他创新的手段，创造市场优势与顾客需要，将产品或服务成功地带入目标市场，开发出动态市场，达到出奇制胜的行销效果。作为一种创造性的行销理念，创意行销以概念独特、形式新颖、绩效显著为外在表现，以创新理念、引导需求、提高价值为内在特征。创意行销具有明确的行为目的和产品卖点创意，创意包括产品策略创意、品牌创意、广告宣传创意和企业形象创意等。企业的整个生产经营活动就是一个创意的系统工程，创意行销作为企业有计划行销的一个组成部分，对企业的生存和发展具有重大意义。

21 世纪，全球信息传播进入了数字时代。数字化、网络化、全球化的发展正在彻底地改变世界，改变人类的生活。数字技术不但使传媒形态、传播格局和传播规律发生了重大变革，也使行销传播的现状、目的与难点，与以往相比有了很大的差异。在一个行销必须有创意的时代，书店产业的竞争策略、信息传播方式、行销思维都将受到巨大的冲击。一场行销传播革命的风暴正在以迅雷不及掩耳之势到来，一切都将发生改变，一切都正在发生改变。

在传统的书店业行销观念中，企业与受众的地位不对称，企业的行销要往哪个方向走或者要传播什么信息，都是企业说了算，受众只能被动接受。而在数字时代，数字化导致了行销特点的巨大变化：卖方角色发生了很大的变化，描述产品和服务，满足个别客户的需求，非常小众化；行销手段和方法的多样化：以数据库为基础的新媒体信息管理模式和企业协同方的价值链整合，一对一的行销，买方搜索信息，买方和卖方之间进行不断的信息往返，达到持续性沟通，而且可以在线完成交易；行销目的在于客户的价值、企业的核心能力和合作网络，通过掌握客户占有率，客户忠诚度和客户终生价值达到获利性增长；行销的难点也在于行销信息和广告信息的冗余，消费者的信息超载。①

无论是对于一个面临变革的产业，还是一个优秀的企业，都必须提前做好准备，“应该在变化塑造你之前创造变化”②。就实体书店而言，在历史性的变化中，书店行业的行销传播正在经历和见证一场革命性的变革。过去熟悉的理念和模式分崩离析，既有的经验在新的环境中有可能成为变革的阻碍。同时，长期积淀下来的某些其他环节和因素会因为新的环境而上升为主要的价值。面对不断变化的崭新环境、急剧缩小的生存空间，遭受极大冲击与挑战的实体书店如何生存和发展下去，成为书店产业创意行销的新课题。

第二节　案例分析：诚品书店

1989 年成立的诚品，重新定义了书店，改变了阅读的边界；1997 年，由百货原址改建的西门诚品店确立了诚品书店与商场结合的经营模式；1999 年，诚品书店（敦南店）24 小时不打烊，成为全球书店创新典范；2015 年，诚品在苏州设立大陆第一家旗舰店；2016 年 7 月 27 日，诚品迎来成立第一万天；2017 年，诚品打造亚洲最长书街……一系列重大事件标志着诚品书店走过的历史。诚品以一种近似“布尔乔亚”③ 的文化精英姿态逐步走向囊括所有生活场景的大众气质。它让民众思考“何谓人文气质，阅读意义”，并以不同产业或业种及营运模式，延伸出不同的文化多元面向，开创台湾出版业的“神话”。

---

① 章燕. 文化视野下的营销传播［M］. 杭州：浙江大学出版社，2008：40.

② 陈超，邱旻. 起死回生斯沃琪［J］. 品牌，2011（11）.

③ 马克思主义为社会所做的阶级划分中的富有阶级之一。

一、从诚品书店到诚品事业群

1989年吴清友创立台湾诚品书店时，还是一家坐落在台北仁爱路圆环旁的小型人文艺术书店。多年来，诚品书店坚持人文、艺术、创意、生活的经营理念，凭借着专业、独到的选书能力，多元通路和文化创意活动平台的整合经营能力，丰富顾客阅读和生活面向，逐渐发展为今天以文化创意为核心的复合式经营模式，经营范畴包括书店、展览馆、艺文空间、音乐馆、餐厅、旅馆、电影院等；同时也形成了以"诚品书店"为品牌核心的诚品事业群，包含诚品公司、诚品生活公司、诚品开发物流公司、诚品文化艺术基金、诚建公司等文化事业。

表7-2　诚品事业群

诚品事业	特征
诚品书店	1989年，诚品由台北仁爱圆环的第一间人文艺术书店开始，至今已有47家分店。
诚品画廊	1989年成立，以推广、代理亚洲当代艺术家为定位，专注于"当代和现代艺术"策展走向。
诚品网络书店	2001年成立，承袭诚品的知识文化品牌，涉足电子商务。
诚品开发物流	2001年成立，建立完整资讯物流服务系统，业务包括仓储、配送等。
诚品生活餐饮事业	业务包括餐饮服务、零售通路、专业设备业务、工程服务和餐旅用品服务等。
诚品行旅	整合人文阅读、文创展售、音乐电影、绿意自然的艺文旅馆，坐落于台北松烟文化园区。
诚品生活文创平台	2013年，诚品生活推出自营品牌：AXES创意时尚平台和expo微型文创博览平台。
诚品展演	2013年成立，开展具知识、创意、体验、感动四大层面的展演内容，每年举办超过5000场艺文活动。
诚品居所	坐落在苏州金鸡湖畔，以独具一格的理念，为人们呈现建筑与环境、空间与自然、人与空间之间的和谐相处。
诚品文化艺术基金	2010年成立，以"有书读、爱读书、读好书"为目标，对外募书，将书籍整理后送到需要的人手中；建立"移动图书馆"，为偏远地区注入多样性的阅读经验。

二、诚品书店的发展历程

（一）初时创立期

1989年，台湾连锁书店商机大起，包括金石堂、诺贝尔等书店在全台各地兴起。此时，坐落在地价不菲的台北仁爱路圆环旁的诚品书店创立，以异类的姿态开启了第一步。创办人吴清友不仅跳脱了原先的厨具经营逻辑，还超越了书店营运的思维。他将书店定位为精英分子与高格调的书店，选书不流于大众，专攻人文、艺术及建筑，在当时文化界对知识的渴求与搜括中，深入知识分子的内在。

1991年，诚品书店扩大规模和营业范围，增设二楼卖场，包含10个专业书区，并将综合书区、艺文空间与画廊组合起来。此后，迅速推出诚品第一本杂志《诚品阅读》，文史哲的切入，人文精英的姿态，使诚品效应在小众之间广泛触动。此时，“人文艺术阅读”的诉求更为明确，书店正式定位为“静态的书店经营”、“多元的艺文活动”双向并进与互动的文化参与角色。

（二）理念酝酿期

文化品牌形象树立，但商业模式仍在摸索。对一般大众而言，诚品的文化档次始终让人望而生畏。1995年，诚品书店迁至敦化南路的“敦南金融大楼”，除了保有书店，原先的精品艺廊也转为音乐、文具及餐厅，试图转向“现代人知性休闲空间”。隔年将作为形象传播的《诚品阅读》停刊，并增设高雄汉神百货内分店、天母忠诚店及台大店，企图突破原先的狭窄生存空间，复合商场的雏形由此展开。往后的五年时间里，诚品继续开设大量分店，分布在台北车站、士林、忠孝SOGO、西门町、大直等地。与此同时，将品牌核心放在诚品的起点敦南店，从1997年开始举办“诚品讲堂”，主打文学、建筑、生活等层面，迄今未歇。

一间书店由小众转向大众，并将原先文化精英的内里摊开成为普通顾客的选项，对顾客的教育意味浓厚，却也顺利将诚品由书店转向“吸收知识经验”的多义场所。

（三）扩大服务期

1999年，诚品敦南店实施24小时不打烊的运作，成为全球第一家24小时营业的书店，开启了零时差的城市阅读生活。“24小时书店”的身份由此成为诚品的一个显著性标签，并出乎意料地添加了一则都市神话。24小时运营，除了应和台湾特有的大量24小时超市、便利店的生活感，更开始与文化消费者建立起另一种私关系：深夜的、私密的、多虑的时刻点，背后暗藏了失眠的现代性疾病象征，又同时饱含了亲密的时间属性。都市漫游者在深夜群聚，并获得诚品提供的一种专属的贴心服务。

隔年创办的《诚品好读》，承接了诚品由小众转向大众的转折，以类型阅读与延伸阅读为轴，靠近文化，附着更多生活感，成功占领顾客的心。在往后八年中，诚品文化品牌形象树立了不败地位。然而，品牌的形象未能撑起拓展的脚步，2001年遭逢纳莉台风与随之而来的SARS疫情，营运亏损又遭大自然连累，往后陆续关闭了十多家分店。

（四）深入发展期

历经15年亏损，2004年终于迎来获益之门，并开始进入第二代诚品模式。如果说1989年的诚品敦南店是往文化人心中扎根，那么2006年的诚品信义旗舰店则是向大众直接洒生活品位的种子。2006年，台湾的文化界掀起“生活美学”的热潮，给文化创意产业带来深远影响，主打“品位生活”的诚品信义旗舰店便在土壤与需求兼备的状态下成立。八层楼的建筑，坐落在寸土寸金的台北信义商圈，成为优质都会生活的“博物馆”。其中，书店的面积仅占20%，其余空间则是各式各样的生活产品。诚品将书店的品牌形象延伸到整个复合商场，这种演化成为诚品获利的新标杆。往后，诚品116、诚品天母忠诚店、诚品台北车站捷运店、诚品生活新板店等，都以复合式商场的形式陆续成立。诚品的价值在于经营复合式商场的经验与能力，在文化和获利之间，找到了最佳平衡。

2012年，诚品在香港希慎广场成立分店，成为香港面积最大、藏书量最多的书店。2015年，诚品进军大陆市场的首站位于苏州，于2015年11月开始运营，并坚持“连锁而不复制”。2017年，诚品在台北市大同区南京西路的中山地下街，打造亚洲最长书街“诚品R79”，全长270米。

表 7-3 诚品关键大事记①

年份	大事记
1989	诚品股份有限公司正式成立。诚品书店、诚品画廊成立。
1994	由诚建整拼为餐旅事业处成立，整合餐旅设备、用品与美食的全方位服务，奠定扎实的基础。
1995	诚品敦南店搬迁至现址，以马拉松式活动接力宣告迁馆，创下台湾书店史上的单日最高营业额。
1997	第一期“诚品讲堂”开讲，开启台湾民间人文讲堂的新时代。
1998	诚品台北车站捷运店开幕，诚品首度加入交通运营站的通路服务体系。
1999	诚品书店（敦南店）24 小时不打烊，成为全球书店创新经营模式。
2001	诚品开发物流股份有限公司成立，整合仓储配送及物流系统。诚品网络事业处成立，正式将虚拟与实体通路整合营运。
2003	诚品台大医院店开幕，诚品首度加入医疗服务体系。
2005	导入 SAP/ERP 系统，让台湾书籍流通效能与品质和国际接轨。
2006	诚品信义旗舰店正式开幕，总面积 50000 平方米，是全台最大的书店商场，成为国际城市橱窗的重要指标。
2008	勤美诚品绿园道店于台中开幕，首次以经营代管模式，展现诚品开发、营运合作共生的实力。
2009	诚品与台北市立美术馆合办《蔡国强泡美术馆》当代艺术个展，成功展现诚品国际艺术策展力，并达到文创交流目的，总参观人数超过 22 万人次，创下台湾当代艺术展览史上参观人次新高点。
2010	诚品生活股份有限公司成立。
2011	诚品发展迈向两岸。
2012	2012 年 8 月，香港第一家分店——诚品香港铜锣湾店正式开幕。
2013	诚品生活，台湾首创“生活产业与文创平台”的复合通路公司挂牌上市。诚品生活松烟店开幕，以“跨界·实演”为定位，涵盖文创商场、综合书店、艺术电影院、表演厅等经营内容，体现“现代的文创工厂”，“实演的文创平台”、“观光的文创胜地”三大场所精神。
2014	诚品书店成立 25 周年。

① 资料来源：诚品书店官方网站.

续表

年份	大事记
2015	2015 年 11 月于苏州设立大陆第一家旗舰店
2016	诚品生活太古店开幕，为香港较为罕见的大规模一楼临街书店。
2017	吴清友去世；全台最长书街“中山地下书街——诚品 R79”开幕。
2018	全新独立大店“诚品生活南西”开幕，致力打造跨文化的“生活聚场”；大陆第二家店“诚品生活深圳”开幕。
2019	诚品书店成立 30 周年。

表 7-4　诚品书店分店总览

<table>
<tr><th>地点</th><th colspan="2">分店</th></tr>
<tr><td rowspan="3">台湾</td><td>北部</td><td>诚品敦南店、诚品生活新板店、诚品生活松烟店、诚品信义店、诚品站前店、诚品武昌店、诚品台大店、诚品西门店、诚品台北车站捷运店、诚品生活板桥店、诚品东湖店、诚品士林店、诚品双和比漾店、诚品大直实践店、诚品台大医院店、诚品美丽华店、诚品宜兰店、诚品桃园远百店、诚品中坜 SOGO 店、诚品中坜大江店、诚品 R79 店、新北林口店、诚品亚东医院站、诚品桃园台茂店、诚品桃园统领店</td></tr>
<tr><td>中部</td><td>诚品台中中友店、诚品丰原太百店、勤美诚品绿园道店、诚品台中金典店、台中大远百店、台中三井店、诚品云林虎尾店</td></tr>
<tr><td>南部</td><td>诚品生活文化中心店、诚品台南安平店、诚品高雄大统店、诚品高雄医学院店、诚品屏东太百店、诚品高雄远百店、诚品台东店、诚品高雄梦时代店、诚品高雄大立店、诚品高雄 SOGO 店、诚品高雄驳二店、诚品台南南纺店</td></tr>
<tr><td>香港</td><td colspan="2">诚品香港铜锣湾店、诚品香港尖沙咀店、香港太古店</td></tr>
<tr><td>大陆</td><td colspan="2">诚品苏州店、诚品深圳店</td></tr>
</table>

三、诚品书店的经营特征

（一）诚品书店的经营内容

诚品书店从一家小型人文艺术书店逐渐发展为以文化创意产业为核心的复合式经营模式，目前经营内容包括各地特色书店、艺文展演活动、生活风格商场和美食餐旅事业。

1. 特色书店

诚品书店现有25万种书目、270万册的丰富书籍，以及20万个种类、180万个文具、影音等各式商品。诚品强调“在书与非书之间，我们阅读”，多元运用书店空间规划主题陈列、举办现场活动，自书中延伸到全方位的生活体验。

表7-5　诚品特色书店

音乐馆	成立于1999年，至今引进超过20万种音像出版品，邀集众多音乐表演者于诚品空间内演出，提供音乐人展现创作能量的机会，目前有5家。
风格文具店	以“店中店”为概念，种类涵盖诚品设计品牌、礼品、精品文具三大主轴，并引进全球独具创意的特色商品，目前有2家。
儿童书店	不仅涵盖儿童刊物、绘本、青少年读物、音像、益智玩具等众多种类，还定期举办书展、说故事时间、亲子讲座、童书达人分享会、DIY体验教育、艺文生活教育等活动，目前有2家。
Art Studio	位于诚品信义旗舰店，以艺术家工作室的概念与新锐艺术家、跨界展演艺术团体合作，展示艺术创作过程与精神。
Cooking Studio	位于诚品信义旗舰店，定期举办主题食谱推荐、中外美食分享、名厨和美食家的烹饪示范等活动。

2. 文化展演

诚品书店本着“人文、艺术、创意、生活”的经营理念，全方位延伸阅读范畴，多元运用店内书店空间、艺文场域及户外场所，全年举办4500场各式艺文表演活动，提供展演与创新的舞台。

表 7-6　诚品文化展演

诚品表艺	创办于 1992 年，至今陆续推出“诚品地下开放剧展”、“诚品戏剧节”、“诚品春季舞台”、“诚品屋顶音乐节”等系列活动，将推介表演艺术节目和团体视为重点工作，每年固定制作、推出新型表演艺术活动。
诚品讲堂	创办于 1997 年，至今已累积 2300 堂课程，邀请 350 名各领域专家担任讲师，19 万人次付费参与课程。课程范围包含建筑、哲学、历史、说书、艺术、生活风格、趋势、电影、音乐、文学等，并逐步开辟新内容。
文化活动	推广、主导各项文化活动，关注重要文化议题，在艺术、音乐、人文、文学、弱势关怀、另类话题等议题上持续深耕。
设计展览	创办于 1990 年，内容包含摄影、绘画、艺术、建筑、设计、书法、工艺、陶瓷、童书绘本等，举办方式涵盖诚品主题策展、艺术家邀展，以及与文化界、媒体界、慈善公益单位商业合作等。
诚品空间	打造在地特色空间设计，呈现商品陈列和展场规划。
创意市集	与店内阅读氛围互补，在户外举办不同类型和主题的市集活动。
公共艺术	开放性、平民化的文化舞台，以不同形态文艺表演与大众交流。

3. 生活风格

诚品书店在生活风格方面，引进各种兼具质感、艺术、时尚与文化元素的潮流精品和家具家饰等，展现独到的生活美学与风格态度，呈现特有的诚品品位。

表 7-7　诚品生活风格

潮流精品	潮流品牌和国际精品，包括服饰、艺术品等。
家具家饰	具有设计感、生活感的家具家饰。

4. 美食餐饮

诚品书店在美食餐饮方面的经营，主要是具有文化气质、高格调的美食餐厅、咖啡馆、自主餐厅、酒馆等。

表 7-8　诚品美食餐饮

The Library	位于诚品信义旗舰店，是一家法式料理餐厅。
eslite Tea Room	风格类似 19 世纪法国沙龙，提供诚品独家代理的法国茶叶和意大利咖啡，并搭配欧陆食物。
eslite Cafe	开设于诚品书店一角，供读者餐饮、休憩、阅读。
诚品酒客	诚品自营代理顶级欧陆葡萄酒和香槟，除了酒藏，还展售专业酒器具。
诚品美食广场	位于诚品商场内，餐饮包括台式风味、异国料理、中西式点心。

（二）诚品书店的经营理念

诚品书店，英文名为 Eslite Bookstore，eslite 由法文古字引用而来，意指精英。诚品书店对“精英”的定义是：努力活出自己生命中精彩的每个人。“诚品”代表着诚品书店对美好社会的追求与实践。“诚”，是一份诚恳的心意，一份执着的关怀；“品”，是一份专业的素养，一份严谨的选择。其核心价值是人文、艺术、创意、生活，倡导把人文、艺术、创意融入于生活之中，这样才能沉淀出生命的深度与厚度。

人文：善与爱、以人为本；利己、利众生；自己的乡土，自己疼惜；自己的文化，自己耕耘。

艺术：对美的追求：五种生活艺术的提倡（视觉、听觉、味觉、触觉、嗅觉）；八种呈现的方式（美术、音乐、戏剧、电影、文学、舞蹈、摄影、建筑）；心灵与知性的美：书店的经营与画廊的经营。

创意：创意是生活中潜藏的宝贵特质，是人类进化的基本动力；事业的经营需提供想象力与创造力的发展空间；时间与活动行销的特质、呼应不同地区的设店特色。①

（三）诚品书店的经营特色

创意是文化创意产业发展的灵魂，强调事业的经营需提供想象力与创造力。诚品书店极其重视创意的激发与运用，将其赋予经营的每一个环节，展

① 李苓. 世界书业概论［M］. 成都：四川大学出版社，2008：271.

现出与众不同的经营特色。

1. 创新书店的经营概念

诚品书店最重要的创新是在经营概念层面一改传统书店的角色定位，把书店定位为能够满足现代人精神需求和文化需求的文化创意产业。在硬件上，从“人文、艺术、创意、生活”的核心价值出发，对书店空间进行精心设计，展现出独特的艺术品位；在软件上，通过呈现丰富书种、营造优雅氛围、开展艺文活动、深耕阅读文化、提供优质服务等，构建饱含人类精神和社会关怀的品牌文化。诚品书店从本质到形式进行全面、深入的创新，首先是价值理念创新，根植于推广阅读、激发创意、深耕文化、提升心灵的文化理念，成为安顿读者心灵的港湾。其次是营运模式创新，形成以文化创意为核心的复合式经营模式，将诚品品牌从特色书店延伸到艺文展演活动、生活风格商场和美食餐旅事业等领域。最后是竞争策略创新，与社会发展脉动紧密结合，关注社会和顾客需求，应用新的科学技术，吸收新的经营理念，积极创新竞争策略。

2. 连锁而不复制的模式

“连锁而不复制”是诚品书店在拓展分店时的经营哲学，创新性地区别于常规的连锁式商店，以多元化的书店形态接触各地阅读族群。诚品根据在地人文特色和地理环境，“因地制宜”地设计和规划每一家分店的空间风格和经营内容，充分反映当地风土民情和文化内涵，使诚品理念与区域特色得到完美融合。首先，在开设分店之前，针对所在地的地域特色和人文特点进行市场调研与分析；其次，根据调研结果，分析顾客群体的需求要素；最后，确定市场定位和书店风格特色。“因地制宜”使每一家分店的风格特色都有所区别，实现了各异其趣的诉求。在“连锁而不复制”的模式中，每一家分店在设计上都具有人性化和功能化的特色，在内涵上始终贯穿着共通的诚品气质，充分体现诚品对美好社会的追求与实践。

3. 独树一帜的空间规划

独树一帜的空间规划是诚品书店的一个重要特色体现。以诚品高雄梦时代店为例，诚品将书店打造成阅读和时尚相结合的崭新空间。在概念森林中，光线透过镂空树状的天花板造型，洒下片片光影；进入空间布局与色调灯光营造的阅读氛围中，顾客跳脱出习惯性的观察视角，如同从水中观看，让主观者变成融为空间一部分的客体的观察，外相的消退与内相的提升，心中的阅读城市油然而生。从空间规划的形态来看，每一家分店都具有自己的独特风格、空间趣味和文化内涵，有的是以休闲生活为主题，有的是以都市的艺文中心为定位，但是“在不同的空间主题中，却又共同地召唤人们进入‘书店的殿堂’，而这个召唤所挟带的魔力，在各个诚品书店中表现出一个相同的力量。”① 对顾客来说，来到诚品书店，除了买书与看书，还能够深入体验该空间展现出的独特姿态与魅力。这种风格独特并具有品位的空间设计能有效提升顾客的消费价值，是吸引顾客的重要原因。

图 7-1　诚品高雄梦时代店

4. 顾客至上的经营诉求

诚品书店重视对顾客的经营，将顾客看作不同的个体，尊重其个性化需求，并从顾客的消费行为特征来提供个性化服务。首先，通过对顾客行为的追踪，设计符合其消费需求的多类商品和服务的项目组合，延长和延伸顾客停留在书店的时间和空间。其次，基于顾客不间断阅读的需求，开创性地实行 24 小时不打烊的书店经营，推广“知识无终点、读书不打烊”的理念，以阅读影响人群生活，使顾客享受于“阅读”成为一种惯常的夜间生活面向，提升生活品质。最后，形成动静结合的“延伸阅读”形态，满足顾客多元化的阅读需求，在静态形式上，从特色书店延伸至咖啡馆、餐厅、画廊、旅馆、电影院、商场等场馆；在动态形式上，以文化展演延伸阅读，包括音乐会、展览、讲座、沙龙、表演等文化活动，品类涵盖文学、美术、戏剧、音乐、舞蹈、电影、动漫和环保等诸多主题，全面、持续、深入地向顾客深耕和推广阅读文化。

① 蒋文德. 阅读诚品：全球化中的诚品书店之空间文化形式［D］. 台湾大学，2000.

第三节 诚品书店的创意行销策略

现代企业是一个复杂的系统，它的市场行销活动与社会环境有着密切的联系。市场行销环境是客观存在，各种因素相互独立又相互作用，对行销活动既是威胁又是机会。现代市场行销理论认为，企业经营成败的关键，在于企业能否适应不断变化的市场行销环境。企业既要用各种不同的方式强化适应环境的能力，避免来自环境的威胁，又要在变化的环境中为自己寻找机会，并尽可能适应环境变化带来的困扰。对于环境，诚品书店有着极强的适应性和能动性，不断调整自我，扩展企业发展空间。从企业行销的角度来看，近年来行销环境复杂多变，单一的行销模式没落，组合式的行销受到青睐。面对激烈的市场竞争，在产品差异化小于内部成本压力下，诚品书店趋向于以资源整合为核心，以创意为特色，寻找与顾客沟通的最佳渠道，发挥最大的行销传播效益。通过各种极具创意的行销战略，影响环境构成要素，使其朝着有利于市场行销的方向发展，从而为企业创造出良好的条件。

经过研究发现，在诚品书店的经营过程中，品牌形象、体验行销和网络行销在创意行销层面具有突出的创造性表现，为实现品牌资产增值、满足顾客多元化体验需要，与顾客进行深入的双向互动发挥重要作用。

一、品牌行销：实现品牌资产增值

品牌行销是指企业以品牌输出为核心进行市场行销，使顾客对企业的品牌和产品形象形成认知，最终实现品牌效益的行销方式。在现代市场行销中，顾客对品牌的满意度是企业发展的重要环节。当顾客满意时，就会对品牌保持长时间的忠诚度，这种忠诚度一旦形成，就很难接受其他品牌的产品。企业要想在市场中获得和保持优势，必须建构高品位的行销理念，利用品牌符号，把企业的形象、知名度、美誉度等展示给顾客，在顾客的心目中形成对企业的品牌、产品和服务的“认知—认识—认可”。品牌行销要求企业针对顾客的产品需求，用品质、内涵或其他独特性的宣传方式塑造品牌差异化的个性特征，来深刻感染顾客，创造顾客心中的品牌价值认可，达到品牌资产增值的目的。

品牌行销是诚品书店的基础行销策略。诚品用30多年的时间打造了熠熠生辉的品牌形象，成为书店产业令人瞩目的优质书店品牌。诚品不但注重品牌形象的塑造，还积极关注和探索与书店文化相关的文化创意产业的开发，特别是利用已在书店领域有较高知名度和美誉度的诚品品牌进行品牌延伸，开发和策划其他领域的系列项目，使品牌价值得到进一步的扩展和延伸，最终实现品牌资产增值。

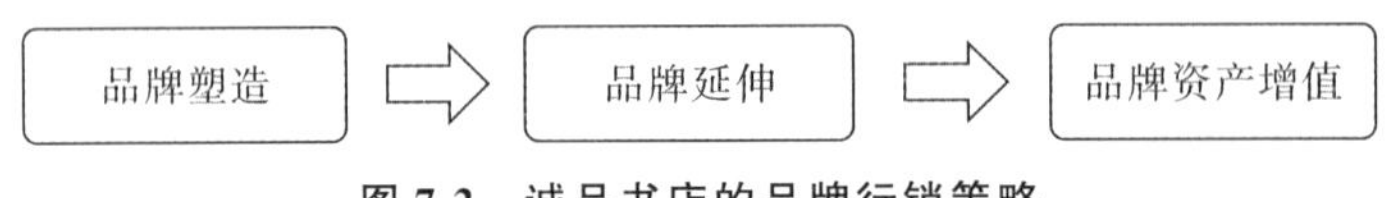

图7-2　诚品书店的品牌行销策略

（一）品牌塑造

品牌行销的基本要义是要塑造企业品牌形象，将品牌建立在有形产品和无形服务的基础之上，来获得顾客的认可。有形产品是指产品的独特设计、新颖包装、优秀品质、富有象征吸引力的名称，以及产品创造性的呈现方式等。无形服务是指在产品销售过程、售后服务中给予顾客满意的感觉，使其体验到因消费产品而带来的幸福感。

在有形产品层面，诚品书店的成功之处在于创新地发展了“书店”的概念，从1989年创立开始，就不停留在传统书店卖书赚钱的经营概念，而是打造了一个人文气场，演变为城市人的集体创作。硬件上，诚品书店本身被当作艺术品来进行设计和规划，如诚品高雄远百店就是这种理念的集中体现。它从港口意象出发，定位为知识的港口。在室内设计上，宽敞空间、挑高大厅、原木书柜，配上柔和灯光、温馨音乐，一改书店的传统设计。独特的阶梯式设计营造出空间层次感，使书店内的丰富书种自然呈现清楚的类别划分，而大片落地玻璃窗则无限延伸视野，举目就能远眺高雄港。除了空间设计，优雅的环境、优质的书籍、创新的图书陈列分类、丰富而精致的商品、飘香的咖啡……处处体现诚品在硬件上的高品质要求，以有形空间触发顾客的情感体验，满足消费群体的情感需求，将品牌逐渐铺建到顾客心中。

在无形服务层面，诚品作为直接面向顾客的零售企业，建立了以顾客为

图 7-3　诚品高雄远百店

中心的经营观念，将“以顾客为中心”作为一条主线贯穿于行销活动的整个过程。诚品站在顾客的立场上，帮助顾客组织挑选商品货源；按顾客的需要、购买行为的要求，组织商品销售；研究顾客的购买行为，更好地满足顾客的多元需求；将人性化、个性化融入服务当中等。“以顾客为中心”反映在经营思想上就是把顾客看作不同的个体，尊重顾客的个性化需求，根据顾客的行为特征来看待问题和解决问题。通过对顾客消费行为的追踪和分析，制定满足其消费行为的多类商品和服务项目的组合，延长顾客停留在书店的时间，延伸顾客在书店的活动区域，在提升书店盈利水准同时，累积品牌资产。

诚品书店品牌形象塑造的另一个重要方面，来自于广告独特的创意风格和品牌观念。其创意总监，著名广告人许舜英，从后现代主义的创造风格出发，“深刻表现了在消费文化盛行的现代社会中，个人主体意识与物质崇拜之间相互膨胀、挤压的紧张关系，丧失主体的消费在抵制物化而又内在适应的过程中的精神状态”①。通过创意性的广告，提出标新立异的主张，贴近顾客的内心欲望。精彩纷呈的图片设计、文艺风格的文字堆砌、奇异复杂的意象组合与回味无穷的美妙韵味，创造出极具质感的品牌气质，使顾客在令人眼花缭乱的符号中和场景化、仪式化的广告表现情景中，获得极其强烈的消费愉悦。

① 阎峰．“经营顾客”——台湾诚品书店营销传播模式的一种解释［J］．新闻界，2007（5）．

（二）品牌延伸

品牌延伸是指企业将一个现有的、知名的或具有市场影响力的成功品牌，扩展到新产品或修正过的产品上，以凭借现有成功品牌推出新产品的一种策略。品牌延伸是企业在开展行销活动时的重要选择，它并不是简单地将已有的品牌形象移植到新的产品或服务上面，而是通过策略性的综合使用，实现对现有品牌资源的最大转移，既延伸了品牌的活力和能动性，延长品牌寿命，又拓宽了品牌的适用范围，增强品牌的获利能力。

作为品牌行销的一种策略，品牌延伸并不适用于任何企业。企业在进行品牌延伸时，是基于对自身现实状况的理性、科学判断。尤其是对于书店产业来说，在本就经营困难的基础上进行品牌延伸无疑增加成本压力，同时需要面对其他领域经营的不确定性。可能性的问题还包括：其他产品形态的布局对品牌市场认可度的稀释、损害主导品牌形象等。而诚品书店的可贵之处在于，在坚守书店经营的基础上，勇于向其他领域扩展，以复合式经营的方式延伸品牌，扩大了品牌影响力，延长了品牌周期，实现了书店经营转亏为盈。

1. 诚品书店品牌延伸的好处

从精英走向大众，从书籍拓展至生活，展演、餐旅以及观光，诚品书店品牌不断延伸，在使品牌一直保持活力的同时，还带来多种好处。首先，最大限度地满足品牌目标对象“阅读生活”、“文艺生活”、“美学生活”的全方位需求。顾客在对诚品书店品牌认可的基础上，容易产生依赖心理，在生活中优先选用诚品品牌的各种产品。其次，诚品由书店扩展到新的领域，如展览、表演、餐饮、旅馆和商场等，借助原有的品牌优势，可以沿用原有的品牌资源，减少顾客的陌生感和接受时间，降低市场风险。再次，每一种新的领域的扩展，意味着一类新的消费人群的增加，为品牌创造更多的市场传播力，增强品牌在各个领域的影响力。最后，随着各领域地位的巩固，品牌边际效应逐渐发挥更大功效，逐步提升品牌的资产价值。

2. 诚品书店品牌延伸的前提

诚品书店的品牌延伸主要包括三个前提。第一个前提是地位稳固。品牌延伸的原动力来自于产业结构调整、提高盈利能力和品牌发展需要，在向其他领域拓展前，诚品已经具备书店产业中的地位条件，处于市场竞争领先地位，人才储备和管理水平达到一定水平，尽管资金不够宽裕，但足以支撑诚品有节奏、有秩序的品牌延伸。第二个前提是足够强大。诚品的品牌延伸是在对品牌形象和价值充分认知和判断的基础之上，将书店品牌提升为具有文化价值的品牌形象，超越原先提供书籍、文具等产品的使用价值，变为能给顾客带来一定意义的消费符号，从而延伸、拓宽品牌的长度与宽度，实现产品结构的优化。第三个前提是符合品牌核心价值。诚品书店秉持“人文、艺术、创意、生活”的核心价值，将书店品牌延伸到不同的文化创意产业领域，借助核心品牌影响力，针对不同的消费人群发展出不同的子品牌，包括诚品网络书店、诚品画廊、诚品讲堂、诚品空间、诚品展览、诚品餐饮、诚品旅馆等，产品类目涵盖目标顾客生活的各个方面。在延伸的过程中，无论是书店经营，还是复合式商场的经营，都将核心价值渗透到诚品书店的每一个角落和每一种产品，代表着诚品书店对美好社会的追求和实践。

3. 诚品书店品牌延伸的体现

复合式经营模式是诚品书店利用书店品牌进行延伸的结果，其他领域不同形态的产品的稳态发展又反过来进一步巩固品牌形象，甚至重塑原有的品牌形象，这种重塑是对多元化经营的回应，也是品牌价值的再次提升。基于复合式经营的方向，诚品在公司结构上不断做出调整。1995 年诚品敦南店重新打造成新馆之前，吴清友便成立商场事业部；2002 年，合并流通事业部，成为生活事业部，以迎接文化创意产业与生活领域消费的发展；2010 年，正式成立诚品生活子公司，创建松山文创园区，并展开大规模海外扩店；2013 年，作为台湾首创“生活产业与文创平台”的复合通路公司，诚品生活挂牌上市。

诚品书店的经营场景上，将书店品牌延伸至生活领域。如诚品信义旗舰店主打“品位生活”的概念，将美学文化意识融入到生活细节中，满足大众身上对于生活美学的消费需求。诚品信义旗舰店共有八层楼，书店的面积仅占 20%，其余空间则是各式各样的生活产品，从衣食住到电子产品、花店、音乐，以及手工 DIY 空间、个人学习空间、亲子互动空间、儿童嬉戏空间等。整个空间仿真生活，以产品渗入到生活情境，向顾客提供一种专属于个人的私生活，希望给予顾客的是品位生活、生活品位的感受。

诚品并非只是单纯地在商业模式中缩减书店比重，而是将书店的品牌形象延伸到整个复合商场。阅读成为生活的面向之一，不再局限于知识门槛和

图 7-4 诚品信义旗舰店

高阶文化的范围之内。书店的文化气息，则回流到生活的细节之中。这样的品牌延伸成为诚品获利模式的新标杆，单是诚品信义旗舰店，每年就有超过1000万人次到店，在都市阅读生活博物馆的形式下，以时间换取顾客的消费概率。其他包括诚品116、诚品天母忠诚店、诚品台北车站捷运站、诚品生活新板店、诚品生活松烟店等，都属于综合性文创商场，共同建构诚品的文化梦生活之境。

从经营书店延伸为处理生活细节，从通路发展、食品进口代理与零售到咖啡馆及餐厅业务的经营、餐饮用品设备进口与安装，都属于诚品生活的范畴。除此之外，诚品品牌还延伸到网络书店、物流公司、建筑公司、文化艺术基金会以及旅馆等。在整个诚品商业利润结构中，诚品非书部分已是重要支柱，营业收入占70%，成为主要获利来源。虽然书店营收在整体中只占30%，但通过品牌延伸最终实现了资产增值，在品牌角色重量上可谓无与伦比。

二、体验行销：触摸消费者的需要

体验行销是指企业从感官、情感、思想、行动和关联多方面设计行销理念，以服务为舞台，以产品为道具，激发并满足顾客的体验需求，以顾客为中心创造一系列给人愉悦感、难以忘怀的活动，从而实现企业目标的行销模式。①

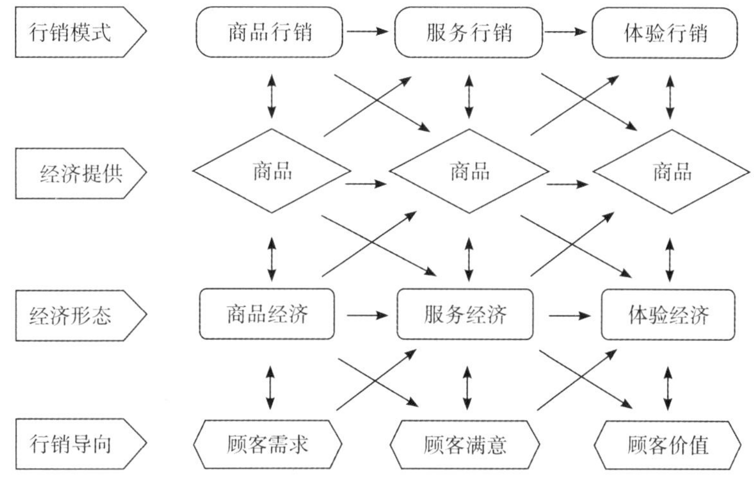

图 7-5 经济形态变迁下的行销模式推演②

（一）体验行销

在B·H·施密特所提出的体验行销理论中，行销工作就是通过工作沟通、识别、产品、共同建立品牌、环境、电子媒介和人员等各种体验媒介，刺激顾客的感官，引发顾客进行思考和联想，激起顾客的情感，实现消费行为体验。在消费体验的过程中，不断地传递品牌或产品的好处，为顾客创造有价值的体验。为了达到这种目标，企业除了提供优质的产品或服务，还要提供值得回忆的体验，以创造有价值的体验方式同顾客进行个性化互动。对于诚品书店而言，体验的创造不仅仅来自于具有某种使用价值的产品实物，更重要的是来自实物之外的有生命、有灵感、有活力的情趣。例如可供阅读的书籍、辅助性的文具、用以果腹的食物、提供休憩的旅馆等，经由体验价值的创造可以转变为书籍的阅读氛围、文具的精美设计、食物的美味体验、旅馆的文艺风格等，这种为产品、服务或一项活动带来附加价值的价值创造，是对原有实物产品价值的升华，能够为顾客提供一种全新的消费体验。

体验行销旨在创造美好的、值得回忆的顾客体验，与传统行销在理念和

① B·H·施密特. 体验营销［M］. 周兆晴，译. 南宁：广西民族出版社，2003：47.

② 马连福. 体验营销——触摸人性的需要［M］. 北京：首都经济贸易大学出版社，2005：101.

方式上存在多方面差异。传统的行销在很大程度上关注产品的功能和特色，以及消费者的切身利益，只要一件产品对于顾客而言，非常实用、满足功能需求即可。然而在体验经济时代，体验行销有着许多不同于传统行销的特点。第一，体验行销更加关注顾客的体验需要，企业要从顾客体验的角度去检视产品组合和服务内容，是否符合或满足顾客内心的渴望，并通过交流和互动去发掘顾客的诉求。第二，体验行销将体验贯穿于产品设计、生产和销售的所有环节，融入到不同形态的产品中，如以纸质图书为代表的真实产品，以电子书为代表的虚拟产品；以咖啡为代表的有形产品，以音乐为代表的无形产品，均通过刺激产生内在反应，满足顾客的某种体验需要。第三，体验行销通常制定一个核心的主体，配合若干活动，吸引顾客进入体验情境。第四，体验行销具有使顾客的体验消费产生“触景生情”的功能，只要真正触动顾客的心、反映顾客的心声，给顾客带来惊喜和愉悦，将产品和服务融入顾客的生活方式，才能获得顾客的认同、支持和喜爱。第五，体验行销具有非常丰富的体验媒介，包括沟通、视觉、产品、品牌、空间环境、网络和人员等，企业要善于寻找和开发适合自己的行销媒介，不断创新运用。

表 7-9　体验行销与传统行销的比较①

传统行销	体验行销
产品宣传重点在于功能特性和利益	顾客体验
视顾客为理性的决策者	视顾客为理性的情感者
关注产品的分类和在竞争中的行销定位	在广泛的社会背景下体验消费情景

（二）诚品书店的体验行销策略

如何将体验行销落实到商业模式的操作及实践方法上，B·H·施密特从概念与执行的层面提出了“策略体验模组”和“策略体验媒介”，并将二者结合，组合成“体验矩阵”，探索在个别体验模组下可行的体验行销策略，为顾

① 马连福. 体验营销——触摸人性的需要 [M]. 北京：首都经济贸易大学出版社，2005：101.

客创造不同的体验形式。①

表 7-10　体验矩阵

		策略体验媒介						
		沟通	识别	产品	共同建立品牌	环境	电子媒介	人员
策略体验模组	感官							
	情感							
	思考							
	行动							
	关联							

策略体验模组，由五种体验行销策略组成，包括感官体验行销策略、情感体验行销策略、思考体验行销策略、行动体验行销策略和关联体验行销策略。

1. 感官体验行销策略

感官体验行销的目的是经由视觉、听觉、触觉、嗅觉与味觉，为顾客创造一种特殊的知觉体验，以增加产品或服务的附加价值，增强顾客的购买意愿。在执行感官体验行销策略方面，诚品书店在产品的行销过程中融入了人的感官成分，体现为感官体验基本要素、风格、主题和整体形象，以此引发顾客美感体验。

（1）感官体验的基本要素

感官体验的基本要素源于五种感官：嗅觉方面，表现为气味；听觉方面，表现为韵律、音量和音调；味觉方面，表现为滋味、味道；视觉方面，表现为形状、色彩；触觉方面，表现为物体的原料和质地。在诚品各个门店，空间设计、书籍摆设、灯光效果、材质触感、美味食物和音乐享受等，共同建立了感官上的体验，软硬件的整体感和空间感均呈现出独特的诚品精神。

例如，诚品敦南店完全区别于传统书店的沉闷与规格化，空间开阔、明亮，对称而富有层次，线条走向连贯中又有所区隔；书架与地板均以原木材质打造，并且书架与地板之间保持 15 度倾斜的人性化设计，使书架上的书触

① B·H·施密特. 体验营销［M］. 周兆晴，译. 南宁：广西民族出版社，2003：47.

手可及，于细微之处体贴顾客，充分表达出诚品营造优质阅读空间的追求；书店整体以优雅、温馨、沉稳的色系作为装潢主色，营造出充满人文艺术气质的氛围；附设座位提供咖啡，使顾客在阅读之余还能品尝美味，浓浓咖啡香味与淡淡书香在空气中交汇融合，散发出迷人的气息；音乐的选择与播放具有一定的规范性，整体调性以古典、爵士、轻音乐为主，舒缓的节奏与韵律使顾客能够充分放松下来，或站立、或倚靠、或坐在书桌旁，甚至直接坐在地板上，在轻松、雅致的空间氛围中沉浸于书海世界。

图 7-6　诚品敦南店

拥有大约 2000 平方米的超大型的诚品台中中友店，在视觉传达方面尤为突出。以“书店是跨越时间、空间的旅行”概念进行规划，书柜环绕排列，书区之间层层围绕，挑高八米的特色空间极为开阔，展现出阅读与体验的新气象。

（2）风格

风格是在感官体验基本要素的基础上形成的，是感官形象中稳定的、内在的、代表性的独特面貌。诚品各个门店秉承“人文、创意、艺术、生活”的核心价值，打造独具特色的风格，传递出持续深耕阅读的文化内涵。

诚品宜兰店以宜兰乡村风格为出发点，大量采用红砖、磨石子、枕木等当地素材，充满浓浓的宜兰风味。褐色的地板、红色的砖台、绿色的书架，搭配采光极佳的落地窗，如同穿越森林密径、忽又豁然开朗的丛林体验。诚品宜兰店沿袭“连锁而不复制”的诚品精神，怀抱乡土情怀，展现地方特色，提供当地人最舒服的在地阅读生活。

图 7-7　诚品台中中友店

图 7-8　诚品宜兰店

（3）主题

主题进一步拓展了风格的内涵和意义，是空间规划、风格设计、产品组合、服务特色和经营模式的中心思想，是传达品牌内容与意义的核心信息。诚品各个门店的主题综合了品牌名称、视觉特征、一般概念，以及能够唤起体验想象的各种要素。

诚品高雄大立店以“太空舱”为主题，利用黑白色元素强调现代感的设计。在书店的入口处，使用大面积的白色马赛克铺成地面，室内空间线条以

图 7-9　诚品高雄大立店

圆弧为主，曲线廊道如流水般弯转流淌，荷叶造型天花板则与地面曲线遥相呼应。

（4）整体形象

整体形象指风格和主题形成的形象。诚品书店整体形象充满现代艺术气息，无论是空间特色、主题规划，还是色彩搭配、音乐美食，都完整地体现人文和艺术融合的“诚品气质”，散发出专属于诚品的特殊气息。诚品形象的特殊性不只在于有形的硬件设计与规划，更在于所呈现的氛围。软硬体和空间感的一体性呈现，凸显了它的特殊性。

图 7-10　诚品标识

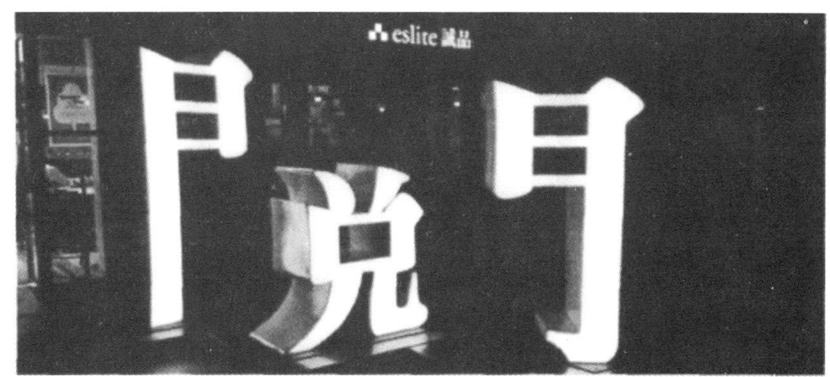

图 7-11　诚品雕塑

2. 情感体验行销策略

情感体验行销的目的是在感官刺激之后，激发顾客内在的情感与情绪，引发愉悦、自信、激情、幸福的情感，创造与品牌相联结的正向的情感体验。情感体验行销策略将情感要素注入在体验介质中，通过体验氛围的营造，调动顾客的内在情感，使顾客不由自主地融入到体验情景中，满足心理需求和情感需求。情感体验反映了主体对客体的认知、态度和行动。诚品书店的情感体验行销策略表现为以下特点：

第一，以“尊重知识”来唤起顾客对书店和阅读的情感。所谓“尊重知识”，就是书店并不只是把书当作商品，更看作一种值得敬畏的、能够满足人们精神需求的知识形态。传达阅读深耕的理念，传达书的阅读价值，激发爱好阅读的情感，塑造对知识的尊重，种种探索与实践表明诚品的情感导向。对顾客而言，也由于这种对书、阅读、知识的尊重，在无形中感受到诚品对美好社会的追求与实践，其根源是出自对文化的尊重，并进而互相体认到彼此的存在。

第二，诚品书店“理解书、理解顾客”，满足顾客的多元需求。和一般书店不同，诚品书店的书籍分类方式更多的是考虑到人的需求。如对于大众文学类的书籍，多数书店是按照出版社的顺序进行排列，而诚品却按照作者姓氏笔划区分，方便顾客查询。诚品的书籍排列方式以顾客需求为出发点，提供不同的体验。除了将书籍排放在书架上，还把书籍本身当作设计、雕塑的艺术品，或平放在书桌上，或堆砌成各种造型的书堆，搭配具有文学意味的文案，给予顾客赏心悦目的观感。

第三，诚品书店“不以畅销书为导向，推荐有价值的书”，激发读者对阅读品质的追求。周转率高、利润高的畅销书并非诚品的经营重点，“好书不寂寞”才是诚品致力实现的目标。诚品选书的标准就是好书，它鼓励并支持小出版社出版的优秀书籍，每月推荐八到十本好书，做成书堆进行展示，借此希望吸引顾客对好书的关注，进而提高阅读品质。

3. 思考体验行销策略

思考体验行销的目的是通过各种创意的方式，吸引顾客的关注和参与，发挥个人智力因素形成对问题的认知、思考和联想，并提供解答对策。思考体验行销策略运用惊奇、疑问、诱惑等元素启发顾客的智力，引导顾客对某种问题进行思考，产生创造性的想法，获得认知和解决问题的体验。诚品书店的思考体验行销策略主要是以创造顾客的“惊奇感”而带入的思考为主，通过阅读理念的传播、空间风格的设计、书籍种类的安排和行销活动的开展等，营造艺术、人文、时尚的氛围，刺激顾客思考。在因“惊奇感”而融入诚品场域的过程中，让顾客思考诚品存在的意义与价值性，例如为什么要去诚品？可以获得什么？体验媒介是如何呈现的？

1993年，诚品书店举办以“看不见的书店”为主题的征文活动，引导顾客思考“究竟什么样的书店才是真正的好书店?”。该活动刺激了都市人对于书店的想象，吸引了人们的关注，纷纷响应征文活动，表达个人观点。其中，四成的回应认为，“不打烊的书店”才是最理想的书店，这个集体构想也成为诚品书店发展过程中的重要决策来源。诚品敦南店由此开始实施24小时的经营模式，出乎意料地添加了诚品书店的都市神话标签。从此，“24小时书店”成为诚品书店的标志性身份。

而在2014年开展的诚品25周年主题行销活动中，“诚品25周年，‘传承·创新’照亮，重新启蒙的时刻”的概念，首先创造了一种惊奇感，成为促进顾客进行创造性思考的关键性因素。25周年的艰难发展历程，以及由此沉淀出的深厚文化底蕴，给予顾客正面的惊奇感。其次，诱发人们对主题活动的好奇心，主动去关注具体的活动内容。然后，通过一定的体验媒介刺激顾客进行讨论，创造争辩或震惊。最后，激发对活动内容和未来图景进行更深层面的思考。

4. 行动体验行销策略

行动体验行销的目的是针对顾客的身体体验，向顾客展示不同生活风格和处事方法，影响顾客的行为方式和身心状态，丰富顾客的生活。行动体验行销策略通过为顾客提供不同的身体体验、传达创新的做事理念，来改变顾客的生活形态、沟通方式与行为特征，使顾客的生活元素更加丰富。作为台湾文化创意产业的重要旗帜，诚品书店在过去几十年里，改变了台湾书店文化与阅读文化，影响了台湾的精神面貌。这种影响追溯到行动行销层面，体现为在诚品场域中创造“互动”的行动体验，改变所在地的生活形态。

图 7-12　诚品台东店

诚品书店除了提供书籍等商品，还有空间、活动、服务以及人等很多面向，种种元素交织，创造了人与人互动的场域。例如诚品台东店，涵盖综合书区、儿童书店、主题讲座、现场音乐会、主题展览与 DIY 互动教学等多种活动空间，提供了顾客与书店、顾客与顾客互动的场所，成为台湾东部推广文化创意产业的最佳平台。顾客在诚品建构的创意生活场域中，通过各种交流与互动，实现对故事、历史、文化与艺术的行动体验，满足个体精神层面需求。

5. 关联体验行销策略

关联体验行销的目的是激发顾客自我改进的个人渴望，通过感官、情感、思考与行动体验行销四个层面，超越个人的层次，将个体联结到更广泛的社会系统。关联体验行销策略是对感官、情感、思考与行动体验行销策略的综合运用，以个人的自我实现为诉求，超越个人的人格、情感与智力，将个体同更广泛的群体、组织、社会系统、社会文化和宏观世界联系起来，以满足个体自我改进、自我实现的渴望。通过这种方式，将具有相似需求的顾客凝聚到品牌文化中，成为品牌文化的一部分。

诚品的关联体验行销策略就在于将“品位生活，文化追求”投射于品牌之中，使诚品成为台湾文化的缩影。诚品从创立开始就致力于提升台湾的阅读文化水平和书店品质，无论经济收益如何，都以强烈的使命感和责任感坚持经营，最终形成备受顾客认同、具有较高品牌价值的品牌形象。如今诚品已经是一个非常具有影响力的文化品牌，许多人前往诚品，已非单纯地购书、购物，而变成了一种时尚、一种炫耀、一种追求，以及一种区别于他人、彰显与众不同的方式。很多游客甚至以逛过诚品为荣，这正是关联体验行销的意义。

诚品书店的关联体验行销策略还体现在诚品人会员卡。会员制将会员卡同“有读书习惯的人”关联起来，代表“喜爱读书、追求文化、向往美好生活”的意义。通过会员卡集聚的消费者群体同普通顾客区别开来，可以享受专属于诚品人的服务，包括产品价格优惠、生日礼赠送、网络折扣券赠送、电影票赠送、免费艺文信息发送、活动推荐等。根据会员消费特征，会员群体又可分为有读书习惯的群体、对诚品品牌认同的群体、喜爱参加诚品生活的群体等。这种关联行销成功将个人纳入品牌的深度体验中，超越普通的个人感受，让会员感受到一种个性化、与众不同的体验，旨在使其得到全面、优质的服务。这种会员卡象征的意义，正是诚品品牌所赋予的。

6. 体验媒介行销策略

体验行销必须借助一定的体验媒介作为策略执行的工具组合来创造体验，才能达到体验式行销目标。体验媒介包括沟通工具、视觉与口语识别、产品呈现、共同建立品牌、空间环境、电子媒介与人员等。

表 7-11　诚品书店体验媒介的种类与形式

体验媒介种类	形式
沟通工具	诚品广告、企业外部与内部沟通、公共关系活动文案等
视觉与口语识别	品牌名称、商标与标识系统等
产品呈现	产品设计、包装、形态等
空间环境	诚品建筑、室内空间、公共空间等
电子媒介	官方网站、网络书店、微博、Facebook 等传播平台
人员	销售人员、客服人员、公司代表以及与诚品品牌连接的人

诚品书店的体验媒介中，活动文化是尤为特别的宣传介质，将文案变为

文学，用文艺引领生活潮流，搭配出色的DM（宣传单）设计，呈现出值得品味的诚品韵味。无论是文字的书写，还是图片的制作，都能够让人体验到诚品赋予媒介的美感。

例如，诚品书店成立25周年，举办以“诚品25周年，‘传承·创新’照亮，重新启蒙的时刻”为主题的行销活动，其DM和文案均体现出一贯的诚品文艺气质。

图7-13　诚品25周年DM

部分文案：

> 播实践的种以启山林，播缪斯的种以启心灵。期许，以谦冲孜砣之笔写下挚诚的诗篇。当嘹亮的知识淬炼如光，启蒙一瞬，思想正待焕发！①

除了宣传文案和DM，其他的一些媒介形式也是顾客体验诚品文化的重要通道。《诚品好读》杂志以类型阅读与延伸阅读为轴，融入文化，附着更多生活气息，大开本的特点，完美搭配年轻、活泼、鲜明、时尚的美编，成功占

① 文字来源：诚品生活网站：Http：//www. esliteliving. com/dm/dm _ detail. aspx?sn=2014022401.

领消费者的心。书店销售人员和客服人员专业、贴心的服务，增强了顾客对诚品的品牌认同。各种艺文活动的不间断举办，在使书店空间鲜活起来的同时，进一步推广阅读文化，塑造诚品文化品牌形象。而网络书店的开放，更是同网络社会相接轨，吸引更多类型的消费群体。

三、网络行销：实时的交互式沟通

网络行销是以国际互联网为基础，利用数字化的信息和网络媒体的交互性，企业与目标顾客进行互动性市场接触，实现行销目标的一种新型的市场行销方式。与传统行销相比，网络行销最突出的特点是要求把消费者整合到整个行销过程，根据顾客的特定要求提供相应的产品或服务。在传统行销的基础上，强化了由市场导向向顾客导向的转变，进一步加快了同质化、大规模行销转变为个性化、一对一行销；把异动单项的市场行销转变为同步互动的市场行销；促进行销管理从分散、独立的过程发展到同一的协同工作过程。①

（一）网络行销组合策略

依托互联网而产生的网络行销，是对信息科技发展的迎合和适应，在行销理念和方式上显示出区别于传统行销的特点，并逐渐占据有利地位。但网络行销并非要取代传统行销，而是与传统行销相互补充和促进，创新和重组行销方式。企业在进行行销时，应根据企业的经营目标和细分市场，整合网络行销和传统行销的策略。

以消费者需求为出发点，全面满足消费者的需求是现代行销的核心。在网络行销环境中，传统的4P行销组合策略，即产品（Product）、价格（Price）、促销（Promotion）、渠道（Place），逐步过渡到从顾客需求出发的4C行销组合策略，即顾客的需求和欲望（Consumer’s Needs Wants）、顾客购买成本（Cost）、顾客购买的方便性（Convenience to Buy）、企业与顾客之间的沟通（Communication）。而菲律普·科特勒认为：“4P反映的是销售者关于能够影响购买者的行销工具的观点：从购买者的观点看，每一种行销工

---

① 陈秋兰. 市场营销学［M］. 北京：清华大学出版社，2012：67.

具都是为了传递顾客利益。”他认为，4P 和 4C 是一一对应的关系，并不矛盾。因此，网络行销的整合模式是通过企业和顾客的不断交互，在清楚地了解每个顾客个性化的 4C 需求后，做出相应的使企业利润最大化的 4P 策略决策。只有这样，网络行销才能同时满足顾客个性化需求和利润最大化两个目标。[①]

（二）诚品书店的网络行销组合策略

诚品书店网络行销是企业与消费者之间的网络行销（Business to Consumer）。诚品利用互联网来为消费者提供商品和服务，即 B to C 的电子化零售模式。除了实体书店，诚品书店把互联网作为推销自己产品的重要渠道，在网上建立自己的网络书店，成为互联网世界的虚拟商店或在线商店。诚品网络书店的经营范围主要包括实物产品和数字产品。网络书店双向交互式的沟通模式，兼具搜索浏览功能和多媒体界面，使消费者很容易查找到自己需要的产品。根据诚品网络书店经营的业务与传播的信息特点，从经典行销组合策略 4P 组合的角度，将诚品书店网络行销组合策略分述如下：

1. 产品/服务策略

诚品网络书店利用多媒体技术能够生动展示产品的特点，在和顾客进行信息交换、充分互动的基础上，所展示的产品在一定程度上呈现出与互联网相容的特性，弥补了顾客无法亲身体验和尝试产品的缺憾。

（1）中文书：分为文学、青少年文学、艺术、生活、图文漫画、科普、人文、社科、教育、商业行销、语言学习、考试用书、电脑、简体书。

（2）外文书：分为文学、青少年文学、建筑、艺术、设计、生活、人文、社科、商业行销、语言学习、杂志特刊、日文馆。

（3）儿童：分为婴幼儿、学龄前幼儿、图画书、文学类、知识类、语言学习、亲子音乐、玩具、教具、图画工具书、儿童外文图书馆。

（4）CD：分为流行、电子、摇滚、爵士、古典、新世纪/世界、原声配乐、有声 CD、SACD/其他。

（5）DVD：分为电影 DVD、光碟/其他、蓝光 BD、超值 DVD。

（6）风格文具：分为精选品牌、笔记本推荐、书画用具、纸制品、办公

---

① 苗月新．市场营销学［M］．北京：清华大学出版社，2004：365．

事务、收纳整理、儿童文具、纸胶带。

(7) 生活杂志：分为3C周边、居家生活、设计师衣着、严选品牌包、饰品配件、模型玩具、玩具教具、诚品知味。

(8) 杂志特选：分为艺术设计、休闲嗜好、生活杂货、流行风尚。

(9) 主题馆：分为诚品设计商品、阅读游戏起步走、儿童外文图书馆、日文馆、CAMBRIDGE剑桥馆。

诚品网络书店除了提供产品的类别、特点、质量以及售后服务等内容外，还针对个性化需求进行一对一的行销设计和行销服务，优化产品组合，改进服务内容，调整行销方案，最大限度地实现顾客满意。

(1) 会员服务：包括会员注册、登录、会员专区、预购、团购专区、购物车、订单查询。

(2) 客服专区：包括常见问题、顾客发问、联络诚品。

(3) 折扣活动：提供外文书、中文书、儿童书、影音等产品的折扣信息。

(4) 站内搜索：顾客通过搜索功能可以直接查询所需产品。

(5) 书店排行榜：包括诚品畅销榜和网络排行榜。诚品畅销榜涵盖中文、外文、亲子、影音、文具五个畅销榜类别；网络排行榜涵盖中文、外文、儿童、CD、DVD五个网络排行榜类别。

(6) 试阅试读：提供一些可供试阅的书籍和可供试听的音乐。

(7) 书展：提供新上线书展总览、精选书展的信息。

(8) 诚品推荐：包括诚品选书、中文新书推荐、外文新书推荐、影音商品推荐、亲子新书推荐、文具精品推荐、编辑推荐，诚品大人物推荐、读者推荐。

(9) 诚品网络电子报：诚品网络书店会员只要提交自己的电子邮件地址，即可免费获取最新资讯，资讯内容包括诚品网络电子报、诚品人独享特刊、全台诚品门市活动和优惠。

(10) RSS资讯服务：RSS即Really Simple Syndication，是一种汇聚与传送内容的系统。读者下载RSS阅读器后，就可以订阅感兴趣的文章和消息。无需链接消息网站，即可即时获取相关资讯。

(11) 其他服务：温馨提示、热门话题、诚品独家、精选活动、诚品站FB粉丝团。

2. 价格策略

网络交易能够充分互动和沟通，并完全掌握消费者的购买信息和决策心理，因此诚品可以以理性的方式制定价格策略。同时，由于不需要分销商的介入，诚品对产品的线上交易价格能够有效地统一起来，并根据企业的经营需要随时改变价格体系。诚品网络书店的价格策略主要采取以下方法：

（1）提供各种书籍与各种商品的价格：顾客直接查询各种产品的价格，进而理性地购买价格合适的产品，满足对产品进行估值的需求。

（2）提供各种折扣活动的相关资讯：顾客参与折扣活动可以享受相关产品的价格优惠。

（3）开通诚品会员制，通过对会员交易数量、额度、内容和偏好的统计分析，提供不同程度的折扣，鼓励会员继续消费，促使其形成品牌忠诚与习惯行为。

（4）建立调价机制：依照时节变化、产品销售状况、供求形势、企业政策、竞争产品价格、促销活动等条件，对产品价格进行合理调整。

（5）提供团购专区：建立团购价体系和集团客户价格体系，使顾客通过参加团购享受到比单人购买更加优惠的价格。

3. 渠道策略

网络行销直通消费者个人，使销售的针对性加强。企业直接在网络空间与顾客就产品问题进行双向的沟通与互动，处理各种问题，完成超越时空的网络交易。这种新型的行销渠道成为诚品书店行销的重要通路。诚品网络书店的渠道策略主要采取以下方法：

（1）线上交易：设立虚拟商店橱窗，顾客可以根据个人需求直接下单进行线上交易。

（2）灵活的付款方式：针对台湾与大陆顾客不同的网络支付特点采取不同的付款方式策略，例如，专门为大陆顾客网络下单提供支付宝服务。

（3）线上售后服务：在网站首页开通客服专区，提供各类商品的售后服务。

（4）优惠活动、售价的差异：根据网络书店与实体书店销售渠道的不同，优惠活动和售价会有所差异。

（5）网站链接：在网站首页提供诚品官网、诚品人、诚品生活、诚品文化艺术基金会、诚品画廊和诚品讲堂的链接，满足顾客的不同需要。

（6）相关活动推介：在诚品的各个网站推介各种主题活动，组织诚品展销。

（7）诚品门市查询：通过诚品门市查询功能，可以查询到分店总表，了解到各个分店的信息。

（8）诚品会员制：提供加入诚品会员服务，向会员提供个性化的活动推介、优惠的价格策略、免费的网络电子报等服务。

4. 促销策略

网络促销具有一对一服务的特点，使企业能够通过具有价值诱因的商品信息，吸引顾客的关注，将潜在顾客发展为品牌的使用者。除此之外，网路促销还是企业开展广告、构建良好公共关系的重要渠道。诚品书店的促销策略主要采取以下方法：

（1）促销活动：提供各种优惠活动、折扣活动、特价商品等。

（2）诱因工具促销：通过诱因工具提高消费者购买意愿，如提供折扣券、赠品券等。

（3）最新动态：在诚品的各个网站可以查询到关于企业的最新动态和相关信息。

（4）网络公关：诚品文化艺术基金会在网络上举办各种公益活动，以推广阅读为核心使命，以“有书读、爱读书、读好书”为目标，将诚品所积累的文化资源扩大整合回馈社会的同时，传播诚品理念和文化，进而提高诚品在顾客中的知名度和美誉度。

（5）诚品活动：在诚品站内可以查询台湾各地艺文活动类别和详细内容。

（6）网络广告：诚品各个网站的页面一般会有各种网络广告，如横幅广告、文字、图片、新产品与活动等，宣传企业与产品信息，阐释企业理念和文化，说明售后服务和保证措施等。

（7）邮件促销：利用邮件的方式，向特定客户发送促销信息。

第四节　诚品书店基于数字技术的创意行销

一、数字生活空间：创意行销新世界

（一）数字技术催生数字生活空间

数字生活空间的发展推动了现有生活形态的改变，拓展了企业产品销售渠道的宽度和深度，满足了企业在现实世界和数字世界进行品牌建构的双重需求，为企业的创意行销提供更加广阔的空间。在数字生活空间中，企业同样以信息实体的方式存在，但是，如何深入认识和理解数字生活空间的特征，如何调整自身定位以适应数字生活空间，如何抓住新的资源和机会来应对数字行销新世界的挑战，如何创新行销模式实现同目标群体的积极互动，是数字时代的企业必须考量的议题。

（二）数字生活空间的创意行销三要素

数字生活空间具有的独特性，不但决定了传统行销传播模式的不适应，还使企业和消费者在数字生活空间的身份悄然发生改变。企业在数字生活空间中的创意行销传播包括三个要素：生活者、生活服务者和沟通元。

1. 生活者

在传统的行销活动中，通常将消费者定义为企业的目标对象，进而简化为消费过程中具有特定的消费心理和消费能力的理性化的人，但是在数字生活空间中，企业通过行销传播进行沟通的人群不仅仅是单向性消费的群体，还是真实地生活在数字空间、有着丰富特性的生活者。所谓生活者，是指在数字生活空间中过自己生活的人，拥有自己的价值观、追求、信仰和生活方式，是品牌的消费者或潜在消费者。生活者的概念除了包含消费者身份的经济、政治和社会心理上的意义，还体现为鲜明的个性特征、多样化的身份、丰富的生活形态等特点。所以，生活者既对消费者角色进行升华，又将消费者还原到真实的个体层面，体现丰富的特性特征。

数字生活空间的信息传播、分享机制带来了生活者群体归属、划分的新形态，形成了无数个细分市场的格局，人群细分为整个行销层面的策略制定提供了社区化概念的可行性，打破了传统的消费者市场细分的方式，为行销策略的运作带来了一场真正的革命。与传统的行销环境不同，在数字生活空间中，抓取每一个信息实体的语义信息，针对心理相似、有共同爱好、共同追求的人去制定品牌策略、推广品牌的创意行销成为可能。

2. 生活服务者

数字生活空间在促使生活者诞生的同时，也使企业的角色定位从传统型企业转变为生活服务者。在数字生活空间中，每个人都拥有表达自我的便利性，发表言论、评论企业成为简单易行的事情。同时，生活者和企业的距离极大拉近，互动性极大增强。基于此，企业必须改变自己的形象和服务职能。首先，要将自己置于与生活者平等的位置，以生活服务者的角色定位，力求满足每一名生活者的个性化需求；其次，要提供商品之外的感觉和情感，即服务，以品牌价值取胜，而不是进行赤裸裸的销售和宣传，导致生活者厌烦；再次，要不断维持同生活者的关系，通过沟通与互动，迅速地调整自己的产品、销售和传播；最后，要掌握生活者个性化需求的信息，调整自己的经营，满足生活者的需求，获得客户满意度和品牌忠诚度，从而实现行销传播目标和品牌资产增值，增强企业在数字生活空间中的竞争力。

企业在数字生活空间中生活服务者的角色定位，一方面，要求企业主动成为一个充满活力的有机体，随时感知外界环境的变化，探寻生活者的关注点，能够对变化迅速做出反应，及时调整行销传播策略。另一方面，在与生活者的整个互动过程中，服务行销被赋予新的意义，企业应将一种全新的以服务为主导的理念贯穿到整个行销传播体系，通过对各个环节不断地与生活者协同创意，满足生活者的需求。

3. 沟通元

沟通元是数字生活空间中创意行销的核心要素，它既是行销的载体也是实现创意的元点。沟通元是指一种基于内容的文化单元，凝聚了生活者最感兴趣的内容和最容易引起讨论和关注的话题，一旦投入数字生活空间，就会迅速引起关注，激发生活者强烈的分享、讨论和参与。[①] 沟通元本质上是包裹着文化基因的介质，在外在形态上表现为丰富多样的信息与内容。在生活服务者和生活者的互动与沟通过程中，沟通元展现出强大的传播力和复制性，经由生活者的接收、转化、丰富、改造和再传播，引发集体性的协同创意，持续在生活者之间传递，从而形成连绵不断的传播浪潮。

数字生活空间中的创意行销不同于传统的行销，一个重要原因是由于沟通元的存在。在这种创意行销中，沟通元居于核心的地位，成为实现生活服务与生活者协同创意的文化因子。正是沟通元所蕴含的文化因素和文化价值，触发了生活者的认同，使得创意能够不断被激发和传播，也使生活者参与品牌价值共创得以成功。除了文化性，沟通元还具有明确单一性、可分享性、可延展性和可参与分享性的特点，使其能够成为生活服务者和生活者之间沟通、互动与合作的纽带，牵引和管理两者之间的关系，并在创意行销中展现强大的力量。

二、数字生活空间中的自有传播平台建构

（一）诚品书店的自有传播平台

诚品书店在面对数字生活空间带来的挑战的同时，也抓住了数字生活空间创造的新机会，尤其是企业主动表达的机会。在数字生活空间，全员性传播的特点使企业第一次在线上成为传播的主体。为了充分表达企业的声音，与社会和生活者进行有效沟通、互动，诚品书店在数字生活空间中建构了多样化的、带有强烈诚品符号特征的自有传播平台，包括诚品书店官方网站、诚品网络书店、诚品人、诚品博客、诚品讲堂、诚品文化艺术基金会、诚品生活、诚品食尚、诚品酒窖、诚品画廊、诚品新浪博客、诚品 Facebook 等，各个传播平台全部参与到创造内容的过程中，共同打造诚品书店与生活者走向协同的生活服务者形象。

在数字生活空间中，诚品书店建立的统一的诚品符号化的自有传播平

---

① 陈刚，沈虹，等. 创意传播管理——数字时代的营销革命［M］. 北京：机械工业出版社，2012：124.

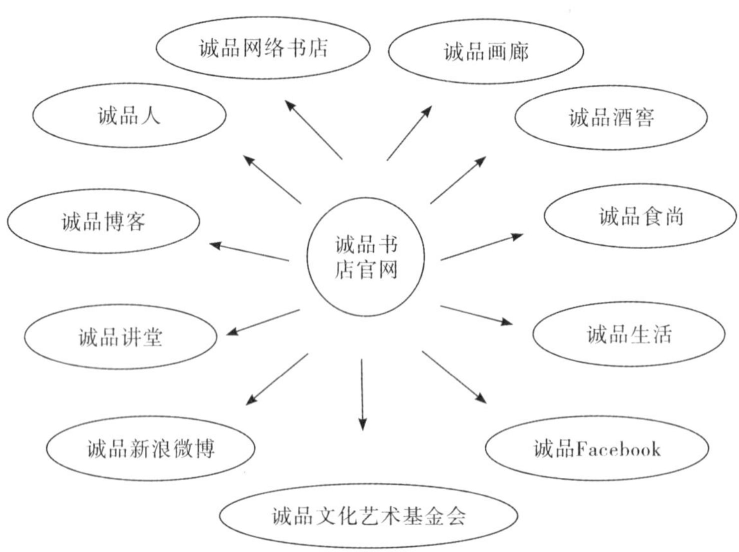

图 7-14　数字生活空间中的诚品书店

台，避免了因为自有传播平台的方便建立带来的不相关信息对企业传播内容的干扰，同时对各个传播平台也进行严格的管理。从官方网站到官方微博、从诚品网络书店到诚品人、从诚品画廊到诚品文化艺术基金会……各个传播平台分管不同的领域，各司其职，既不交叉又不冲突，结构布局清晰、有条理，不会因大量和诚品有关的传播平台出现在数字空间中造成生活者混淆的局面。

针对传播平台的性质和功能存在不同的特点，诚品采取差异化的策略，在各个传播平台发布的信息相互区别开来，使内容与平台相契合，同时有选择性地采用适合的方式进行信息传播，以实现对行销传播效果的优化。诚品的自有传播平台是所有行销传播活动的起点和终点，多样化信息传播的根本目的是吸引更多的生活者，使其在接触诚品各类传播信息的时候，最终登陆到诚品的自有传播平台，成为诚品品牌的消费者。从这个意义上说，诚品的自有传播平台就是诚品的品牌传播家园。

（二）诚品书店的沟通元

在数字生活空间中，诚品书店的创意行销借助沟通元的介质作用，通过不同类型的沟通元形式，激发生活者的情感和协同创意。诚品书店对于沟通元的运用主要体现为两种类型：热点关注型沟通元和主题传播型沟通元。

表 7-12 诚品书店的自有传播平台

<table>
<tr><td rowspan="4">诚品书店的自有传播平台</td><td>诚品书店官方网站
http：//www.eslitecorp.com/TW/Index.aspx</td><td>诚品官网是诚品数字生活空间的核心，其他传播平台均围绕诚品官网进行延展，它是诚品书店在网络世界中的集中呈现，包括诚品介绍、诚品事业群、诚品生活、营运范畴、大陆事业、诚品文化艺术基金会、诚品新闻、人力资源、集・活动等。</td></tr>
<tr><td>诚品网络书店
http：//www.eslite.com/</td><td>诚品网络书店是诚品书店在数字生活空间进行行销传播的主要阵地，成立于2001年，沿袭诚品的知识文化品牌，以丰富的电子商务和商品资料库为基础，提供多样化内容：以顾客需求与终身价值为经营核心，开发各种区隔化服务机制，发展多元化通路；以整合行销创意思考传递附加值内容，跨越时间、地域的限制，延伸诚品的服务和品牌。</td></tr>
<tr><td>诚品人
http：//vip.eslite.com/</td><td>诚品人是诚品会员组织的网站，通过加入诚品人，成为诚品会员，可以享受相关优惠。网站主要内容包括专员专区、集・活动、品・生活、得奖公告、客服专区和电子报阅读等。</td></tr>
<tr><td>诚品博客
http：//blog.eslite.com/</td><td>诚品博客是诚品书店的网络博客。博客包括：诚品讲堂、诚品展演中心、诚品信义书店、诚品儿童总店、诚品信义音乐馆、诚品风格文具店、诚品总店商场、看电影・乐电影・痴电影、阿猴城屏东店、诚品西门店/诚品116/诚品武昌店、台中园道店、阅读分享机会部落格、台大店部落格、品酒・品位・品生活、诚品・宜兰・绿书店、敦南音乐馆、SCOOP诚品独乐、诚品戏剧等。</td></tr>
</table>

续表

	诚品讲堂 http：//www.eslite.com/eslite/forum/	诚品讲堂是关于诚品讲堂课程的网络介绍。诚品讲堂以知识的载体、人文的发声为诉求，通过延伸阅读、深化思考，扩张领域来进行探索观点的新知识之旅。网站主要内容包括：音乐厅、现代经典堂、特别企划、城市建筑家、历史堂、艺术实验室等。
	诚品画廊 http：//www.eslitegallery.com/	诚品画廊成立于1989年，以华人当代艺术的扶植与推动为宗旨，与深具潜力的华人艺术家与收藏者一同书写诚品历史；以高度专业与品质的自我要求为标榜，打造兼受艺术创作与艺术收藏领域所肯定的品牌。诚品画廊网站内容主要包括：当期展览、展览回顾、艺术家和出版品介绍等。
	诚品食尚 http：//www.eslitegourmet.com.tw/	诚品食尚是诚品餐饮的官网。主要内容包括餐饮活动的推介、各个餐饮门店的介绍等。
	诚品生活 http：//www.eslitespectrum.com.tw/	诚品生活成立于2005年，秉承诚品书店的理念，以“生活与文化场域”的复合经营模式，提供以文化为底蕴的丰富且多元的服务和空间氛围，提供独特的商品组合及内容。网站内容主要包括主题活动推介、品牌介绍、线上DM、活动专区、旅客专区等。
	诚品酒窖 http：//www.eslitewine.com.tw/	诚品酒窖创立于1994年，代理品牌涵盖多个国家和地区超过三千多种红、白葡萄酒及香槟。网站内容主要包括主题活动推介、门市介绍、代理品牌酒庄及葡萄酒介绍等。

续表

	诚品文化艺术基金会 http：//www. eslitefoundation. org. tw/	诚品文化艺术基金会成立于2010年，延伸诚品原有的核心价值及能力，以推广阅读为核心使命，以“有书读、爱读书、读好书”为目标，将诚品所累积的文化资源扩大整合回馈社会，期望耕耘出遍地书香的人文社会，网站主要内容包括深耕计划、阅读分享、校园阅读、阅读伙伴等。
	诚品站 http：//stn. eslite. com/	诚品站是关于诚品活动的网站，主要内容包括：艺·起来、专题报道、驻站作家、读家书评、阅读诚品、人物专访等。
	诚品书店新浪微博 http：//weibo. com/ u/3130658501	诚品书店新浪微博是诚品书店在新浪微博上发声并与粉丝互动的企业官方平台。
	诚品书店 Face book http：//www. facebook. com/eslite	诚品书店 Facebook 是诚品书店在 Facebook 上的社交服务平台。

1. 热点关注型沟通元

热点关注型沟通元主要来源于社会热点事件，如政治议题、体育赛事、颁奖典礼、明星娱乐等，都成为沟通元附着的载体，在与生活服务者传播的内容结合起来之后，依靠社会事件的热点效应吸引生活者的兴趣，使其关注并参与其中。

例如，在诚品网络书店开展的“震撼人心：2013文化十事件”的行销活动中，诚品借助已经成为社会热点的信息，如政治斗争、金马五十、云门舞集等，在数字生活空间进一步扩大、演绎，引发生活者的普遍关注和讨论，并进而将其引导至诚品事业群的产品领域，在不断扩展、延伸、丰富沟通元内涵的同时进行行销传播。

（1）热点事件中的沟通元

2013年堪称最震撼人心的一年，过去鲜少如今年这般许许多多的议题都引发全民关注，政治斗争、食安危机、军方丑闻……新闻台比连续剧还精彩。于是，人们选出“假”作为年度代表字，那些既得利益者以谎言造假社会；然后，他们更是一面镜子映照这个社会的“真”，好比那雪亮的公民之眼，除了在电视节目前怒骂与悲伤，或于网络发文批判，更多人选择作为介入社会的公民；一整年为数众多大大小小的街头运动，以白衫军作为代表，标志台湾社会迈向成熟发展的里程碑。再好比那些筑梦踏实的人们，造就台湾文化能有今日这般动人光景。台湾之光云门舞集于今年迈入不惑之年；金马五十凝聚华人巨星回娘家，复兴之路有望……记住这些震撼人心的画面，以莫忘初衷、清明之心点亮属于自我的真的道路。①

这些热点事件中的沟通元，能够引起生活者关注、参与的根本原因在于沟通元本身所具有深层次文化基因。每一个热点事件背后都隐含着一定的文化因素，如政治、民主、文艺、娱乐等。这种文化因素的内核是让生活者产生认同与共鸣的基本理念，而其强大的可复制性、随之变化的动态性和广泛的参与性，又表现为生活者最感兴趣的内容和话题来引发讨论和关注。

（2）沟通元的选择性

社会环境中存在各种各样的热点事件，但并非每一种都适合进行创意传播。可以发现，对于“震撼人心：2013文化十事件”，诚品书店以行销传播的目的为导向，经过分析和判断，选择出合适的社会热点事件来挖掘沟通元。尤其是与诚品的品牌属性和企业精神有着内在正向关联性的热点事件，更容易被诚品所用，也更容易被诚品的生活者所接受。

热点事件中的沟通元，其选择性的体现，一方面指向并对应生活者的心理层面，如自我实现、猎奇心理、本能需求、公民意识、艺术追求等，都在不同程度上满足一些生活者的心理需求；另一方面又引导至诚品事业群的产品领域，包括图书、音像、展演等，沟通元和诚品产品有效地结合起来，以此实现行销的目的。

---

① 文字来源：诚品网络书店网站：http：//www.eslite.com/index.aspx.

表 7-13 热点事件中的沟通元

热点事件中的沟通元	对应的生活者心理层面	对应的诚品产品
表演艺术的喜与悲	怀旧情绪、自我实现	《打开云门》《李国修戏剧作品集》
金马奖半世纪的光华	怀旧情绪、猎奇心理	《过影：1992—2011 台湾电影总论》《那时那刻：金马 50》等
多元成家草案激发正反大论战	本能需求、信仰追求	《断臂上的花朵》等
食安风暴中的消费新主张	本能需求、自我实现	《食物的全球经济学》《教你安心买、健康吃》等
台片飘香，庶民味尝道	本能需求、自我实现	《大尾鲈鳗》《总铺师》《看见台湾》等
乡民变公民，蓝绿之中走出一列白衫军	信仰追求、公民意识	《有核不可？》《不冷写公民》等
黄色小鸭风潮	猎奇心理、自我实现	《环绕世界的小鸭舰队》《放眼荷兰设计：创意是一种生活方式》等
作家也斯、诗人纪弦辞世	怀旧情绪、自我实现	《纪弦集》《浮世巴哈》等
文创园区新风貌	艺术追求、自我实现	《文创大观》等
华山艺术生活节明年停办，资源南移卫武营	艺术追求、自我实现	《艺起南方》等

2. 主题传播型沟通元

诚品书店在数字生活空间中的行销传播，主要采用主题传播型沟通元，首先确定一个明确的主题：然后根据主题要求，拓展出以主题为中心，并为主题服务的各种附加活动与信息内容；最后开展具体的行销活动，通过一定的媒介将主题传播给生活者。针对主题传播型沟通元，诚品书店并不依靠具体的社会议题或热点事件进行行销，而是直接制造某一主题，展开活动，传播信息。在主题传播型沟通元中，主题是诚品书店所要表达的核心与精髓，是活动开展与信息传播的根基：活动与信息是主题进行传播的载体和延展，在生活者参与活动和接收信息的过程中传达主题，两者共同构成了主题传播型沟通元的基本结构，形成了一个行销传播系统。

例如，2014 年诚品书店成立 25 周年，围绕“诚品 25 周年”这个沟通元，诚品书店在数字生活空间开展了以“诚品 25 周年，‘传承·创新’照亮，重新启蒙的时刻”为主题的行销活动。

主题：

"2014年3月，诚品迈入25周年！四分之一个世纪以来，在台湾土地的人文滋养之下，诚品由小型人文艺术书店，逐渐成为涵盖书店、画廊、展演、餐饮的文化创意产业整合经营平台。诚品25周年以'传承·创新'为主轴，彰显一路走来始终不变的'人文、艺术、创意、生活'核心价值，以及'与人为善、分享幸福'的创意初衷。展望未来，诚品自我期许真心诚意、脚踏实地、勇敢前瞻地在阅读与文化创意事业的经营持续前进。"①

活动与信息：

"为庆祝创立届满25周年，诚品集结各事业群，以'传承·创新'为主轴，精心规划一系列主题庆祝活动，希望透过跨时空经典阅读、跨界创意合作、跨时代艺文展演、跨境讲座对谈等，传承品牌精神、开创品牌新意。期盼广邀民众一同参与，分享诚品庆生的喜悦。"②

表7-14　"诚品25周年"主题活动

诚品事业	活动	时间
诚品书店	以字传承·以诚创新——"诚品造字"计划	3月1日—3月31日
诚品书店	"阅读，开启启蒙时刻"主题书展	3月1日—3月31日
诚品生活	"记录精彩，书写故事创作展"	2月27日—3月27日
诚品生活餐旅事业	"25周年庆精选商品"	2月27日起
诚品展演	"诚品选片"25光影·故情新意	3月12日—4月11日
诚品展演	诚品25周年音乐会《传承·创新》	3月22日19：30
诚品展演	两岸大讲堂　不止息的华人生活试验改造	3月29日19：00
诚品人会员	限时独享专属优惠	3月1日—3月31日

① 文字来源：诚品网络书店网站：http：//www.eslitecorp.com/TW/News/NewCenter.aspx？pv=y&no=39.

② 文字来源：诚品网络书店网站：http：//www.eslitecorp.com/TW/News/NewCenter.aspx？pv=y&no=39.

在诚品书店以“诚品 25 周年”为沟通元，以“诚品 25 周年，‘传承·创新’照亮，重新启蒙的时刻”为主题的行销活动中，主题具有以下几个特点。首先，主题凝聚了诚品书店要传达的核心信息，作为行销活动的纲领，具有指导和引领所有行销活动的作用。其次，主题简洁却传达出重要的信息，包括企业名称：诚品；活动的主题：“传承·创新”照亮，重新启蒙的时刻；活动背景：诚品 25 周年。最后，主题具有很强的延展性，围绕着该主题延伸出多种多样的互动与信息来支撑，包括诚品书店以字传承·以诚创新——“诚品造字”计划、“阅读，开启启蒙时刻”主题书展、诚品展演“‘诚品选片’25 光影·故情新意”、诚品 25 周年音乐会《传承·创新》、两岸大讲堂——不止息的华人生活试验改造、诚品会员限时独享专属优惠及诚品画廊“25 周年特展《青春》”等。

“诚品 25 周年，‘传承·创新’照亮，重新启蒙的时刻”的主题是行销活动的精髓，将“传承·创新”与品牌自身的“人文、艺术、创意、生活”核心价值完美地契合在一起。主题本身无法进行复制传播，只有渗透在活动和信息当中，依靠活动的开展和信息的传播才能进行扩散。从主题延伸出来的丰富的活动和信息作为主题的载体，不仅在生活者参与活动和接收信息的过程中传达主题，还能激发生活者的协同创意。在横向上，依靠主题传播型沟通元所对应的不同社群，以不同的活动与信息指向相应的群体进行沟通传播，以此达到最大覆盖生活者的目的。在该活动中，目标生活者是具有文艺追求、认同诚品理念的群体，以及诚品的忠实追随者——诚品人会员。针对两种不同的目标生活者群体，有不同的活动与之对应。针对普通生活者的活动，包括“以字传承·以诚创新——‘诚品造字’计划”、“记录精彩，书写故事创作展”、“100 点心意·迎接诚品人”等；而针对诚品人会员，有专门的活动开展，如“限时独享专属优惠”、“25 周年诚品人共享精彩，长荣航空机票 25 万元新台币独享抽”、“乐活生活的陪伴，诚品人专享礼”等。在纵向上，将活动内容分为诚品事业群的主题活动、由诚品事业群延伸出来的各种主题活动，前者是纲领和主体，后者是扩展和细化，共同对主题的复制传播进行支持，使主题不断具象化。从内容到活动，充分引起生活者的兴趣，调动生活者参与的热情，建立品牌与生活者的联系，加深生活者对品牌的认知和情感，最终将关注者和参与者转化为品牌的好感者。

三、数字生活空间中的创意行销实现路径

诚品书店的创意行销将创意渗透到生活者喜欢或感兴趣的内容上面，如文学、电影、展览、演出等，从知识与美的角度出发关注世界，关注人群，以此引起生活者的广泛关注。为了调动他们的参与热情，诚品有针对性地选择和塑造适合有效传播的沟通元，以丰富的信息表现形式激活生活者的创意，在分享复制和协同创意的过程中创造话题、创造内容、创造交流，进而实现诚品创意行销的目标。

（一）寻找到沟通元

实现创意行销的前提是寻找到能够真正激发生活者复制分享和协同创意的沟通元。例如2014年诚品书店的重点行销活动是围绕“诚品25周年”这个对企业具有重大意义的主题开展行销传播。在数字生活空间中，“诚品25周年”就是行销传播的核心沟通元和原始沟通元，但如何将这个沟通元与生活者的实际需要结合起来成为诚品必须解决的问题。首先，诚品充分挖掘和真正理解生活者对于“诚品25周年”的关注点，以便洞察并提升生活者所需要的服务。其次，找到生活者对“诚品25周年”关注点中和诚品的品牌属性、企业精神相结合的内容，切实地将生活者和诚品联系起来。最后，在这种内容中，发现充满情趣、生活者乐意分享的部分，即为生活者关注的沟通元。

在确定生活者关注的沟通元之后，诚品进一步围绕行销传播的目的进行创意加工，将初级形态的关注点塑造为与生活者接受的生活形态相结合，又涵盖诚品品牌属性和企业精神的完整的沟通元，如下表所示：

表7-15　“诚品25周年”细化的沟通元类型

诚品主体类型	活动名称	活动时间
诚品人会员	100点心意·迎新诚品人	2月27日—3月27日
诚品敦南店	质感生活的陪伴　专属礼	2月27日—3月27日
诚品新板店	陪伴悠闲时光　专区满额礼	2月27日—3月27日
诚品新板店	品位生活的陪伴　专区满额礼	2月27日—3月27日

续表

诚品主体类型	活动名称	活动时间
诚品忠诚店	陪伴美好时光　专区满额礼	2月27日—3月27日
诚品敦南店	陪伴美好时光　专区满额礼	2月27日—3月27日
诚品松烟店	Relax&Enjoy 专属满额赠	2月27日—3月27日
诚品松烟店	Fashion&Style 专区满额赠	2月27日—3月27日
诚品松烟店	Play&Fun 专区满额赠	2月27日—3月27日
诚品生活	我与诚品生活＋留言抽好礼	2月27日—3月27日
诚品116 诚品武昌店	春恋美肌满额礼	3月3日—3月27日
诚品松烟店	100点心意·迎新诚品人	2月27日—3月27日
诚品西门店	西门BIF独家满额礼	3月3日—3月27日
诚品新竹店	贴心的陪伴　专区满额礼	2月27日—3月27日
诚品松烟店	Tea&Taste 专区满额赠	2月27日—3月27日
诚品人会员	长荣航空机票25万新台币独享抽	2月27日—3月27日
诚品新竹店	陪伴咖啡香　会员来店礼	2月27日—3月27日
诚品12个店	银行刷卡满额礼	2月27日—3月27日
诚品松烟店	25周年成品人共享精彩	3月12日—3月16日
诚品忠诚店	乐活生活的陪伴　诚品人专属礼	2月27日—3月27日
诚品信义店	温暖的陪伴　专区满额礼	2月27日—3月27日
诚品信义店 诚品敦南店	陪伴舞世代　诚品人专属礼	2月27日—3月27日
诚品人会员	25周年诚品人共享精彩	2月27日—3月27日
诚品人会员	美好陪伴　春日礼	2月27日—3月27日
诚品高雄 梦时代店	美味关系　尝鲜礼　梦时代限定	2月27日—3月27日

（二）触发创意传播

挖掘到生活者的关注点，并经过创意加工形成适合行销传播的沟通元之后，诚品接下来将细化的各种完整的沟通元重新发送到数字空间中去。在选择传播平台时，诚品主要选择自有传播平台作为数字生活空间中的行销传播阵地。在诚品书店官网首页，以红色字体重点推介“诚品 25 周年”的信息，点击之后进入新闻中心，详细介绍以“诚品 25 周年，‘传承·创新’照亮，重新启蒙的时刻”为主题的活动。在诚品的生活网站，有各种对于“诚品 25 周年”主题活动的详细分类、内容介绍，生活者可以根据自己的需求选择参加感兴趣的主题活动类型。其他诚品自有传播平台，如诚品人、诚品生活等，对“诚品 25 周年”的主题活动也有不同程度的涉及。

在整个创意行销传播过程中，诚品的自有传播资源始终是行销传播的起点和终点，起着主导性的作用。诚品先在自有传播平台上发送沟通元，吸引生活者的广泛参与和协同创意，同时在线下实体店内利用门店资源，扩大影响力，推动创意传播的扩散。诚品官方网站是诚品各个自有传播平台的中心，代表了诚品的权威声音；诚品人是诚品会员的集中地，更是目标生活者的生活社区，在进行沟通元的投放后，能够在短时间内迅速引起生活者的关注并不断复制、分享和传播，掀开创意传播的序幕；诚品生活是各类细化的沟通元主要展现的地方，使具有文艺追求的生活者能够再次找到生活信仰与追求的归宿，于参与中将个人创意构想投射其中，从而进一步复制分享和协同创意。这些自有传播资源从不同的角度实现诚品与生活者的对话和互动，形成互补的立体化传播。

（三）实现协同创意

实现协同创意要求依托群体的协同力量，在生活者与生活服务者的互动中反复商议、沟通、磨合和协商，并允许相互之间保留不同的价值认知。诚品书店利用数字生活空间提供的协同创意的舞台，建立起与生活者之间的情感纽带，目的是激活生活者，充分发挥他们对诚品的经验感知和情感认知，利用他们对品牌的特殊感受，使其参与到协同创意的过程中，将想象力和创造力转化为可以分享的创意想法和表现形式，从而为协同创意贡献力量。

诚品书店在自有传播平台发送沟通元之后，提供一个创意框，根据创意行销传播的目标，制定一定的创意框规则，让生活者在创意框内自由发挥，并鼓励其朝着正向的创意效果进行创意建构。例如：诚品生活网站开展的“我与诚品生活＋留言抽好礼”的行销活动。活动期间内，加入诚品生活和粉丝团并关注粉丝团内留言，将不定时推出留言抽奖小活动；于活动照片下留下指定留言，即可参加抽奖，有机会抽中“记录精彩·书写故事系列赠礼”。

图 7-15　“我与诚品生活＋留言抽好礼”活动

又如：诚品 25 周年书写故事创作展。

图 7-16　“诚品 25 周年书写故事创作展”活动

“城市的便捷与喧闹，加速了生活的节奏，一不小心，我们便屏气，忘了呼吸。有人说，这里有种魔力；有人说，在这里可以肆意感受、呼吸。诚品 25，陪伴着每次的一呼一吸。各个角落上演的生活片段，是我们最美丽的风景，让这些风景成为起点，编织下一段精彩交集。诚品 25 周年书写故事创作展，等待您，阅读。”①

这段颇具文艺气息的文字带有强烈的诚品风格，对追求文艺的生活者有

① 文字来源：诚品书店网站：http：//www. esliteliving. com/news/news _ detail. aspx? sn=SD2014022212.

着一定的吸引力。其中，“文字与图像对话”的行销活动提供相同连环图画和空白的对话，让生活者用文字重新进行编排，讲述新的故事。生活者参与活动即可获得纪念礼品，其作品还可以在展览馆展出。

在这两个行销传播活动中，创意框的设置刺激了沟通元的分享与延伸。通过设置体验和反馈的环节，有意识地寻求与生活者沟通的新方式，让生活者可以很方便地参与到协同创意的过程中，从个人的体验和需求出发，不断修正和丰富原有的沟通元，刺激沟通元的复制、延展、分享和传播。诚品的文艺气质使生活者能够在参与互动中获得美好的品牌体验，并乐于对各种传播资源进行品牌体验分享，实现沟通元的快速传播；数字生活空间的便利性和开放性降低了生活者参与的门槛，为沟通元的复制传播提供保障。

结　语

20 世纪 90 年代的台湾社会正处在解严后渴望新想象、新思维的时期，诚品书店的出现，填补了彼时中产阶级寻求新品味和生活方式的饥渴。但相对于当时的主流书店，诚品显得过于独特、反叛，以致于诚品的前 15 年一直举步维艰。然而，在那之后，一切慢慢转变了。媒体的“浅碟化”①、网络书店的冲击、诚品对自己亏损的反省，以及对自身转型的努力，让它转型成为另一种与众不同的书店。经由对诚品书店典型的创意行销策略进行分析，可以发现，“诚品模式”的关键性成功因素，从经营策略的角度来看，行销上的创造性表现占据重要地位。诚品书店一改传统书店的“售书场所”定位，从本质到形式进行全方位的创新，将书店定位为能够满足顾客物质、精神和文化需求的文化创意产业，形成以创意为核心的复合式经营模式。从阅读到展览，从书店到餐旅，从艺文到商场，将美学意识融入生活体验，将创意元素融入行销活动，开创与顾客全面对话的可能性。诚品书店从单一书店经营走上复合式跨界经营之路的经验，特别是成功的创意行销的经验，无论是对台湾书店产业，还是大陆书店产业，均有非常重要的启示意义。

① “浅碟”是台湾地区的说法，形容文化就如同碟子一样浅浅的没有深度。

诚品书店是一代台湾人生活中重要的存在，裹挟着台湾青年的文艺情结，人们不时去逛书店，在周末去诚品电影院看杨德昌。如果说创意行销将诚品从亏损带出盈利，形成一套成熟的“诚品经营模式”。那么如今的诚品则更多地是以消费人们心中的诚品图腾而换得商机，这是诚品过去几十年的努力创造的“诚品精神”。但在欢心的同时，我们也不忍苛责地发现一些卖场重形式而轻实质，陈列空间不乏廉价翻译小说或是厂商主打的商品。在诚品的盛世繁华下，我们愿诚品所有卖场空间都始终葆有达人的专业品味，始终坚持诚品的“先锋”与“锐利”，尽抛沉浮，不忘初心。

第八章

台湾文化创意产业发展的前瞻与启示

台湾风起云涌的文化创意产业发展至今，开创了闻名国际的文化创意产业盛世，引起了世界各国的关注，也成为了大陆学习和借鉴的最佳选择。总结台湾文化创意产业特色的发展模式，为我们积累了一系列可供参考的宝贵经验。诚然，台湾文化创意产业发展至今，经历了繁花似锦的辉煌后，我们也需要灵敏地看到未来可能潜在的风险。发现这些隐藏的风险，帮助台湾社会更理智地分析文化创意产业的生存空间和未来价值。

第一节 台湾文化创意产业发展的现实经验

在知识化、信息化时代，如何在资源有限的客观制约下发展经济，成为各国各地区关注的焦点，文化创意产业正好迎合了这一要求。在政策支持下获得发展的文化创意产业，要特别注意能够达到政策的效果，让文化真正能够在经济和社会层面上，成为人们日常生活的一部分，融入到广大的社区中，而不只是附属在政策或经济的环节中。总结台湾文化创意产业特色的发展模式，具有以下几个特点：

一、强有力的政策扶持

台湾各级部门出台了一系列经济政策，为文化创意产业提供优惠政策；

建立文化创意人才培养机制，致力于完善人才管理系统；注重文化创意产品的创意行销模式，展开市场效应。通过研究发现，台湾文化创意产业政策的有益经验是突出市场作用，实现市场、政策双向驱动；运用多元政策，注重资金投入，强化环境整备；厚植文化根基，重视人才培养，注重才智产权保护；培育公民美学素养，增强公众参与，吸纳民间力量，实现官方、民间良性互动；立足本土文化，拓展国际视野，面向海外行销等。

（一）及时修正政策

政策是引发或抑制文化创意产业转型的基本因素，① 而在所有环节中，政策的执行又是至关重要的。“我们需要知道更多的关于文化产业和它怎么运行，以及人们在产业创意和使用过程中的思考和行动是什么。没有执行，政策什么都不是。”② 台湾在文化创意产业政策拟定和执行过程中，一直在意对政策具体实施的跟踪监测，并及时修正。台湾地区“文化创意产业发展法”第六条规定：“文化创意产业发展政策，每四年检讨修正……建立文化创意产业统计，并每年出版文化创意产业年报。”

宏观的文化创意产业政策目前已经执行了两期，一期计划始于 2002 年“挑战 2008：台湾发展重点计划”中的文化创意产业发展计划，该计划已经在 2007 年结束。计划完成后，决策者在对第一期计划进行总结基础上，规划了从 2009 年到 2013 年的第二期计划，对原有计划的具体内容和设定目标进行了调整。如在重点产业发展上第一期计划只笼统地提出了发展艺术产业、媒体文化产业和设计产业，第二期则在这些产业发展的基础上优选了电视、电影、流行音乐、数字内容、设计和工艺产业作为旗舰产业，并为每一类产业设定了具体目标。在前两期文化创意产业政策期程完成后，台湾文化事务主管部门认为台湾的文化创意产业已经步入成长期，下一步目标主要是进一步的产业化和国际化。因此，2012 年“文化部”成立后针对文化创意产业规划了“价值产值化——文创产业价值链架构与创新”计划，提出了一个愿景，二项目标，三大执行策略，九项主要工作项目和 35 项细部计划。

---

① 大卫·赫斯蒙托夫. 文化产业［M］. 张菲娜，译. 北京：中国人民大学出版社，2007：154.

② David Hesmondhalgh and Andy，Pratt，Cultural Industries and Cultural Policy，Intenational Journal of Cultural Policy，Volume 11，Issue 1，(March 2005)，pp. 1-13.

另外，从2003年起，台湾每年出版《文化创意产业发展年报》，提供前一年度的文化创意产业政策总结和各产业类别发展信息。“文化部门的统计数据是制定和执行文化政策的重要补充。他们对有效监测政策战略是必要的，以便能对这些战略的成功与否进行评估。”①《文化创意产业发展年报》通过详尽的调查研究，完整地呈现了台湾文化创意产业及其相关行业的发展状况及其他地区发展文化创意产业的策略和方法。从某种意义上说，《文化创意产业发展年报》助推了台湾文化创意产业的快速成长。② 在具体产业的发展中，除了《文化创意产业发展年报》对各产业的统计调查趋势预测外，又有《影视产业趋势调查报告》《图书出版产业调查》《数字内容产业年鉴》等对电影、电视、流行音乐和数字内容产业等产业发展政策、产业发展状况和前景等进行追踪。

（二）注重制度保障

制度作为一种调节参与人行为关系的规则，是影响经济绩效，推动经济增长的决定性因素。在文化创意产业领域，由于政府大量的政策介入引导和资金、硬件设施的扶持，有效的制度不仅可以减少政府部门无效的行政程序，提高办事效率，降低政府和官员寻租概率，并使各项可预见的成本、费用进入企业经营者的视野，提高项目评估的效果，从而促进文化创意产业的良性发展。③

台湾当局在整个政策制定和执行过程中非常注重制度的建设。2010年1月，台湾“文化创意产业发展法”（以下简称“文创法”）获得通过。该法针对文化创意产业的特性和发展需求，在政策的引导、知识产权应用、资金倾斜等方面，提出了文化创意产业化全方位整合推动机制。此外，与之相配套的还有十三条“子法”，结合各部门具体执行过程中的法规、规章制约，一系列完整的制度从文化创意产业发展的资金、场地、人才等各方面予以产业扶持，为文化创意产业的发展营造了良好的制度性环境。

---

① 戴维·索罗斯比．文化政策经济学［M］．易昕，译．大连：东北财经大学出版社，2013：90．

② 陈伯礼等．台湾的文化创意产业营造及启示［J］．东华经济管理：2011（11）：103—125．

③ 张京成等．文化创意产业集群发展理论与实践［M］．北京：科学出版社，2011：70．

表 8-1　“文创法”的框架及其具体措施

框架	具体措施	条款
打造健全的产业生态	台湾文创产业发展的真正关键在于是否拥有健全的产业发展条件	第 7、9、19 条
	扎根文化教育，培养文化消费市场人口及产业人才	第 11、13、15、26 条
	现今台湾文创产业所遇到的挑战是：如何提升品牌价值与国际竞争力	第 20 条
运用多元的政策工具	奖、补助	第 12、16 条
	鼓励原则	第 15 条
	租税优惠	第 26、27、28 条
	体验券与价差补贴，扩大内需市场	第 14、15 条
	建立符合文创产业的创投审核机制	第 9 条
	释放土地空间与营销资源，降低企业的经营成本	第 16、18、22 条
提升产业的创新能量	台湾想要在全球创意经济中取得一席之地，必须致力于强化文创产业的创新研发工作	
	现今不论公、私部门，台湾文创产业的创新投入比例都偏低	
	“文创法”与产业创新布局有关条例 企业投入创新研发可以减免税捐 保障智慧财产权 产业群聚推动	 第 27 条 第 23、24 条 第 25 条
	成立文创院	

表 8-2　“文创法”配套 13 条“子法”①

“文创法”配套“子法”	依据条款	颁发部门
《文化创意产业发展法实施细则》	第 29 条	“文建会”
《学生观赏艺文展演补助及艺文体验券发放办法》	第 14 条	“文建会”
《文化创意事业原创产品或服务价差优惠补助办法》	第 15 条	“文建会”
《公有公共运输系统场站或相关设施之广告空间优秀保留比率及优惠费率草案》	第 18 条	“交通部”
《“经济部”公有文化创意资产利用办法》	第 21 条	“经济部”
《“行政院文化建设委员会”协助奖励或补助文化创意事业办法》	第 12 条	“文建会”
《“行政院文化建设委员会”促进民间提供适当空间供文化创意事业使用奖励或补助办法》	第 16 条	“文建会”
《文化创意产业内容及范围》	第 3 条	“文建会”
《文化创意产业运用“国家发展基金”提拨投资管理办法》	第 9 条	“文建会”
《营利事业捐赠文化创意相关支出认列费用或损失实施办法》	第 26 条	“经济部”
《著作财产权质权等级及查阅办法》	第 23 条	“经济部”
《著作财产权人不明著作利用之许可授权及使用报酬办法》	第 24 条	“经济部”
《财团法人文化创意产业发展研究院设置条例草案》	第 7 条	“文化部”

除了“文创法”和相关“子法”，行政主管部门在提供文化创意产业发展的资金补助和租税优惠等方面都建立了完善的规章，保证行政主管部门行为的公开性和可预期性。这些法规基本是对文化创意产业的支持和鼓励，进一步促进政策的细化和透明化，在制度设计上保证了文化创意产业一、二期计划的顺利施行以及持续的良性发展。

① 陈晓彦．台湾文化创意产业政策及其启示［J］．台湾研究，2013（6）：38.

（三）厚植人才培育

“如何培育创意人才”、“如何构建与时代要求相适应的创意人才培养体系”一直是台湾文化创意产业政策拟定的核心问题。历经多年的发展，台湾已经初步形成从基础教育到职业培训，从通识教育到文化产业学科建设，从行政当局推动到第三部门和民间机构参与的文化创意产业人才培养体系。①

一方面，台湾营造国际化人才引进机制，“文建会”早在 2002 年就拟定了《文化创意产业人才国际进修交流与延揽来台计划作业要点》，甄选 20 名台湾文化创意精英，由行政机构与业界共同资助其出国进修，培育文化创意产业的“种子人才”。规划文化艺术人才国际进修及交流，策划多样化培训课程：如办理国际设计人才养成班及协同设计高阶管理人才培训班，聘请岛内外师资授课，并进行境外研修；办理国际设计研习活动，邀请国际知名设计专家到台湾参加国际设计研习活动。通过学习国际社会在相关产业累积的经验与技术，希望通过国际文化交流和学习经验技术，将域外艺文创作思维及生活经验转化的相关关键实务经验和关键技术引进岛内，以提高台湾文创人才与创意美学的素质，从而发掘台湾在地文化价值，提升文化创意产业精神与创意层次，营造精致生活的氛围。

另一方面，行政部门协助大学院校充实人才及设备，鼓励大学院校规划、开设相关课程或进行创意开发、创作实验，培养、培训文化创意产业所需的各种人才，并提供现职人员的进修机会。教育主管部门拟定了“大学院校艺术与设计系所人才培育计划”、“艺术与设计菁英海外培训计划”和“鼓励学生参加艺术与设计类国际竞赛”三项专业人才培训计划。许多院校的通识教育中心十分关注文化创意产业的理念与实践的发展，纷纷开设文化创意通识课程或学程。

除了大学专业教育和文化创意人才的国际化，台湾也注重文化向下扎根，在基础教育中导入文化创意理念和人文艺术教育，推动学生从小学开始加强文化美学欣赏和参与能力，将戏剧、音乐、电影、美术等艺术欣赏和体验纳入课程或活动中，并推动艺术家和艺术团体进驻校园。从 2002 年起，台湾在中小学教育中施行“九年一贯艺术人文教育”，让中小学生在九年连贯的艺术

① 魏然．台湾文化产业人才培养体系初探［J］．台湾研究，2010（3）：50—54．

教育中，习得艺术能力，养成艺文素养，并最终成为“艺术生活化，生活艺术化”的人。[①] 另外，台湾当局对中小学艺文教育所需师资、课程研发和学生的艺文活动进行经费上的支持和补助。

随着文化创意产业的发展，社会对专业人才的需求逐渐显现出来。通识教育和基础教育难以快速为社会提供专业化的人才，文化创意产业教育和研究的学科化和专业化发展便成为一大趋势。台湾文化创意产业学科已逐步迈入建制化的发展轨道，许多高等院校以文化产业学科为核心，相继成立系、所、研究中心。文化创意产业相关的学系和研究所在台湾文化创意人才培养体系中发挥重要作用。文化创意产业相关院所的纷纷成立也标志着文化创意产业学科建制化的基本完成。[②]

（四）公私通力辅助

产业发展的关键在于政府与企业等经济组织的协力合作。台湾地区在发展文化创意产业的过程中，虽然采取行政部门主导由上而下的推动模式。不过，在政策的制定和施行过程中，公部门主要发挥政策指导和行业辅助的作用，企业、非营利组织和社区等也加入了进来，形成了公私协力的局面。

台湾行政部门积极通过各种产官学政的交流和互动，形成生产、营销、研发等不同网络来促进文化创意产业发展。[③] 例如，为加强文化创意产业的集聚效应，台湾文化事务主管部门先后从台湾烟酒公卖局租赁了台北、台中、嘉义、台南以及花莲等5处旧厂房使用权，进行基础设施修缮以及产业活动导入，使传统制造业的酒厂转型成为新经济的文化创意园区。前述案例中的十鼓文化村，也是在进驻台南仁德糖厂后开始演进为文创业，包括设置清溪林制鼓厂，做为推广鼓乐的核心。

在产业的具体发展上，行政部门除了对每个产业发展出台相应的鼓励性政策，还有从创意、产制、研发、行销、市场培育等涵盖整个产业链条的辅助、奖励等措施。如电影产业的电影辅导金制度。辅导的项目就包括电影拍摄及后期制作、行销放映、市场推广、人才培训和产业数字化升级等多方面。

---

① 吕燕卿. 中小学九年一贯“艺术与人文”学习领域课程之特色与实施策略. http：//www. aerc. nhcue. edu. tw/paper/9. htm.

② 魏然. 台湾文化产业人才培养体系初探［J］. 台湾研究，2010（3）：52.

③ 李跃乾. 台湾发展文化创意产业的经验［J］. 理论参考，2014（10）：34.

电视内容产业有“电视人才培训案”、“电视节目剧本创作奖”、“高画质电视推展计划”、“电视节目营销海外地区播送奖励案”和“电视及电视节目海外行销补助案”等。流行音乐产业则有“旗舰型唱片企划制作与宣传补助案”、“补助乐团录制有声出版品”、“流行音乐有声出版品创意营销补助”、“流行音乐海外营销暨跨国合作补助”和“数字网络服务模式推广流行音乐补助案”等。[①]

在项目运作模式中，每个产业的运作模式由行政部门、企业和私人等筹集进行，选择优秀的综合实力强的企业作为项目的实施主体，树立全球化项目运作意识，着重产品的营销，建立严格的项目评估体系，对项目立项、执行和效果组织评估，并重视对项目经验的总结。而文化创意企业在发展过程中，往往因为企业规模小、市场价值不确定、投资风险大、无形资产比重大和抵押担保困难等因素而导致企业融资困难。[②] 台湾则通过行政机构直接投、融资以及租税的优惠等和企业、民间的资本互动形成文化创意产业资本的多元化，解决了不少文化创意企业的资金困境。文化发展的资金可能不再来自行政部门拨款，而是彩票收入或商业和私人赞助，博物馆和美术馆等文化机构的控制权和管理权也更为灵活，这样行政机构在对文化创意产业发展履行财政责任和调节责任时能够更加开放和灵活，同时明确地维持行政机构在文化领域中坚持和保护公众兴趣的基本作用。

二、跨领域的多元融合

现代意义上的文化创意产业大体分为文化产业、文化经济与文化生活三个发展阶段，文化创意产业发展的第一个阶段是文化产业发展的“本体”阶段，即文化产业与相关产业日益分离，也就是早期被欧洲法兰克福学派称为“机械复制的时代”的“文化工业”阶段。[③] 在第一章的论述中，我们将台湾文化创意产业分为视觉艺术产业、音乐及表演艺术产业等“15＋1”项即是“本体”状态的文化产业。然而，随着文化创意产业发展的辐射和溢出效应以

---

① 陈晓彦. 台湾文化创意产业政策研究［M］. 北京：九州出版社，2016：84.

② 钱敏. 非正规金融演化路径与监管对策研究［D］. 复旦大学，2009.

③ 王济远，曹入云. 文化·融合·创新——2016年两岸第六届文化创意产业发展论坛暨两岸文创本科学术联盟会议综述［J］. 济南大学学报（社会科学版），2016（6）：123.

及相关产业发展对文化的需求，文化与旅游、体育、健康、城市建设乃至农业等各行业广泛融合，产业边界日益模糊，形成大文化创意产业格局，文化创意产业进入文化经济阶段。① 这个阶段的文化创意产业所指涉的意涵，与生活和经济等各层面的关系更为错综复杂，所牵涉的范围更广泛，不同艺术形式之间也更为流动与混淆。

（一）文化创意产业与科技行业的融合

以互联网为核心飞速发展的现代技术与文化的融合，使得当代文化创意生产与文化消费日新月异。可以说，文化创意产业与新技术的快速融合与发展改变了当代社会的文化生态。文化的发展靠科技驱动，科技的收入来自于文化消费，这是驱使文化产业与科技行业融合的根本动力。台湾明华园便是文化创意产业与科技融合的经典。明华园的演出采用现代高科技的声光影电子设备，融入大量的多媒体影音效果和高难度电影特效，给观众营造出一种“隔绝工作、生活、学习压力”的氛围，使观众观看歌仔戏犹如参加明星演唱一样狂欢。正是剧团成员不断改革创新，在传统歌仔戏表演中引入了现代剧场技术、电影科技，不仅活化了歌仔戏的剧本内容，更带动了舞台技术、硬体、服装、灯光、音响、创作软体等庞大的周边产业链，可说支撑了很大一部分台湾传统文化产业的运作，也让这些专业人才不至于断层或流失。

数字技术同样为文化创意产业提供了丰厚的资源，让艺术家以更多方法去促进并经营作品，彻底拓宽了文化创意产业的传播路径。在数字化浪潮下，文化商品透过网络，不论在制作技巧或行销管道上都展现一番新的局面。这其中，除了各产业透过网络发展线上销售，更透过网络传输而出现新的软硬件设施。数字化时代为现代生活开启了另一个空间世界，以互联网为基础的新的传播形式，对人类日常生活中的各种信息传播和交流活动进行虚拟的还原和放大，这种传播形态创造了一种新型的生活空间形态。② 在数字生活空间中，个人、组织、结构等所有参与者均以信息实体的方式存在，通过信息的传播与接收，创造出符合数字生活空间特征的语义世界，创建互联网的社会

---

① 王济远，曹入云. 文化·融合·创新——2016年两岸第六届文化创意产业发展论坛暨两岸文创本科学术联盟会议综述［J］. 济南大学学报（社会科学版），2016（6）：124.

② 陈刚，沈虹，等. 创意传播管理——数字时代的营销革命［M］. 北京：机械工业出版社，2012：9.

生活关系，形成数字生活空间。数字生活空间中的资源来自于真实世界的延伸，充分反映了现实生活中的社会资源结构。但数字生活空间又同现实生活相区隔，在这个没有空间和时间界限的语义世界，信息实体的交往构成一个独特的体系，体现出自身的规律性。诚品充分利用数字技术发展文化创意产业，把互联网作为推销自己产品的重要渠道，在网上建立自己的网络书店，开展网络行销。利用数字化的信息和网络媒体的交互性，与目标顾客进行互动，顾客在互联网的虚拟生活中同样接触诚品文化，最终实现品牌的行销目的。与传统行销相比，网络行销最突出的特点是要求把消费者整合到整个行销过程，根据顾客的特定要求提供相应的产品或服务。在传统行销的基础上，强化了由市场导向向顾客导向的转变，进一步加快了同质化、大规模行销转变为个性化、一对一行销；把异动单项的市场行销转变为同步互动的市场行销；促进行销管理从分散、独立的过程发展到同一的协同工作过程。[①]

（二）文化创意产业与旅游观光的融合

以文化特色推动旅游观光再发展，是近年台湾许多地区发展文化创意产业所依循的发展模式。旅游观光业天生所蕴含的文化性，使文化的载体、传承、凝聚和引导等作用能更好地在旅游业中发挥出来。通过将文化融合于旅游业中，使旅游资源不再是简单的山水景观，更包含了人类的精神智慧。文化创意是旅游转型升级的推动力。过去的旅游业，关注的是人数的提升、收入的增加、快速扩张式的发展，这是一种粗放型的发展。而现在的旅游业，追求个性化、品质化、集约化、精细化，实现这些目标都需要文化创意。[②] 正是旅游和文化的相结合，使旅游业不断发展壮大并形成旅游文化产业，拉动社会经济的可持续增长。通过地方文化的有效整合，并搭配旅游的对外推广活动，可有效地将文化意象散布于旅游活动中，不断孕育文化价值，创造出独特的文化氛围。

1. 文创园区

文创旅游作为文化创意产业和传统旅游业结合的新型经营模式，给台湾

---

① 陈秋兰. 市场营销学［M］. 北京：清华大学出版社，2012：67.

② 王甄妮，田良. 台湾文创旅游对大陆旅游业的启示［J］. 商场现代化，2016（6）：234—235.

带来了巨大的经济效益和社会效益。无论是特色园区华山文创园和松烟文创园，还是前述案例中提到的十鼓文化村、高雄驳二艺术特区，皆由衰败的厂房改造，已成为台湾对外交流的一个窗口，园区整合调节咖啡馆、画廊、餐厅、酒吧、生活美术店等产业资源，不同属性的文化内涵相互映衬，实现各种文化门类欣赏者汇聚在一起，引起人们广泛的情感共鸣，实现产品消费的“最大公约数”，给改造后的厂房空间焕发出勃勃生机。

2. 文创商品

文化旅游的发展必然带动了文化衍生品的发展。以旅游地的文化意象为核心创作出的明信片、伴手礼等文创衍生品在台湾随处可见。台北故宫博物院推出风靡一时的康熙手书复制品“朕知道了”纸胶带，是其走向现代文创开发之路的重要标志。台北故宫开发的小型的文创衍生品，体积小，实用强，价格合理，受到极大的追捧。据介绍，现在台北故宫的文创商品有7000多种，包括“翠玉白菜伞”、“冰山一角”潮袜等。这些简单小物不仅得到了很好的传播，而且创造了惊人的销售额，使景区在很大程度上摆脱了门票经济，拓宽了收入来源。

3. 精品农业

精品农业是台湾具备世界水平的产业门类，台湾最具创意的就是将文化产业与农业产业相结合，将农场改造成清新可人的家庭亲子旅游目的地，从而形成叠加的经济和社会效应。台湾休闲农业秉持珍惜自然资本的理念，重视保护生态环境，为游客提供新鲜空气、有机蔬果，营造出富有人情味氛围的同时，特别注重结合农村文化资源塑造特色，并将优势资源设计成知识性、趣味性、人性化的体验活动，将游客融入情境，感动人心。“莲”本是白河地区的农业资产，但白河地区成功地巧用莲花这一农业资源，将白河打造成莲花故乡，集群体之力去发掘莲的历史、文化、技艺等，在旅游中发展农产品，实现农业发展和经济振兴。

此外，台湾的民宿也颇具地方特色。宜兰的民宿强调田园乡村主题，垦丁则以南洋异国休闲为主题，花东民宿强调少数民族文化的奔放与山海相遇的激情，台北九份的民宿以矿山小镇怀旧为主题，澎湖民宿以离岛度假、水上娱乐为特色，苗栗县南庄乡的民宿则散发着浓郁的客家风情。每个优质的民宿都奉行“小而美”的经营哲学，看似古朴的建筑风格，却饱含了独特的文化气质，备受大众喜爱。民宿因此成为台湾旅游业的“精品”，造就了许多来台游客心中独有的“民宿情怀”。

文化创意产业与其他产业的融合，通过打破产业边界，形成新的业态，推动产业发展。休闲文化农业、乡村旅游、工业文化旅游、创意咖啡等如雨后春笋般涌现。这些产业均以文化为核心，为产业发展之魂，树立大设计的观念，通过跨领域、跨产业进行异业产品设计研发，媒合不同产业合作，兼顾“文化内涵”、“创意形式”和“经济效益”等多面向的考量，从而真正发挥文化在产业转型和升级中的引领作用，增加文化创意产业的附加价值，提升文化品牌的竞争力。

三、美学式的文创生活

文化创意产业发展的第三个阶段是文化生活阶段。人是文化的主体，文化是人的文化，文化与相关产业进一步融合，逐步形成国民生活的全面文化化、创意化和特色化的发展趋势，未来将出现文化与社区、文化与家居、文化与生活的方方面面的融合，这就是文化产业文化生活发展的阶段。这种趋势其实在发达国家和地区已然出现，像日本的“生活产业”、台湾的“创意生活产业”等。在台湾，文化创意产业不仅仅是停留在博物馆、展览会中的创意产品，更是融入生活中的艺术，通过扩大民众参与文化的深度，透过文化创意产品的媒介，促使社会大众更加接近文化。

台湾经过多年的发展，从音乐表演到广播电视出版等大众传播产业，再到文化旅游、城市文化、创意生活等现代文化产业，几乎已经囊括日常生活的方方面面。

（一）创意生活产业

台湾在发展文化创意产业时，着重培育就业人数多、产值大、成长潜力大、原创性高、附加值高的重点产业。2002 年，台湾确定了视觉艺术产业、音乐与表演艺术产业、文化展演设施产业、工艺产业、电影产业、广播电视产业、出版产业、广告产业、设计产业、数字休闲娱乐产业十大重点文化创意发展产业。经过数年培育，这些产业已成为台湾文化创意产业的标杆，其中广播电视产业、广告产业、设计产业、工艺产业发展最为迅猛。在发展重点产业的同时，台湾也注意开拓新的文化创意产业，例如设计品牌时尚产业、建设设计产业、创意生活产业等，其中创意生活产业开拓堪称典范。台湾经济主管部门将创意生活产业定义为："以创意整合生活产业之核心知识，提供具有深度体验及高度美感的产业。"① 换句话说，也就是透过创新思维的产业经营模式，将创意或文化累积，运用创新与突破的经营方式，进而发展出台湾特有的创意生活产业。以台湾推动的实例来看，创意生活产业是台湾独有的产业范畴，运用生活的创意，开创既有产业的新商机，进而提升民众的生活品质。创意生活产业其特色必须包含四个要素：产品、场所、服务与活动等。广义上说，凡商品的提供者与消费者在过程中能获得知识的增长，或者透过创意与文化的加成，让衣食住行育乐产业更为优质化、更加蓬勃发展的产业，即属于创意生活产业的范畴。近年来，台湾将文化创意产业重点投入到"创意生活产业"。台湾《远见》杂志曾对文化创意产业做过问卷调查，当问到台湾的文创产业中哪个最有潜力壮大并走向世界，35.6%的民众选择了创意生活产业，排名第一。② 创意生活产业涵盖范围很广，能提升服务业层次，提供深度体验、高质美感，增加附加价值，已被认为是未来台湾最具吸引力的新特色产业。

（二）生活美学运动

梁漱溟先生认为："文化，就是一个民族的生活样法，那一个民族的生活样式。"文化创意产业就是要把自己民族的生活样式通过各式各样的文化产品向全世界传播，得到全世界不同国家的人们的高度认同。文化创意产业发展可以拉近民众与文化的距离，提升美的生活品质，透过文化、艺术和产业的结合，让艺术家有更多的发挥空间，让生活与环境有更多的文化内涵，进而强化文化生活与地方产业优质化的发展。

台湾推动"生活美学"策略，强调对生活的体验，注重对"人心"的关注与反思。通过社区营造的策略，发掘地方创意与想象力，将艺术落实在生活中，扩大民众参与文化的深度。透过文化创意产品媒介，促使社会大众更加接近文化。因此，台湾的文化创意产业具有浓厚的人文底蕴，和超越经济指标与数据之外的文化价值。如台湾的夜市十分引人入胜，置身其中，最吸

---

① 夏学理. 文化创意产业概论［M］. 台北：五南图书出版公司，2011：318.

② 李跃乾. 台湾文化创意产业的发展、经验及启示［J］. 统一论坛，2014（3）：48.

引人的，其实并不是琳琅满目的小商品、令人垂涎欲滴的小食品或灯红酒绿的小环境，而是氛围，让人身心愉悦的整体氛围。夜市的存在，让劳累一天或一周的消费者，卸去包袱，搁置负担，抛弃烦恼，尽情享受生活的乐趣，体验生命的美好。①

此外，文化主管部门还注重公共艺术设置的辅导与推广，目前已经在台湾设置300余件公共艺术品，成立27个公共艺术审议委员会。文化创意产业发展通过文化产业化与产业文化化的过程，深入了解各产业的文化与生产关系，促使民众建立对文化创意产业的尊重与价值认知。于是，产品的内容丰富度与文化特质、文化创意产业带来的传播效益，通过民众的文化消费行为，将极大提升他们的生活美学品味以及对文化意涵的理解与创造。②

文化的真正“融入”是打破文化产业特定的“空间”限定，让文化创意产业在生活中“无所不在”，建立文化生活氛围，让人们开始重视价值的真实感，寻求体验经济时代的“乐活”③。台湾强调“地域活化”，即整合运用地方已有的特色文化资源来振兴地区产业发展及提高生活品质，朝向凸显地域存在与价值的定位前进。④ 台湾对于本土资源的独占、传统工艺的保护政策、地域文化的创新开发等构成了其最核心的知识内涵。以高雄国际货柜艺术节为例，经过创意打造，如今的驳二艺术区俨然已是一个“文化主题公园”，成为高雄市民日常生活的文化休闲场所。而借由钢铁所形成的城市意象逐渐融入地方民众的生活，进而形塑于生活形式的特质，成为城市记忆和集体经验浸润着生长在这里的人们。可以说，台湾现代文化创意产业并非局限于精英艺术，而正朝着“生活化”方向发展，并将“日常生活”放到了更广阔的国际文化背景中进行定位，形成台湾文化特色。

文化创意产业讲求“生活化”趋向，是一种将日常生活文化化与文化日常生活化的结合，二者双向互动。首先，文化创意产业融入生活是与民众的

---

① 张兰英，朱剑修．文化创意产业的台湾经验及其启示［J］．福州党校学报，2013（2）：70．

② 李跃乾．台湾发展文化创意产业的经验［J］．理论参考，2014（10）：34．

③ 乐活（LOHAS）是英语 Lifestyles of Health and Sustainability 的缩写，意为以健康及自给自足的形态过生活，是全球兴起的一种新的健康可持续生活方式。“乐活”是一种环保理念，一种文化内涵，一种时代产物。它是一种贴近生活本源，自然、健康、精致的生活态度。

④ 郑心仪．以乡村旅游活化地区发展之策略研究［D］．中山大学，2005．

生活息息相关，旨在改善民众生活环境，本身具有更高的社会价值标准。因为普通百姓文化的提升、生活美学的促进、改善民众生活精神层次才是发展文化创意产业的根本价值。① 而且“生活化”是台湾文创产业的原旨所在，台湾文化创意产业关注传统生活产业的历史性和本地文化的创意加值，对于台湾地域认同的构建所发挥的作用不可忽视，也是一种社会发展政策，更能体现台湾国际化与地域化二者结合发展的实际情况。所以应该更多的关注文化创意产业发展本质和民众生活环境的改善，这也是文化创意产业下一步发展的主导方向所在。

第二节　台湾文化创意产业发展的潜藏问题

台湾文创产业走过了十几年的快速发展道路，在经过了繁花似锦的辉煌后，如今也遭遇到了瓶颈。相关数据显示，自 2012 年受到欧债风暴的冲击，台湾内外景气呈现衰退，2015 年文化创意产业营业额为新台币 8339 亿元，较 2014 年微幅成长 0.57%，而外销收入方面，2015 年较 2014 年下降 0.54%。② 可见，在新的全球背景下，文化创意产业发展空间与成长力道有限。分析台湾文化创意产业潜藏的问题，有助于台湾社会更理智地分析文化创意产业的生存空间和未来价值。

一、地域限制，发展瓶颈

地域和地位问题，成为台湾文化创意产业发展的“阿喀琉斯之踵”，先天的不足使其发展到一定阶段就会遇到瓶颈。

首先是市场瓶颈。以数字产业为例，尽管台湾数字产业发展优势明显，但是其劣势亦很明显，主要是市场规模有限，无法充分运用数字内容产业进行衍生价值开发，产业发展有赖于新兴市场的拓展。

① 王玲. 台湾创意生活研究［D］. 山东大学，2014.

② 数据来源：2016 年台湾文化创意产业发展年报.

其次是规模瓶颈。由于受到市场的限制，台湾的文化创意产业往往无法发挥“规模经济”与“范畴经济”① 的作用。因此，如何鼓励更多人才与资本投入创意产业、扩大产业规模，增加产品内容的丰富性与多样性，甚而借由“品牌化”策略提高附加价值，成为台湾当局与民间的当务之急。

第三是人才瓶颈。正是因为受到市场和规模的影响，台湾岛内大量文创人才处于流失状态，国外学有成就的年轻人才不愿意回到岛内。这种情况不仅使传统文化难以传承，也导致本土优秀人才转而成为其他文化传承的主力军。

第四是资金瓶颈。目前台湾主流资金资源仍集中于IT产业及制造业，致使新兴文化创意产业在研发、品牌建设和营销等方面的投资受限，商业模式亦缺乏创新。而且文化创意产业的统计评估依据不足，致使银行和融资产业对其支持不足。

二、内涵不足，同类泛滥

台湾将丰富的文化资源迅速融入资本市场并进行产业化运作，成就了台湾骄人的文化创意产业蓝图。但资本对文化的影响同时是一把“双刃剑”，一方面，大文化并购融合迈向产业化离不开资本的助推；另一方面，资本逐利的本性也带来了浮躁和虚假繁荣。在发展文化创意产业的过程中，对资本的过度追逐把产业的特性表现出来，却无暇顾及产品的文化属性。

首先，内容浅薄化。用“因陋就简、恶性循环”来形容台湾文化创意产业出现的低俗现象再合适不过了。以电视产业为例，财团出资制作节目，缺乏对电视节目的专业审视，而电视节目制作人为了节约成本，请来一两个主持人和几位嘉宾，嘉宾来了没有任何精心的准备，依靠聊“八卦”作为节目内容。观众没得选，导致了一大批成本低廉的谈话节目。

其次，文化碎片化。台湾是一个移民社会，中华传统文化、少数民族文化、闽南文化、客家文化等各种文化的融合正是台湾最大的特色。然而台湾当局没有对文化认知进行充分引导，各类文创业者仅仅把各种文化硬生生地拼在一起，触碰了文化的表层，却切断了各种文化精髓的连接命脉。所以不

① 田青芬．台湾文创产业的发展及其向大陆延伸的趋势［D］．南开大学，2013.

少人认为台湾的文化创意产业是“杂糅”而非“交融”，丧失原有的文化优势。

最后，形式单一化。近十几年，大陆经济突飞猛进，呈现质与量的显著提升。在文创方面，大陆变成大步超越。如今，当大陆共享经济为人们津津乐道时，台湾文化创意产业依然停留在小书签、小笔记本、小钥匙扣之类的“小玩意儿”上面。诚然，这些“小玩意儿”确实能够给生活增加点“佐料”和美感，但却没办法让经济发生质的改变。越来越多的人从事文创，这也让台湾文创在经历了当初的新鲜感之后，逐渐变得泛滥。2013 年，台北故宫博物院推出一款印有康熙的笔迹“朕知道了”的胶带，很快被旅客抢购一空。于是，这类将一些名家书画、笔迹等印刻在胶带上的文创产品，立马成为台湾各文创园区纷纷效仿的对象。几乎一夜之间，台湾各地文创商店内，印有各类图案的胶带纷纷上市，而当这种追捧的热潮渐渐淡去，这些文创胶带成为一种过剩的商品，静静地躺在柜台里。不仅仅是胶带，很多文创类产品都陷入这种跟风的局面。这不仅导致文创产品过量，更让原商品所散发出来的“小而精”的质感，被这种跟风潮冲刷得一干二净。这就是为什么不少旅客都会感慨，在台湾逛过几处文创店之后，就会渐渐失去购买的冲动。

管中窥豹，略见一斑。台湾文创这种十几年“不改变”的背后，折射出目前台湾社会经济的现状。也就是，在经历 20 世纪六七十年代快速发展后，台湾经济几乎进入停滞状态。整个社会发展动力不足，这直接影响了台湾年轻人的创新动力。

三、“文化”之名，“消费”之实

当文创成为朝阳产业，文创繁华带给台湾人无限商机的同时，文创带来的“假象”也成为必须正视的问题。

（一）文创园区“不文创”

台北华山文创园、台北松烟文创园区、花莲文化创意产业园、台中文化创意产业园、嘉义文化创意产业园、台南文化创意产业园、高雄驳二艺术特区……近些年，台湾各县市推出不少文创园区，然而这些所谓的文创园区却屡遭诟病。以五大园区为例，台北华山、花莲、台中、嘉义、台南文创园，其设立目的是为串联区域产业、带动价值链整合，让年轻、财力不丰却有才华的艺术家、创作者进驻。然而这份“政策大餐”如今却面临“看得到吃不到”的窘境，5座文创园区艺术家实际进驻面积占比均相当低，台北华山仅0.64%、台中13.04%、台南14.09%、花莲4.65%；而用于餐饮、商办用途的面积比却分别达20.7%、56.8%、52.5%、7.3%，[①] 存在严重的“主客错置”现象。因为园区经营者为了负担权利金、生存优先，提高租金门槛，导致大量餐饮、商场进驻。文创园区过度强调量化绩效，只冲“营业额”，且多半包给海外授权展览，靠卖周边商品获利，一次档期就超过三个月；而真正的文化工作者付不起高昂的租金，形成文创空间却缺艺术工作者的偏差现象。正如作家冯光远所说：“几乎都在摧毁许多年轻人好不容易建立出来的文化投入感，几乎都在全力让文化庸俗化、过度商业化、倾向权贵化，几乎都在嘲笑文化圈仅存的一丝丝公平正义机制。”[②]

这其中又以华山、松烟园区最引人非议。台北都市发展局长林洲民指出：“2005年到2015年的台北假文创园区，从餐厅加餐厅加餐厅的华山文创园，到董事长隔海喊话谈分配利润的松烟文创园，都‘号称’在执行台湾文创，但实际上都成了餐厅、咖啡屋的‘据点’，几乎没有给台湾人一个建筑及设计创作的机会。”[③]

文创园区变得没有特色，很难吸引客源，最终导致园区无法生存下去。如位于新竹县竹东车站旁的动漫园区，改造后没起色；位于内湾老街“水月湾仙境”经营不佳改为“台湾好神文创馆”，但不到一年又关闭；竹东火车站有台铁员工宿舍，推出彩绘巷、改造旧建筑，因不失怀旧斑驳味，吸引不少游客前往拍照，不久，游客失去新鲜感，逐渐落寞。

（二）节庆“嘉年华”成乱象

节庆活动是台湾各县市最大型的文创作品，各县市都依托特产、环境、宗教、民俗等元素打造了上百个大型节庆活动，分传统、宗教、客家、少数民族、特色主题几大类。有柿饼节、假面节、烟火节、鲔鱼季、石雕季等。

① 全台文创园区艺术家进驻率低，只见餐饮不见文创［N］. 中国时报，2017-08-15.

② 罗炯烜. 无事不谈　假文创真产业［N］. 台湾时报，2015-04-16.

③ 台北一堆假文创？“文化部”有话说［N］. 真晨报，2015-04-21.

但在节庆“嘉年华”带来一片欢愉的背后，却发现许多问题令人忧心忡忡。

1. 食洋难“化”

台湾许多节庆活动引入了国外元素，将节庆活动打造成“国际范”。如苗栗国际假面节，其设计依据为苗栗有木雕、制陶等传统产业，生活在苗栗的客家人在祭祀时还保留佩戴面具的传统，假面艺术节可彰显苗栗的传统产业与客家文化，促进产业发展，吸引旅游人潮。但实际上，在园区却难以找到苗栗元素，从展品到纪念品到表演都是意大利威尼斯的假面具，连小吃都是“洋货”，“国际”分量很足。宜兰的国际童玩节也很“洋”，既然有“国际”二字，每年都请来各国的表演团体，展览、演出、互动游戏要热闹一个夏天。宜兰童玩节成为宜兰县最重要的活动，带动宜兰民宿业迅速发展，掀起了宜兰旅游业的高潮，2002年童玩节曾吸引90多万人入园。可叹近几年童玩节人气直落。分析得知是因为内容重复，童玩节不再有吸引力。为什么巨资打造的童玩节却如此早早没落呢？究其原因，舶来的洋文化会满足猎奇的心理，但难以保持长久魅力。诸如此类的“文化节”在台湾普遍存在，其在群体文化共享的深层象征意涵上似乎呈现极为薄弱的状态，本质已变成是一种被“创造”出来的文化假象，只是华丽性地被冠以“文化”之名，却实际执行享乐主义式的休闲娱乐消费活动之实。此类活动结束后，参与者对此节庆活动的“文化”之实质意义和内涵并没有真实斩获。专家指出，节庆的文创必须吸纳当地的文化元素，深入民间生活，与人们的生活方式、审美标准、生活水平相连接，才能达到“产业”的规模。

2. 政治添乱

台湾的节庆活动举办与否实际上不只是衡量活动本身的质量，还要评估政治影响。政治力影响节庆活动非此一例，一些节庆活动都是由县市主办，从一开始就有政治正确的考虑。如受到冷遇的“KANO一夏”活动，主题来自电影《KANO》，电影名是日文“嘉农”的发音，内容是日本殖民统治时期，嘉义农林学校（简称嘉农）棒球队，在日籍教练训练下打进日本决赛的故事。这部电影曾经热映，但也有争议，被批评其美化日本殖民统治。但台当局却支持嘉义打造“KANO棒球园区”，已投入超过5000万元新台币，声称要发展成为“台日交流重点”，至于文化意义和产业效益，大概要让位于政治了。

节庆内容“水土不服”，加之“政治导向”的影响，台湾一些节庆活动难以产生游客期望前往观光的核心吸引力，进而无法为地方不断创造文化价值，自然也就难以持续性地产生地方的观光价值。

台湾的文创产业，常常让人感到某种“堂吉诃德症”的不安状态，就像生活在文创所缔造的“幻觉”世界里，无法做出正确的判断。应该说，台湾文创距离一个歌舞升平的时代还很遥远，台湾需要更多愿意为文创“大显身手”的事业人，而不只是“心存侥幸”的商业人。所以，我们期待更多天工鬼斧的觉醒投入，在尝试与突破中创新，并同时探索国际市场契机的荆棘长路上，为台湾文创劈山开锦绣、引水奔前程。

第三节　台湾文化创意产业发展的未来前瞻

在许多观光客的眼中，看到的台湾是美好的，文创的商业活动是热络的，但是我们却不能不静下心面对：台湾文创在美国、韩国等文创大国，以及大陆文创势头迅猛发展的夹缝中生存。根据《2016 年文化创意产业发展年报》，2015 年台湾文创产值 8339 亿元新台币，不到韩国的三分之一；相较韩国产值最高的出版业，台湾出版产业产值仅 1032 亿元新台币，且自 2013 年来逐年下滑；外销方面，韩国文创产业 2017 年出口金额 2032 亿新台币，台湾仅有 890 亿新台币；内需上，韩国人口目前约 5125 万人，为台湾人口两倍多，但文创内需产值高达 3.08 兆元新台币，台湾仅 7449 亿元。可见，要成为真正的“文创大户”，台湾还有一段很长的路要走。

一、文化创意产业永续发展新思考

文化创意产业的发展，应是指文化本身和其关联发展的活动、社会、环境与经济所共合的一种现象。整个过程，除了城市再发展所亟须的经济效益，社会结构重整、意识凝聚与相关元素的调和，应该是首要考量，即借由文化重塑地方经济的特质，才是重新思考台湾文化创意产业再发展的重要面向。

后现代社会的经济观认为，非完全资本观正在逐步被接受，知识产权所引起的高附加值才能真正评价商品的经济价值。因此，如果深层地观察文化创意产业并讨论其成效，接受非完全资本观的产业价值，才可以在评价文化产业的经济贡献时，同步提升产业的内涵与品质。而生产观念的转变要想真正起到强化文化创意产业的作用力，必须先让文化创意产业的生产和消费者以及公私部门的参与者共同接受。

1. 文化经济政策不应只是单纯看待就业和所得是否会增加，同时必须考量它对生活品质的改善、社会关系的凝聚和社区发展等向度所产生的效果，才能有效完整地评价。①

2. 文化经济政策和文化创意产业，要真正生根于地方文化的资源以及城市的文化实体，即融入地方居民的接触、谈话、想法和意见的分享，进而形塑与生活形式的特质。这样的城市政策发展，才能够使文化展现一个城市的意象和记忆的重要资源，也成为地域归属感的象征。

3. 文化产品的价值建立在它所能诱发的“符号共鸣”效果，因此文化可辨性、创意、符号知识的拥有，成为文化政策的首要资产。持续保有创造力、创新性和弹性，是地方文化创意产业和厂商在全球化和地方交互作用下得以成长的关键。

4. 智慧财产权以及信赖机制的建立，成为小型文化厂商的重要考量，也是维系产业创新、创意基础的来源。应该建立“点子工厂”或“创意区”的互动网络和交流空间，使其作为文化厂商生产新文化产品和厂商共同研究的触媒，以维持文化厂商的创意来源。

二、文化主管部门推出文创产业发展新举措

为了有效推动台湾文化创意产业，台湾文化主管部门除了已在执行部分的持续运作与提升之外，在2016年提出几项新观念与新做法。②

1. 公共投资的产业创新。新的施政理念是在有限的预算资源下，打破施政类别的本位主义，让各项支出能有一定比例，在提供公共服务的同时，鼓励研发创新。文化主管部门正是看到了文化投资对创新的价值，所以2016年

① Brown，A.，O′Connor，J. and Cohen，S. Local music policies within a global music industry：cultural quarters in Manchester and Sheffield，Geoforum. 2000（31）.

② 台湾银行家编辑部. 打造台湾文创经济竞争力［J］. 台湾银行家，2016（10）.

的预算能够在行政主管部门支持下大幅度成长。举例而言，在看到欧洲多国“博物馆卡”① 等创新作为的成功，台湾文化主管部门也在研拟试办“文化卡”，一方面达成扩大文化消费、促进文化平等等公共任务；另一方面相关科技应用的研发，则能够加速智慧城市相关领域的发展。

2. 深耕文化内容，以双轨资金厚实文化经济基础。文化是核心内涵，产业则是表现形态。文化创意产业主要是对原创艺术文化创作的加值，为扶持文化创意产业，不仅需要注入资金强化核心内涵，亦需引入多元资金协助产业发展。所以文化主管部门还将以“投资”与“辅助”双轨资金并行。

“双轨资金”的推动主要为兼顾产业、市场及文化多样性的扶植措施，依性质给予辅助及投资不同的角色定位，在强化产业体制的同时，避免过去引发争论的资金控管步骤或预算排挤问题。在此定性下，未来文化主管部门投资的策略将更重视产业性与市场性，与辅助营造的多元多样相辅相成，并依企业发展的不同阶段需求，提供多元政策辅助工作。若内容具文化性与公共性的项目，将注入奖辅助资源，扶植实践性艺术，呵护新生创意；若内容具市场性，则透过多元资金挹注，结合民间资源共同投资，打开市场。

3. 成立专业文创中介组织。为加强政府与业界间沟通协调，促进业界间整合串联，尤其是完善文创产业辅助及投资机制，文化主管部门成立专业文创中介组织，即“文创院”，来发挥研发调查、多元资金统筹、通路拓展、人才培育及国际连接等功能，形成协力推动文化经济的体系。

4. 打造文化实验室与创意街区。为提供青年、新锐创意工作者以低门槛进入创作场域与表演平台，并打造良好通路，健全产业环境，达到提振文化经济的目标，文化主管部门致力推动文化实验室，希望透过创作与实验的互动过程，推动21世纪文化创意产业的发展。目前，台北的IFA空总创新基地，作为文化实验室创新计划的示范场，而文化主管部门亦将与地方政府合作，整合都市计划、产业政策与私部门资源，以文化实验室为核心，整合推动多元多样的创意街区。

5. 打造台湾成为世界品牌岛，行销台湾价值。在国际经贸的舞台上，以文化打造品牌形象成为如今对外发展的关键工具。文化主管部门已经提出

① 备注：荷兰、芬兰、爱尔兰等地研发了“博物馆卡”，购买一国的“博物馆卡”便可无限制免费游览该国指定的博物馆，还可以换到门票，免去排队买票的时间。

“台湾文化生活品牌国际计划”，策划“建立基础、加值题材、在地体验、国际输出”等推动策略，借由全面梳理台湾文化生活，萃取在地文化元素进行产业开发及题材加值运用，未来还将通过整合经济、交通等部门资源，联手行销台湾。

文化主管部门也将持续举办并升级包括台湾国际文化创意产业博览会、台北国际书展及金马奖、金钟奖、金曲奖等文创展会，使台湾成为世界文化品牌的重要节点。另外，参考包括英国文化协会或德国歌德学院等做法，文化主管部门也将提出整合性的国际文化推广机制。

三、两岸文创产业深入合作新态势

台湾文化创意产业的发展前景，从相对的角度来看，的确是有相当好的机会，这在近年来台湾年轻文创从业者的发明和设计在国际大赛中斩获佳绩便可看出。而台湾的流行文化在华人圈中长期扮演领头羊的角色，可见台湾文化创意产业的实力的确不容小觑。不过，就现状来看，前述的这些成就，仍属于零星的闪光，尚未形成产业规模经济。其中的症结在于台湾“本土市场”的容量有限。再好的创意受限于市场，产品化的过程无法获得足够的资金，自然无法提升品质张力，只能陷入小成本制作、小市场经营的恶性循环之中。若能建构两岸文创交流平台，就能打破台湾文创发展的症结，获得转机。

（一）两岸文创产业深入合作的条件

目前，在两岸“大交流、大合作、大发展”的浪潮下，两岸文化创意产业合作发展已经形成初步共识，两岸共同期待台湾文化创意产业的人力资源和品牌优势能与大陆广大市场进一步强强结合，共创华人文创产业的无限生机与商机。

1. 交流平台逐渐壮大

基于两岸文化交流与合作的必要性，创建有效的交流平台是必然要务。在多年的交流路径中，平台的成立与完善为两岸顺利交流起到了保驾护航的作用。

两岸经贸文化论坛的举办，极大地影响了两岸在经济贸易上的互相往来。

经济贸易作为两岸发展的重要组成要素，它稳健、高效的发展影响了贸易双方的利益关系。所以，贸易文化论坛的开展在进一步促进两岸经济贸易的基础上，还影响了文化交流的层面。

2. 实践经验不断丰富

在逐渐庞大的市场需求条件下，会展演艺等一系列文化创意活动突破传统文化交流的方式，进军国际文化潮流。在会展活动中，从事文化创意产业的创作者与消费者共同体验两岸文化交流的过程，不仅从中体验到从政策角度出发的利益最大化，还能体验到在整个交流的过程中，大陆方面的做法与举措。在感受双方合作的基础上，寻求更广阔的合作机制，使双方的文化创意产业实力尽可能地被发掘，从而达到共同繁荣。

（二）两岸文创产业深入合作的需求

文化创意产业是发达国家经济转型过程中的重要产物，由于附加值高、发展可持续，越来越为各国所重视，增长速度远高于整体国民经济增速，已成为世界经济增长的新动力，引领着全球未来经济的发展。据联合国教科文组织发布文化与创意产业最新报告显示：全球文化创意产业创造产值 2.25 万亿美元，超过电信业全球产值（1.57 万亿美元）。从业人数 2950 万，占世界总人口的 1%。[①] 美国 400 家最富有公司，有 72 家是文化企业，文化产业年生产总值达到国民生产总值三分之一。可见，发展文化创意产业成为寻求经济成长动能的重要产业。

最近几年，两岸均出台了发展文化创意产业新政策，都对文化创意产业做出了有力的推动，并将其列为未来经济发展的核心。两岸通过针对文化创意产业的积极应对措施来扶植产业发展，并且取得了一定规模的成功。目前，两岸文化创意产业交流与合作已经深入到了影视业、演艺业、图书出版业、工艺美术业、文化旅游业、现代休闲农业、会展节庆、文化教育等各个领域。大陆各地与台湾的文化交流与合作日渐频繁，各地“文化周”、“台湾周”、“台湾月”、“台湾园”等此起彼伏；各类会议、节庆、论坛等异彩纷呈，为两岸文化创意产业交流与合作提供了广阔的平台。

---

① 2017 年全球文化创意产业分布格局解析［OB］. 搜狐，http：//www. sohu. com/a/123354041 _ 400331，2017-01-04.

1. 两岸文创合作促进两岸经济更新

在全球经济高速发展的今天，经济格局不断发生变迁，大的环境背景决定了国际经济发展战略，海峡两岸的经济发展既面对难得的时机，又面临棘手的挑战。全球经济的发展格局促使我们期待全新的产业革命为我们创造的新可能。

两岸的合作发展不是一蹴而就的，而是常年日积月累达成的共识。大陆与台湾的文化创意产业各自有着强大的魅力，各有各的特色。台湾文化创意产业的优势主要有几点：首先，台湾发达的经济为其文化的发展奠定了坚实的基础；其次，台湾开放、包容的社会特性以及特殊的历史原因使其文化创意产业具有兼容并蓄、博采众长的特点；再次，台湾文化与大陆同宗同源，同属华夏文明的一部分，具有很高的相似性，易于为大陆广大群众所接受；第四，两岸针对台湾文化创意产业大陆市场的开拓发展均制定了一系列的优惠政策。

大陆文化创意产业发展的优势主要体现在四个方面。首先是市场优势。近年来，全国各地文化创意产业蓬勃发展，北京、上海、广东、湖南、云南等省市的文化创意产业增加值占 GDP 的比重已突破 5%，成为区域经济的战略性支柱产业，成为产业经济的新增长点。[①] 其次是文化遗产优势。中华民族具有五千年的文化传承，这一古老文化的发扬光大，必须依托中华民族主体。同样以中华文化为主体的台湾文化创意产业，必然要与大陆相结合，否则将很难实现对中华文化的传承。第三是载体优势。经过多年努力，大陆大中城市已经基本完成了升级改造，老城区的传统工业已经完成转移，大量的历史和工业遗址正面临都市产业和创意经济方向的转型，文创产业发展空间广阔。第四是政策优势。21 世纪以来，尤其是中共十八大以来，政府支持文化创意产业发展主要是通过产业引导机制，通过颁布一系列文化产业政策，刺激文化创意产业持续且快速地发展。

在共同的中华文化背景下，台湾的创意理念，加上大陆丰富的文化资源和不断扩大的市场需求，双方将产生很强的协同效应，优势互补，共同扩大市场范围，将对方的利益最大化。

2. 两岸文创合作稳固中华文化传承

① 田青芬. 台湾文创产业的发展及其向大陆延伸的趋势 [D]. 南开大学，2013.

在全球经济发展迅速的环境中，外来文化的传播与渗透对中华文化的传承构成了威胁。两岸地缘近、血缘亲、文缘深、商缘广，在文化创意产业上源自一脉、各具优势。面对共同的中华文化资源背景，两岸各自在引入与输出的机制中都良好地保存了自身的文化素养。如果能够实现两岸对于文化创意产业各方面的深入合作，致使外来文化对本土文化冲击力的减弱，这也将中华文化的影响力提升到了国际阶层，在共同对外合作的过程中，将中华文化推广至全世界，走向国际。因此，两岸要善用中华文化资源，利用现代科学技术，加强互利合作，共同打造文创产业链，在全球共创中华品牌，以增强两岸文化创意产业在世界上的竞争力和影响力。

结　语

如果以 2002 年台湾提出“文化创意产业发展计划”为起点，已迈入政策推动的第 17 年。这 17 年内，文化创意产业所处的大环境已经出现巨大的改变。不论政策决定者，或企业经营者，都不应该只紧盯着官方统计数据或营收报表，更应该严密注意这些正在主导产业发展的改变因素。这些变化既快，又凶猛：从创意市集到电子商务，从大型展会到选品店，从传统媒体到社群媒体，从投资奖励到群众募资，从产业园区到创意街区，从 B to B，B to C 到 P to P，从异业结合到协同合作，从物流通路到物联网，从长尾理论到大数据，从设计思考到人工智慧，从 prosumer 到 maker，从社区营造到社会企业……新兴力量的崛起，正在颠覆既有的思维与做法。

台湾文化创意产业不可避免“文化”二字。从“文化”的本质上思考文化创意产业，我们认为“文化”是特定人群因为时间、空间等因素所形成生活方式的整体。所以，经济生活本来就是“文化”的一部分；构成文化的思路与风格，必须要得到由生产、流通与消费所构建的物质基础支撑，而产业要能够不断创新，除了仰赖观念的突破与科技突破，更需要回归以人为本，从经典与当代中眺望未来。这是台湾文化创意产业未来发展的第一要义。

对整体文创产业而言，巨大的社会不仅可创造可观的发展机会，同时也带来可怕的挑战威胁。物联网、机器人、人工智慧等所谓的智能新科技的发展，给产业链条带来摧毁性的破坏，最根本的打击将是文创工作者工作机会的消失。面对现实的竞争与无情的考验，台湾文化创意产业需要正面回应：如何加强时代变迁意识，提高创新能力，是现今文创工作者的一大考题，也是未来台湾文化创意产业永续发展的根本动力。

后记

我自2004年参与创建福建师范大学传播学院，并于2005年到复旦大学新闻学院从事第二期博士后研究（从事“对台广播的传播策略”研究），以及2009年担任福建师范大学协和学院院长（该院2003年就创办文化产业系）以来，一直从事文化创意产业教学和科研工作。先后主持与文化创意产业有关的课题多项，包括国家广电总局2008年度部级社科研究项目“新形势下对台广播的传播策略”、国家新闻出版总署2012年课题“海峡两岸书业交流与合作研究”、国家新闻出版总署2013年课题“海峡两岸少儿读物出版合作研究”、福建省财政厅省直教学科研专项“传承福建非遗技艺创意创业创新基地”、福建省社科规划基础研究后期资助重大项目“21世纪台湾文化创意产业发展与前景研究”、福建省文化改革发展工作领导小组办公室调研课题“福建省老区苏区文化资源优势向文化经济转换对策研究”等，并且是国家社会科学基金2010年项目“动漫内容创意产业研究”、2018年项目“二十世纪《西游记》跨媒介改编创意研究”的主要成员。

专著《文学艺术产业》，较为系统地阐释新媒介环境下文学艺术产业发生发展和演变规律，2007年被四川大学出版社列入“21世纪文化产业前沿丛书”出版，著名学者尹韵公研究员在《筑起我们新的文化家园》中评价这套丛书：“视野开阔，恢宏大气，精当论述不时闪现，独到见解经常放光；……可为文化研究的兴趣者提供一个显眼的路标。”《文学艺术产业》出版后，荣获福建省第八届社会科学优秀成果二等奖、中国大学出版社图书奖第九届优秀畅销书一等奖。主编的《文化创意产业十五讲》（四川大学出版社2012年），全面介绍包括台湾地区在内的各区域文化创意产业的基础理论与发展现状，突出前沿性、理论性、实用性、开放性，福建社科院陈舒劼研究员评论指出："如何普及文化创意产业的知识理念，如何将世界文化创意产业发展最新的范例引入公共文化空间，如何为文化创意产业的初学者提供入门的常识和实践的辅助，《文化创意产业十五讲》提供了一份很好的样本。"这本书入选"十二五"普通高等教育本科国家级规划教材，并荣获福建省第十届社会科学优秀成果三等奖。主编的《两岸文化产业人才培养与战略合作研讨会论文集》(福建人民出版社 2013 年)，对两岸文创人才的培养提出了独特见解，得到中央级主流媒体关注，《光明日报》、人民网等作了报道，媒体引用相关论述指出："福建文化产业近年来取得的成绩是带有突破性的，文化产业也正逐渐成长为福建的支柱性产业。所以，我们更应该重视两岸文化产业人才的培养和人才的交流。"

近几年来，我负责的"文化创意人才培养模式创新实验区"，被评为省级人才培养模式创新实验区；负责的"文化创意"教学团队，被评为省级教学团队；负责的"广告学"专业，被评为省级特色专业和"双万计划"省级一流本科专业；主持的"广告媒介分析"，被评为省级精品课程；负责的"广告学"，被评为福建省本科高校专业综合改革试点；负责的"独立学院文化创意人才培养模式改革与创新"项目，获福建省第七届高等教育教学成果奖二等奖；主讲的"文化创意产业"被评为福建省级精品在线开放课程和首批国家级一流本科课程，其中"文化创意产业之产业集群与台港澳文创""文化创意产业之影视广告与动漫游戏"两门课，被评为 2018 年省级终身教育重点建设项目；"文化创意产业之品牌会展与创意城市"入选 2018—2020 年福建省终身教育重点项目。

我除了日常教学科研之外，曾担任福建省文化产业学会副会长、福建省海峡文化创意产业协会副会长，并受聘为福建省文化产业基金评审、福建省文创奖评审和相关文创企业顾问等。同时，我十多次赴台参访考察、出席学术会议，一直关注台湾文化创意产业发展，发表过《21 世纪台湾文化创意产业发展评估与分析》《当代台湾文化创意产业探颐》《台湾文创图景的创意呈现》《福建文创的台湾经验与闽南模式》《两岸图书出版合作策略探讨》《海峡两岸图书出版合作模式及前瞻》《两岸合拍片中的闽南文化元素运用》《台湾传统民俗的现代化传承与发展——以台湾阵头文化为例》等论文。

本书是我主持的福建省社科规划基础研究后期资助重大项目"21 世纪台

湾文化创意产业发展与前景研究”的结题成果，课题组成员涂怡弘（福建师范大学讲师）、温雅彬（华侨大学宣传部助理研究员）、苏丽丽（闽南科技学院讲师）、林丽君（厦门思明区委宣传部科员）、宋霞（江西赣州师范高等专科学校助教）、张超（北京中税和科技发展有限责任公司编导）等人，均在研究生学习期间跟随我从事台湾文化创意产业研究，也曾赴台湾考察与交流，掌握最新的台湾文化创意产业一手资料，为本课题研究奠定了坚实的基础。本书由我设计大纲并统稿，第二章、第三章、第四章、第五章、第六章、第七章，分别由温雅彬、苏丽丽、林丽君、宋霞、涂怡弘、张超撰写初稿，由我和涂怡弘修改定稿，其余各章由我和涂怡弘共同执笔。

文化创意产业是在经济全球化背景下产生的新兴产业，台湾作为全球较早重视文化创意产业的地区之一，在发展过程中积累了较为丰富的经验，值得我们参考和借鉴。目前已有的研究成果，其中不乏台湾文化创意产业个案分析、基础理论、政策分析、产业发展、经济营销、传播效用、对策建议、经验探讨等不同视角的研究，但针对21世纪以来台湾文化创意产业全面而系统的论述明显不多。同时，我们也发现，近年来台湾文化创意产业的研究视角正在发生改变。2010年之前，台湾文化创意产业的研究视角主要集中在发展研究、经济营销分析等。但是此后，台湾文化创意产业发展进入了一个新时期，其艺术美学上的成功、与民众生活的联系成为学界更加关注的重点，这也为本书分析21世纪台湾文化创意产业提供了新的思路。

本书既阐述台湾文化创意产业的发展历史、政策脉络等基本内容，又选取台湾文化创意产业最具特色的个案加以剖析，具体探讨台湾不同类型的文化创意产业运作模式和互动机制，从而将台湾文化创意产业置于两岸命运共同体的大背景下考察，注重理论与实践相结合，努力填补学界相关研究的某些空白点。

本书大体分为以下几部分内容：

一是台湾文化创意产业的发展演变研究。文化创意产业的概念来源于文化产业、创意产业和内容产业三个基础观点。台湾文化创意产业历经“社区营销”、文化产业，再到21世纪的文化创意产业几个阶段。台湾文化创意产业在不同的时期呈现出不同的分类、范围及特征，本部分旨在探讨台湾地区由文化产业迈向文化创意产业的转型过程，从而找到新世纪台湾文化创意产业成功发展的路径。

二是台湾文化创意产业的案例研究。台湾文化创意产业的成功之处，不仅在于开创了不同的创意产业类别，通过产业化的发展，为台湾赢得了较大的经济效益。同时，台湾每一个文化创意产业领域都有不同的发展机制，呈现出一幅全景多元的文化创意产业图景。本部分通过对以往较少关注的创意产业园、传统戏剧产业、地方社区文化创意产业、文化旅游产业、节庆产业、书店产业等多种台湾文化创意产业的分析，找寻台湾文化创意产业的成功之道，并较为全面完整地呈现台湾文化创意产业的独特性。

三是台湾文化创意产业的经验与启示。经过实际案例的分析发现，台湾文化创意产业的有益经验是突出市场作用，实现市场、政策双向驱动；立足本土文化，扩展国际视野；厚植文化根基，培育公民美学素养，增强公众参与，吸纳民间力量，实现官方、民间良性互动。在充分借鉴台湾文化创意产业发展经验的基础上，大陆文化创意产业可以在以下四个方面取得进展：一是提升政策的科学性、实效性和开放性；二是立足地方文化特色，实现产业的品牌营销；三是活化产业运转机制，促进民众参与互动；四是开展美学教育，培育地方文化人才。

限于主客观条件，本书还有一些内容有待加强，我们真诚期待同行和读者的批评指正，也愿意和大家一道为文化创意产业研究向纵深推进而继续努力。

袁勇麟

2019年12月